行走中南

中南财经政法大学思政课教师暑期调研报告集

张文剑 ◎ 主编
李世黎 韩美群 ◎ 副主编

吉林大学出版社
长春

图书在版编目（CIP）数据

行走中南：中南财经政法大学思政课教师暑期调研报告集/张文剑主编. -- 长春：吉林大学出版社，2022.9
ISBN 978-7-5768-0822-3

Ⅰ.①行… Ⅱ.①张… Ⅲ.①高等学校—思想政治教育—师资培养—调查报告—中国 Ⅳ.① G641 ② G645.12

中国版本图书馆 CIP 数据核字（2022）第 192280 号

书　　名：行走中南——中南财经政法大学思政课教师暑期调研报告集
　　　　　XINGZOU ZHONGNAN——ZHONGNAN CAIJING ZHENGFA DAXUE SIZHENGKE JIAOSHI SHUQI DIAOYAN BAOGAO JI
作　　者：张文剑　主编
策划编辑：卢　婵
责任编辑：张鸿鹤
责任校对：王寒冰
装帧设计：三仓学术
出版发行：吉林大学出版社
社　　址：长春市人民大街 4059 号
邮政编码：130021
发行电话：0431-89580028/29/21
网　　址：http://www.jlup.com.cn
电子邮箱：jldxcbs@sina.com
印　　刷：武汉鑫佳捷印务有限公司
开　　本：787mm×1092mm　1/16
印　　张：20.25
字　　数：270 千字
版　　次：2022 年 9 月　第 1 版
印　　次：2023 年 1 月　第 1 次
书　　号：ISBN 978-7-5768-0822-3
定　　价：92.00 元

版权所有　翻印必究

行走中南：
中南财经政法大学思政课教师暑期调研报告集

编委会
（按姓氏笔画排序）

主　编：张文剑

副主编：李世黎　韩美群

编　委：刘海波　肖　雨　何　萍　荣　枢

　　　　徐春艳　曾宪洪

目 录

2021 年社会实践调研报告 ··· 1

"中国第一枪"的前世今生
　　——探访庆华军工遗址博物馆 ·· 7

关于国有企事业单位的基层党建情况调研
　　——以冶金地质总局一局职工医院为例 ································ 15

2021 年暑期湖北省洪湖市基层法治状况调查报告 ······················ 19

湖北省襄阳市南漳县板桥镇新集村产业发展状况调查报告 ············ 23

2021 年暑期湖北恩施建始县调研报告 ······································ 26

郑州 7·20 特大暴雨事故原因调研报告 ···································· 33

乡村振兴战略下农村生态文明建设现状及对策研究
　　——以大庆市林甸县为例 ·· 38

高校思政课教师暑期研修与素质提升 ·· 45

西南联大
　　——爱国主义教育示范基地 ··· 50

弘扬"大别山精神"勇开新局
　　——暑期调研考察报告 ·················· 55
发扬麦市突围精神助力乡村振兴调研报告 ············ 60
平原地区美丽乡村建设的成绩、问题与对策
　　——以湖北省天门市为例 ················ 88
调研报告：湖北潜江华山模式的特点 ············· 103
"小积分"助推"大发展"或者积分制管理：美丽荆门新名片 ···· 112
浙江省永康市前黄村红色旅游调研报告 ············ 131
民族边缘地区宗族组织的现代变迁
　　——以建始长梁尹氏宗族为个案的考察 ········· 138
因地制宜　绿色发展
　　——荆州市渔业发展近况 ··············· 147
周老嘴镇产业发展状况调研
　　——以周老社区与飞虎队村为例 ············ 157
城市社区视域下大学推进优秀传统道德文化教育思考 ······ 173
湘南红色革命遗迹考察报告 ················· 185
传承红色基因，弘扬时代精神
　　——关于2021年赴贵州学习考察的调研报告 ······· 189
研修报告：云梦县传统文化开发利用现状研究 ········· 194
双因素理论视角下我国高校教师激励机制存在的问题及对策
　　——基于部分高校的调研分析 ············· 200
襄阳市红色教育基地调研报告 ················ 209
实践研修报告：鄂西南古村落的历史及现状调查 ········ 215

乡村振兴战略视域下中国土地制度改革的历史、突破与比较……………219
国家介入与自我调节：农民生活治理的改革进路………………………239
乡村振兴要以养老为抓手……………………………………………………252
2021年赤壁市乡村振兴调研报告……………………………………………275
湖北省部分县市"人居环境整治"情况……………………………………281
高校与互联网企业党建联建共建机制研究…………………………………288
庄子人生观研究的近代转型
　　——基于二十世纪上半叶的考察………………………………………297

2021年社会实践调研报告

程 明

为了深入学习贯彻习近平新时代中国特色社会主义思想和党的十九大报告精神,深入贯彻落实全国高校思想政治会议精神,继续提高高校思想政治理论课的教学质量和水平,本人于2021年9月30日—10月7日到湖北省广水市进行调研。在这次调研中对广水市的广水办事处、广水开发区、桃源村、广水三潭及其周边的随州博物馆、炎帝神农故里和大洪山、鸡公山进行了参观考察,重点考察了当地的经济建设、政治建设、文化建设、社会建设、生态文明建设等情况。在整个调研期间,我在参观中学习,在考察中领悟,收获颇多。

第一,感受中华民族优秀传统文化的魅力,更加坚定了文化自信。文化是一个国家、一个民族的灵魂。文化兴则国运兴,文化强则民族强。没有高度的文化自信,没有文化的繁荣兴盛,就没有中华民族的伟大复兴。在这次调研中参观了爱国主义教育基地——炎帝神农故里和随州博物馆。炎帝神农故里主要包括"寻根谒祖朝圣区""圣迹观光体验区""农耕文化展览区"和"自然生态景观区"。2009年起,以炎黄子孙寻根谒祖为核心,以体验炎帝神农的农耕文化、医药文化、贸易文化、原始艺术文化为根本的"世界华人炎帝故里寻根节"活动在此举行,受到国家、省市领导的高度重视和关怀。炎帝神农故里景区已成为海内外炎黄子孙寻根祭祖、旅游观光的胜地。随州博物馆始建于 1978 年 10 月,是一座集文物收藏、科学研究、文物展览及编钟演奏于一体的地方综合性博物馆。目前馆藏文物 306 140 件,其中国家一级文物 76 件,二级文物 68 件,三级文物 95 件。正像习近平总书记说的那样:"让收藏在禁宫里的文物、陈列在广阔大地上遗产、书写在古籍里的文字都活起来。"① 通过这次考察使我更深刻地理解了中国特色社会主义文化是源自中华民族 5 000 多年历史孕育的中华优秀传统文化;博大精深的中华优秀传统文化是我们在世界文化激荡中站稳脚跟的根基;中华优秀传统文化源远流长,积淀着中华民族最深层次的追求,代表着中华民族独特的精神标识,为中华民族生生不息、发展壮大提供了丰富滋养。

第二,享受着绿水青山带来的福利,更坚定了绿水青山就是金山银山的理念。在这次调研中本人参观考察了广水市三潭、广水市武胜关镇的桃源村以及桃源村临近的鸡公山。三潭风景区以山峭林茂、洞幽泉清而闻名,主峰大贵山金顶海拔 908 米。清奇幽邃的"三潭叠韵"堪称一绝,三叠瀑布从"一线天"中飞泻而下,被誉为"中原一秀"。这里有明朝忠烈杨涟长眠的杨公岭,有"崧(嵩)高骏(峻)极"的大贵山金顶、大贵寺庙遗址石塔等。秀丽的大涧溪,流水潺潺,新修的游步道,蜿蜒曲折,幽雅别致的竹桥、栈桥、木桥、石拱桥、听泉亭、忠烈亭,各具特色,山、水、路、亭、桥相映成趣。青檀园总面积约 1.3 平方公里,是经中科院院士认定的中国

---

① 《习近平谈治国理政》(第一卷)[M]. 北京:外文出版社,2018:161.

面积最大的青檀林，号称"中华第一青檀园"。园中的青檀王树龄在千年以上，树径1米左右，在全国也极为罕见。三潭优美的自然风景和适宜的气候吸引了不少人来疗养和考察，也吸引了不少投资，带动了当地经济的发展。桃源村是广水市绿色生态环境保护较好的一个乡村，是全国绿色生态幸福村的示范点。该村位于武胜关山脚下，村子坐落于地势平旷的区域，一条溪流将村落一分为二。溯流而上，9个自然村落如珠玉散落，次第排开。这里是一个石头的世界，石屋、石墙、石桌、石凳、石碾、石臼、石桥、石路……这里的石房子，是当地村民就地取材，用大大小小的山石垒砌而成，时间长的有200多年，最短的也有50多年，全村保存完好的石屋有200多处。村里有2万多棵柿子树遍布村落与田园之间，其中百年树龄的柿子树就有600多棵，被专家称为"柿子谷"。桃源村空气清新，溪水清澈，土壤肥沃，所产柿子皮薄色鲜，味道甜美。当然，其他果树也很多，比如杏树、李子树、黄桃树，还有漫山遍野的茶叶树，等等。桃源村民风古朴、小桥流水、林木茂盛、古树参天、鸟语花香的田园风光吸引了全国各地的游客前去参观，给这个古朴的小村带去了新的经济增长点，促进了当地经济的发展，提高了当地居民的生活水平，真可谓"绿水青山就是金山银山"。这次到桃源村考察时，那里正下着毛毛细雨，也正是柿子快成熟的季节，我们打着雨伞，站在桃源水库旁边，看着满山的柿子，喝着用村民自己制作的茶叶泡的茶水，呼吸着清新的空气，享受着绿水青山带来的福利，更坚定"绿水青山就是金山银山"的理念。

第三，挖掘星罗棋布的红色资源，受到了深刻的爱国主义教育。红色是中国共产党、中华人民共和国最鲜亮的底色，在我国960多万平方公里的广袤大地上红色资源星罗棋布，只是我们平时没有很好地去挖掘。在这次调研中本人参观考察了爱国主义教育基地——炎帝神农故里和大洪山。

炎帝神农故里于1999年被湖北省委宣传部定为"全省爱国主义教育基地"，大洪山于2006年5月被团中央命名为全国第四批青少年爱国主义教育基地。大洪山是中国佛教的重点丛林，是佛教南禅宗曹洞宗的发祥地，自唐宋起为佛教圣地，历代帝王多有赐名，其佛法远播日本、东南亚，在佛教界享有盛誉。近代以来，大洪山成为一片红色沃土，英雄辈出。景区内有近百个革命遗址，李先念、陶铸、陈少敏等老一辈革命家都在这里留下了革命的足迹。全面抗日战争初期，大洪山就是一个重要据点。1939年2月12日，李先念遵照中原局指示从竹沟到达长岗，与鄂中区党委会晤，并召开鄂中区党委第二次会议。通过这次考察寻找到了不少红色资源，感觉到爱国主义教育的内容非常丰富，使我受到了深刻的爱国主义教育。

第四，培养和践行社会主义核心价值观，使其影响像空气一样无处不在。社会主义核心价值观是文化软实力的灵魂、文化软实力的重点。要培育和弘扬社会主义核心价值观，必须切切实实把社会主义核心价值观贯穿于社会生活的方方面面。这次调研重点走访了桃源村、广水办事处、广水开发区等地的大街小巷、办事机构、学校等地，到处可见社会主义核心价值观和中国梦的标语，正像习近平总书记说的那样："要利用各种时机和场合，形成有利于培育和弘扬社会主义核心价值观的生活情景和社会氛围，使社会主义核心价值观的影响像空气一样无所不在、无时不有。"[①]

第五，充分利用各种调研资源，想方设法增强教学的针对性和实效性。通过这次参观考察掌握了大量的材料，获得了一定的感性认识和理性认识。在今后教学的过程中一定要想方设法地利用各种调研资源，增强教学的针对性和时效性，使思政课成为大学生真心喜爱、终身受益、毕生难忘的优

---

① 《习近平谈治国理政》（第一卷）[M]．北京：外文出版社，2018：165.

秀课程。具体来说要努力做到以下几点：一是立足新时代。党的十九大报告指出："经过长期努力，中国特色社会主义进入了新时代，这是我国发展新的历史方位。"新时代为大学生成长成才、勤学报国提供了广阔的舞台和无限的机遇。现在20岁左右的大学生，到2035年社会主义现代化基本实现时，还不到40岁；到21世纪中叶全面建成社会主义现代化强国时，刚好50岁左右。可以说，当代大学生是中华民族伟大复兴进程的见证者和参与者，也是新时代中国特色社会主义建设事业的生力军。在教学的过程中要立足新时代将中国特色社会主义的道路自信、理论自信、制度自信、文化自信传递给每一个学生，引导青年大学生认清自己肩上的责任，增强拼搏、担当和奉献的自觉意识，在投身民族复兴伟业的进程中绽放青春的精彩、成就绚丽的人生。二是贯穿新思想。新思想即习近平新时代中国特色社会主义思想。这一思想，是马克思主义中国化的最新理论成果，是鲜活的21世纪的中国马克思主义。习近平同志对人生、青年、大学生、教育、高校思想政治工作、文化建设、理想信念、中国精神、社会主义核心价值观、道德建设、法治建设等方面都有非常丰富、深刻的论述，这些论述是习近平新时代中国特色社会主义思想的重要组成部分。在教学的过程中要把这些论述充分地渗透到教学内容之中，使教学内容更加丰富多彩。三是着眼新要求。党的十九大报告明确指出："要全面贯彻党的教育方针，落实立德树人根本任务，发展素质教育，推进教育公平，培养德智体美全面发展的社会主义建设者和接班人"，这是党和国家对青年学生成长成才的总要求。在教学的过程中要着眼这个总要求，引导大学生成为德智体美劳全面发展的社会主义建设者和接班人，成为担当民族复兴大任的时代新人。四是运用新话语。在2016年5月召开的哲学社会科学工作座谈会上，习近平提出了学科体系、学术体系、话语体系和教材体系整体建设、统筹各方面力量协同推进的明确要求。在 2016 年 12 月召开的全国高校思想政治工作会议上，习近平强调要"创新学术话语体系"。在教学的过程中要注重学习体会习近平总书记平实质朴、清新自然的语言风格，注重灵活运用习近平总书记的精彩"金句"，注重使用具有青春特点、时代气息的话语，注重挖掘运用中华优秀传统文化中的名言警句，注重面对面、"键对键"倾心交流的感觉，谈人生、述理想，将"大道理"娓娓道来。

总之，在教学的过程中要做到立足新时代、贯穿新思想、着眼新要求、运用新话语，注重充分反映习近平新时代中国特色社会主义思想和党的十九大精神、充分反映党的十八大以来中国特色社会主义建设的新实践，注重教学改革，注重理论联系实际，注重教书育人，言传身教，注重调动学生的积极性、主动性和创造性，提高学生的求知欲望，帮助学生树立正确的世界观、人生观、价值观。

"中国第一枪"的前世今生——探访庆华军工遗址博物馆

何 萍

半个多世纪以前，魏巍从朝鲜战场归来后创作了报告文学《谁是最可爱的人》，向我们讲述了志愿军战士们可歌可泣的故事，感动了几代中国人。电影《长津湖》的热映，让我们再一次感受到了抗美援朝战争的惨烈和以"冰雕连"为代表的志愿军战士表现出的中国人的革命英雄主义。还是在那个战争年代，为了入朝参战的志愿军战士能用上可以和美军近战和夜战的武器，有一群可爱的庆华人，克服重重困难，造出了中国第一支冲锋枪，毛泽东主席亲自将其命名为1950年式7.62毫米冲锋枪。半个多世纪来，庆华工具厂一共生产了9 006 116支枪，为中国国防事业和体育事业发展做出了重要贡献。然而时代变迁，2006年庆华工具厂实施政策性破产，从此庆华工具厂成为历史。为了抢救和保护庆华工具厂的历史遗产，北安市依托庆华工具厂原址打造了中国唯一一家以枪械为主题的博物馆——庆华军工遗址博物馆。今天的人们可以通过庆华军工遗址博物馆来了解"中国第一枪"的前世今生。

一、庆华工具厂的历史变迁

庆华工具厂是我国创建的唯一一家冲锋枪厂，是历经80余年变迁的老军工企业，也是二十世纪重要的工业遗存之一。

（一）东三省兵工厂枪厂

庆华工具厂的前身，最早可以追溯到1921年张作霖在沈阳创办的东三省兵工厂枪厂。1921年，奉系军阀张作霖在奉天（今天的沈阳）创办了奉天军械厂。当时的奉天军械厂主要是维修和保管一些枪械并且仿制少量的枪弹，生产能力满足不了军阀战争的需要。在第一次直奉大战失败后，张作霖为了东山再起接受了张学良的建议，认为要想扩充实力必须要加强军事装备，因此在1922年，奉天军械厂改为东三省兵工厂，重新辟建了枪、炮、炮弹等三个厂，又相继从德国、日本、丹麦等国家购进了先进设备。在1926年到1928年是工厂的扩充时期，又增建了步枪厂及轻机枪厂。当时有各类机器8 000余部，主要生产的是13式步枪、13式重机枪以及17式轻机枪。东三省兵工厂是当时全国规模最大的兵工厂，这就为后来张作霖在第二次直奉大战中取得胜利和独霸东北奠定了基础。

（二）日本法人株式会社奉天造兵所

1931年"九一八"事变后，日本侵占了东三省兵工厂，将其作为关东军的野战兵器厂，以补充军备。1932年将厂名改为日本法人株式会社奉天造兵所，1932年至1934年由日本商人以及伪满政府投资维修设备和扩建，厂房面积增至21.42万平方米，工人达4万余人，设备1万余台，主要生产的是11式65轻机枪及92式79重机枪。奉天造兵所是日本二战时期四大兵工厂之一，其他三个兵工厂分别是小仓兵工厂、名古屋兵工厂以及仁川兵工厂。

（三）联勤总司令部兵工署第九十工厂

在1945年8月15日，日本宣布投降之后，我军和苏军曾短时期进驻过奉天造兵所，不久，苏军迫于与国民政府签订的《中苏友好同盟条约》的约束，决定将沈阳等城市交由国民党管理，1946年3月18日，国民党军队接管了奉天造兵所，改名为联勤总司令部兵工署第九十工厂，第一制造所改名为枪所。国民党在辽沈战役失败后，东北全面解放已成定局，鉴于在东北难以立足，而当时的九十兵工厂又是全国规模最大的兵工厂，它的月产量可以达到每个月装备一个师的能力，于是蒋介石就制定了一系列的迁厂南下的计划，而艾顺是护厂运动的总指挥，艾顺同志按照上级"保护工人，迎接解放"的指示，带领荆玉生等地下党员和工厂的工人，一起进行反迁厂运动，他们当时采取的是磨洋工、做样子等一系列消极怠工的形式，使国民党迁厂计划彻底破产，成功地保护了当时中国最大的兵工厂。

（四）五一兵工厂

1948年11月，沈阳解放，遵照东北民主联军副政委陈云的指示，东北人民解放军接管九十兵工厂，改名为五一兵工厂。庆华厂的前身为五一兵工厂所属的第一制造所。1950年朝鲜战争爆发。为了防止美国飞机的轰炸，中共中央决定将辽宁省的部分兵工厂和大型企业北迁。1950年11月，五一兵工厂所属的第一制造所改名为"五一工厂枪厂"，并奉命由沈阳市迁往黑龙江省北安县。

（五）庆华工具厂

1951年3月，北迁后的工厂定名为"三二工厂"，1951年6月改名为"国营六二六厂",工厂由原中央重工业部兵工总局东北兵工局领导。1952年10月,工厂隶属于国家第二机械部第二局,厂名为"二六二六五厂"(1953年3月又改为"六二六厂")。1957年4月,工厂获得第二厂名"国营庆华工具厂"。1958年6月至1961年5月,工厂由二机部下放到黑龙江省管理。1961年6月至1988年6月,工厂先后隶属于第三机械工业部、黑龙江省革命委员会和黑龙江省军区、第五机械工业部、兵器工业部、国家机械工业委员会、国家机械电子工业部。1988年,根据国防工业要调整的指示,庆华厂等十三家企业划归首都钢铁公司,6月22日在北京正式举行签字仪式,国营庆华工具厂正式更名为首钢庆华工具厂,保留"六二六"代号。从此结束了它在兵器行业里面奋斗了38年的光辉历史,融入了首钢的发展与建设当中。2006年,受多方因素影响,庆华工具厂宣布实施政策性破产。

二、庆华工具厂的历史贡献

半个多世纪以来,庆华工具厂一共生产了9 006 116支枪,可装备800个步兵师。庆华工具厂以中国第一枪为起点,在那个火红的年代不断发展壮大,逐渐成为有独立的枪械科研院所、枪械制造流程、一整套完整管理模式、一整套在全国推广的"两参一改三结合"的经验的国营组织。这一切都被中国兵器制造的历史档案所记载,是中国兵器制造业发展蓝图的底图。

(一)从仿制起步,逐步实现枪械突破性跨越

1957年,工厂从仿制起步,为部队发展制式装备,在苏联专家的指导下,陆续完成了54式手枪、54式冲锋枪、56式冲锋枪及57式信号枪4种枪械的试制和投产。其中56式冲锋枪年产量可达25万支，54式手枪年产量可达37万支。彻底结束了我国使用"万国牌"旧式武器的历史，使武器装备趋于统一。加快了人民军队正规化、现代化的建设步伐。庆华工具厂也成为当时我国唯一的大型的冲锋枪厂。

（二）自行研制，实现武器装备国产化

1958年10月15日，第一个轻武器设计所在庆华工具厂成立。此后庆华工具厂先后研制、仿制82种枪械，其中14种列装部队，填补了我国轻武器研究的空白。庆华工具厂生产的枪械装备使中国国产武器装备有了质的飞跃。庆华工具厂生产的武器为抗美援越，珍宝岛、中印自卫反击战和中越自卫反击战及我国国防公共安全事业做出了重大贡献。

（三）两参一改三结合

从1957年5月开始，庆华工具厂规定每周各级干部参加半天劳动，开始是打扫环境卫生、修路、参加生产中运料、推铁屑等辅助劳动，后来发展到干部参加劳动与解决生产问题相结合，让干部在劳动中帮助班组解决生产中遇到的实际问题。又按照工人参加管理、干部参加劳动的需要，合并业务重叠结构，简化业务手续，减少和统一各种报表，改革了不合理的规章制度。后来庆华工具厂又学习运用长春第一汽车制造厂的技术人员、工人、干部三结合经验，形成了著名的"两参一改三结合"，即干部参加劳动，工人参加管理，改革不合理的规章制度。三结合是技术人员，干部和工人的结合。"两参一改三结合"是庆华厂在生产实践中不断摸索总结出的一种先进管理经验，是一项具有重大历史意义的创举。1958年5月7日，《人民日报》发表由李立三撰写的社论，使两参一改在全国范围内很快推广，1960年被毛泽东同志纳入鞍钢宪法，录入企业管理百科全书，

1984年被录入《中国企业管理百科全书》，成为一项我国企业管理的里程碑。

（四）支援建设

在支援三线建设中，庆华工具厂出人、出技术、出设备，包建和支援了558、5027、5206、5506、126等五个兵工厂的建设，向外输送的人员达3 000多人。在支援地方工农业生产方面，庆华工具厂也充分发挥军工企业优势派出大批技术骨干，毫无保留地把工业先进的生产管理经验、技术经验传授给地方。为解决关键技术难题，还无偿支援了大量设备，解决了当时的燃眉之急。支援的范围达到2省4市7个县和2个厂；支援的内容包括输出技术、设备、工具、工装、仪器和材料以及人力等。在支援地方工业建设的同时，庆华工具厂把支援地方的农业建设也作为重要工作之一。分别向河北省、黑龙江省及14个市县和北安农场总局的花园、赵光、二龙山、苏家店、前进、北安6个农场提供支援，支援项目包括农机制造、修理、技术服务队、送医药、助锄、秋收、赠送各种设备、农机工具、材料、包建小型农具厂等。为了把支农工作落到实处，庆华工具厂还成立了医疗队、技术服务队、扶锄队、秋收队、访问团。庆华工具厂全心全意、一丝不苟地支援地方建设，不仅推动了工农业生产的大发展，而且为巩固和加强工农联盟建设做出了表率，受到国家部委的好评。

（五）运动枪械，为国增光

在和平年代，工厂生产开始从战场横跨赛场，为我国射击运动员研制生产东风系列比赛用枪。我国运动员使用工厂研发生产的东风系列运动枪，在射击比赛中先后赢得110多枚金牌，45次打破世界纪录，为祖国赢得了荣誉。中国第一枚奥运金牌获得者许海峰训练时所使用的枪械，就是由庆华工具厂生产的，李对红使用庆华工具厂生产的东风五，在第26届亚特兰大奥运会上获得女子25米运动手枪冠军并创奥运会纪录。陶璐娜、董湘毅等国家运动健儿，同样使用庆华工具厂生产的东风系列比赛用枪，为祖国争得荣誉。

三、庆华军工遗址博物馆为我们留存了珍贵的记忆

庆华军工遗址博物馆位于黑龙江省黑河市北安市乌裕尔大街1号。2006年庆华工具厂实施政策性破产，从此庆华工具厂成为留在人们脑海中的记忆。为了保护和挖掘庆华工具厂的历史遗产，北安市依托庆华工具厂的历史遗存创办了我国第一家以枪械为主题的博物馆——庆华军工遗址博物馆。它全面系统地展示了东北最大枪械企业的辉煌历史，保留了原"六二六"兵工厂的历史遗存，记录了新中国成立初期，老一辈兵工人艰苦创业，为我国国防事业和社会主义公共安全做出的卓越贡献，被评列为黑龙江省国防教育基地和黑龙江省中小学研学实践教育基地。

近年来，庆华军工遗址博物馆举办多场临时展览，主要包括"世界名人名枪""红色军工史""风采庆华人""抗战中的北安""北国枪城·塞北延安""走进红色军工"等，用详细的资料和图片展示了轻武器的发展历史和名人名枪背后的故事；展出50位为庆华工具厂发展做出过巨大贡献的先进人物及北安的革命历史。特别是"走进红色军工"展览在社会上引起强烈反响，被列为中俄文化大集活动的内容，成为黑河文化的一张名片。

2021年是中国第一支冲锋枪问世71周年，它是丰碑般的存在，我们绝不能遗忘它为国家做出的卓越贡献。时过境迁，虽然庆华工具厂不在了，但庆华军工遗址博物馆为我们再现了当年庆华工具厂的辉煌和奉献，感谢

庆华军工遗址博物馆让我们了解并记住庆华人，庆华人真的了不起！

参考文献：

［1］黑河新闻网. 庆华工具厂无私支援地方建设［EB/OL］.［2017-09-01］. https://heihe.dbw.cn/system/2017/09/01/057766535.shtml.

［2］查云玲. 北安庆华工具厂述论［J］. 黑龙江史志，2012（1）：2.

［3］雷柱，田展东. 保家卫国的"功勋枪"［N］. 解放军报，2020-10-23（10）.

［4］徐朝. 走进枪的博物馆［J］. 奋斗，2019（22）：2.

关于国有企事业单位的基层党建情况调研——以冶金地质总局一局职工医院为例

高晓溪

本人系中南财经政法大学马克思主义学院教师，于 2021 年 8 月 2 至 8 月 20 日赴河北省三河市燕郊镇冶金地质总局一局职工医院展开调研，通过调查走访、文献查阅、集体访谈以及发放问卷等方法展开工作，现将调研情况汇报如下。

一、党建工作基本情况

中共冶金一局职工医院支部委员会，现有支部委员 2 名，下设党小组 2 个，截至本次调研，医院共有中共党员 63 人，其中正式党员 61 人，预备党员 2 人，35 岁以下青年党员 12 人。退休党员 14 人，已成立冶金地质总局一局职工医院退休干部支部委员会，设支部委员 2 名。

医院党支部在三河市卫健局党委的正确领导下，坚持以马克思主义、毛泽东思想、邓小平理论、"三个代表"重要思想、科学发展观以及习近平新时代中国特色社会主义理论为指导,深入贯彻学习党的十九大报告精神,进一步落实党的十八大精神,团结带领广大党员群众,紧密围绕医院中心工作,以"两学一做"学习教育和"三亮三强三争"主题实践活动为载体,创先争优,扎实推进基层党建工作,取得了一定的成绩,形成了各自特色。在医院科学发展、内涵建设、医学教研等工作中发挥了重要的政治核心作用。

1. 加强班子建设,重视基层党建。院党支部高度重视基层党建工作,努力探索新形势下基层党建机制,创新基层党建模式,明确责任分工,建立领导班子工作联系点制度,切实开展一岗双责,党政领导班子成员不定期深入各党小组和各科室,指导小组开展工作。各党小组围绕医院改革发展和中心工作,开展各项各具特色的工作,较好地发挥了局党委的政治核心作用和院党支部的战斗堡垒作用。

2. 加强民主管理,严格党规党纪。严格执行卫健局党委议事规则和决策程序,坚持对"三重一大"事项在充分发扬民主的基础上集体研究决定。对医院重大决策事项、财务预决算、大型医疗设备采购、大型基建项目、干部选拔任用和职称晋升等实行公正公开,保证了干部职工的知情权和监督权,促进了医院民主科学管理。

3. 重视思想建设,开展服务活动。院党支部领导班子始终坚持把思想理论建设放在首位,以创建服务型党组织为契机,不断加强党的思想建设,按照支部活动计划,有计划、有组织、有步骤地开展了一系列服务活动,实现了党建+服务的有序开展。支部班子成员自觉加强党建理论和前沿管理知识的学习,创新服务模式,不断提高驾驭新形势下医院改革发展的能力。动员全体党员积极参加微信公众号"医院党建""党的理论知识大测试"活动。

4. 注重党风廉政建设。有工作制度和责任分工，支部和各科室都签订了党风廉政责任书，要求科室明确职责，严格考核，抓好责任落实。认真贯彻执行《党员领导干部廉洁从政若干准则》。深入开展党风廉政教育，加强廉洁自律方面的学习培训，定期学习《中国共产党廉洁自律准则》和《中国共产党纪律处分条例》等党纪条规。积极参加微信公众号"廉洁三河"党纪条规知识网上答题活动。

5. 积极稳妥吸纳新党员，发展党员队伍有规划。加强党员队伍管理，严格党员发展程序，规范转接党组织关系。按照"坚持标准，保证质量，改善结构，慎重发展"的方针，加强对新入院党员和入党积极分子的教育与培训，严把入口关，实行谈话、思想汇报、群众评议三个步骤，推行发展党员公示制、考学制、预审制、票决制、责任制，确保党组织的先进性和纯洁性。

6. 以活动为载体开展各种主题实践，提高党建工作的感染力和吸引力。医院以"党建带工建""党建带团建"为载体，开展了形式多样的系列活动，如："邻里守望"志愿服务活动、"微理论·微宣讲"竞赛活动、"两学一做"常态化制度化学习教育活动、"护士情景剧表演赛"活动、"文明建院·家庭助廉"征文活动、"三亮三强三争"主题实践活动、"服务百姓健康行动"大型义诊活动、"喜迎十九大，温暖重阳行"活动等。形成党群共建、良性互动、资源共享的良好工作格局。坚持开展党员示范岗活动，充分发挥党员先锋模范带头作用。

二、存在的主要问题

1. 支部班子不健全，全院在职党员48人，支部委员只有2人，未设副书记，支部组织委员、纪检委员均由一人兼任。由于支部党员人数的增多，给支部日常管理工作带来了一定的困难。

2. 年龄结构不合理，随着35岁以下年轻党员所占比例的增高，在给支部带来了新的生机和活力的同时，也对支部工作提出了新的挑战。

3. 职责分工不明确，党务专干兼职团支部、医务科及宣传工作。党小组长兼职临床一线工作，他们既要肩负科室业务工作、又要负责支部工作，工作压力大，有时不能兼顾。

三、整改措施

1. 优化支部结构，适时报及党委审批后增设支部委员，使支部班子健全，分工明确，责任落实，合理安排党小组工作任务，使全体党员干部具有一定的凝聚力、战斗力。

2. 积极创新支部活动机制。针对年轻党员所占比例高的特点，大力开展年轻党员喜闻乐见的活动，寓教于乐，"出新招、出实招、走出新路子、打开新局面"，使广大年轻党员在实践活动中接受教育和熏陶，不断提高自身素质。

3. 加强党支部建设，以提高素质为目标，探索基层党支部管理新途径。加强对党员的培训，结合实际开展政治理论学习，改进教育形式，健全组织生活，进一步提高广大党员的素质。健全考评激励机制，进一步强化"三务积分"工作，对评优党员进行物质奖励，不断增强党性，促进党支部建设，推动支部工作有效开展。在党党务专干、党小组组长的任命上，综合年龄、性别、职务、学历等各方面进行考察，做到科学合理。

2021年暑期湖北省洪湖市基层法治状况调查报告

冯 琼

党的十八届四中全会部署了全面推进社会主义法治建设的总体方案，强调建设中国特色社会主义法治体系，建设社会主义法治国家，必须坚持依法治国和以德治国相结合。一时间关于道德与法律的关系、德治与法治的关系等问题的研究成为学术界热点。笔者认为，大多数相关研究要么纯思辨地探讨道德与法律两种社会意识形态之间的关系，要么基于西方法治观探究中西方治国理政方式之异同，将中国传统社会归入"德治"，甚至"人治"，从而否认中国社会之"法治"底蕴。习近平总书记多次明确指出，中国梦需要凸显中国特色，必须充分把握中华民族独特的历史传统、文化积淀和基本国情，只有植根于中华文化沃土、反映中国人民意愿、适应中国和时代发展进步要求，才能使中国特色社会主义具有深厚的历史渊源和广泛的现实基础。只有从中国传统文化中找到文化自信、民族自信，中国特色社会主义法治才能真正扎根于社会，成为民众的价值追求。

洪湖市，隶属于湖北省荆州市，地处湖北省中南部，江汉平原东南端，以境内最大的湖泊——洪湖而命名，东南濒长江，与嘉鱼县、赤壁市及湖南省临湘市隔江相望；西傍洪湖与监利市接壤；北依东荆河与汉南区、仙桃市相邻，总面积2 519平方公里，为著名老区、百湖之市、水产之都、旅游胜地和湖北工业新城。洪湖市辖2个街道办事处、14个镇、1个乡，常住人口70多万人。洪湖是国际重要湿地。洪湖市内共有大小湖泊102个，境内的洪湖是中国重要的湿地自然保护区，被誉为"湖北之肾"，洪湖市系武汉城市圈观察员城市、鄂西生态文化旅游圈成员单位、全省第二批城乡一体化试点城市。2019年3月，被列为第一批革命文物保护利用片区分县名单。2019年9月20日，获得全国绿化模范单位荣誉称号。

一、近年来洪湖市基层法治发展状况

近年来，洪湖法治建设高位推动，着力构建法治建设大格局；固本培元，着力铺就法治建设硬基石；克难奋进，着力护航洪湖平安与发展。尊法、学法、守法、用法和办事依法、遇事找法、解决问题用法、化解矛盾靠法等成为全市党员干部和广大人民群众为人处世的一种新时尚。

第一，高位推动，着力构建法治建设大格局。

从2014年初起，洪湖市委市政府坚持"发展是第一要务，稳定是第一责任"，从洪湖实际出发，用法治思维和方式推进发展，确保稳定。市委市政府适时出台了《关于全面推进法治洪湖建设的意见》，确立了"大法治"工作格局，在明确法治洪湖建设的路线图、任务书、时间表的同时，相继出台了关于加强法治洪湖建设的考核意见、治理"三堵三闹"违法行为、规范信访秩序、开展法治文化建设等一系列文件，并对法治宣传、法律便民等一系列围绕法治洪湖建设的具体问题，高频率地做出决策。

同时，洪湖市政府按法治洪湖建设的具体要求，理出了"责任清单"，将所涉及的114项工作任务分解落实到牵头单位和责任部门，并将法治建设考核纳入了党政领导班子考核、政府绩效考核体系，与社会经济发展同考评同结账。

第二，固本培元，着力铺就基层法治硬基石。

俗话说，"基础不牢，地动山摇"。洪湖市法治建设始终坚持抓基础、抓基层，力求"法治社会化"，为法治洪湖建设奠定深厚的社会人文基础。一方面，按"办事依法、遇事找法、解决问题用法、化解矛盾靠法"总体要求，规范部署法治社会化工作。同时，将综治、司法、警务、安全生产等资源有效整合，触角前伸、关口前移，打通服务群众的"最后一公里"。586个网格覆盖全市，8 840户"治安中心户"织就群防群治的社会治安防控网。另一方面，强调标本兼治，从治理"三堵三闹"、处理非法上访等涉稳问题的头痛医头、脚痛医脚，到有法可依、有规可循，有效地遏制了"三堵三闹"、非访以及群体性事件上升势头。

第三，多措并举，打造法治文化软实力。

一方面，充分发挥媒体的视听冲击作用。洪湖电视台开辟了《法治洪湖》、洪湖广播电台开办《空中普法大讲堂》、政府门户网站和《洪湖手机报》开辟法治宣传专栏、荆州日报《洪湖新闻》专版开辟法治报道专题，平面媒体与网络媒体相结合，栏目主要通过以案释法、法律讲座、应急处理、严打整治、矛盾化解、要案追踪等专题多层面、广视角、大范围地普及法律知识、提升法治意识、拓展法治思维。同时，以"五个一"建设活动为引领，夯实法治文化建设载体。2021年以来，洪湖市开展法治宣传一条路、一条街、一广场、一条走廊、一面墙"五个一"建设活动，把与人民群众息息相关的法理条文，用对联、名言警句等表达形式写在墙上，印在装饰物上，刻在牌匾上，既成为法治宣传的新颖形式，又起到了让广大群众"内化于心、外化于行"的警醒和引导作用。另一方面，以喜闻乐见的形式，让法治文化入脑入心。法治建设办组织了一场法治洪湖大型文艺汇演，在全市开展"十佳政法干警"和"十佳人民调解员"活动，多种形式，力推法治文化建设不断深入开展。同时，发挥多方优势，力推法治文化宣传全覆盖。针对湖区特点，洪湖市充分发挥派出所、司法所、巡回法庭、乡镇检察室、律师事务所、网格站、政法综治便民服务中心等接近群众、接近基层和具有法治宣传基础的优势，鼓励他们到最边远、最偏僻的湖区进行法治宣传。

二、洪湖市基层法治发展存在的问题

第一，市政府及各职能部门着力于法治建设的高位推动需要一以贯之。需要着力解决政策上传下达的及时性、政策执行的有效性等问题，在政策制定方面需要确立及时反馈民意，确保政策出台的人民立场。

第二，加强传统法文化的研究和阐释，从传统文化中吸取养分，让法治能够更好地融入日常生活。例如，可以加强传统乡规民约的搜集和整理工作，用传统资源激活基层法治的能量；还可以通过培养新乡贤的方式，实现法治、德治与自治相统一，引领基层法治新风尚。

湖北省襄阳市南漳县板桥镇新集村产业发展状况调查报告

陈兴耀

湖北省襄阳市南漳县板桥镇新集村是由新集、南湾、金山三村合并的村，占地面积14.4平方公里，全村共有1 848人，570户，7个村民小组，村两委干部5人，党员82人，耕地面积约1.77平方公里，山林面积约8.74平方公里。新集村与青龙寨村、白云庵村、天鹅池村、雷坪村、冯家湾村、任家庄村、断河坪村、董家台村、灵观垭村、晏山村、木桥村、双龙寺村、甘沟村、新集社区相邻。2013年7月，湖北省环境保护厅命名新集村为2012年度湖北省省级生态村。此次调查，主要是针对该村产业发展状况进行分析整理，形成完整认识。

一、2021年该村整体乡村产业发展状况

第一，绿茶种植。充分利用该村山场众多、山区面积广大、海拔相对适中、生态环境整体较好的优势，持续激励村民扩大绿茶种植面积，不断

提高茶叶品质，持续扩大绿茶销售渠道，推动茶农增产增收。截至2021年，该村累计超过40户农户报名并实际种植茶叶，茶树整体生长状况良好，茶叶采集、烘干及时，销售渠道逐渐打开，种茶农户、茶山工作人员收入稳中有进。

第二，烟草种植。该村利用本村梯田密集、土质相对肥沃、种植历史较长、政府大力扶持的重要优势，动员村民集中承保土地开展规模化烟草种植，形成规模效应。到目前为止，该村承包种植烟草面积超过0.013平方公里的农户约有12户左右，烟叶种植、施肥、打药、采集、烘干等环节有条不紊地进行，部分种植户收入可观，带动了周围村民就业，形成了创业带动就业的积极效应。

第三，香菇培植。目前，该村共有大规模种植香菇基地一个，拥有香菇培植大棚10多个，香菇种植量超过8万袋，香菇销售稳定，收入持续增加，部分村民就近到基地工作，实现了家门口就业。

二、该村产业发展存在的问题

第一，烟草种植意愿有待提高。当前，该村的种植户主要是该村村干部，未能调动村民的种植积极性，大部分村民对于种植烟草这一产物抱怀疑、否定态度，对于烟草价格、烟草销售的公平公正带有负面评价，不少村民更愿意到烟草种植户处打零工，影响了烟草种植产业的巩固和扩大。

第二，茶叶种植具有一定盲目性。当前，不少农户在绿茶价值高企的刺激下，纷纷加入绿茶种植行业，尤其是当地政府的背后推动，更是助涨了这种势头，但不少村民对于茶叶的销路问题考虑不多，对于茶叶的长远发展缺乏应有的规划，对于茶叶种植的风险缺乏明确认识和应有的心理准备。

综上所述，该村乡村产业的发展取得了一定的进步，对于促进农民增收、农民就近就业具有积极作用，但该村有待引导村民树立合理种植预期，引导村民从冲动型创业迈向长远型创业，立足长远，从产品的品质、产品的销路、风险的抵御等方面着手，以防茶多伤农、恶性竞争和市场裸泳，为种植业的长远发展做好准备。

2021 年暑期湖北恩施建始县调研报告

马瑞丽　曾宪洪　傅啟祥　杨永东

2011 年，中共中央国务院印发《中国农村扶贫开发纲要（2011—2020 年）》，指出武陵山区集中连片特殊困难地区（以下简称"连片特困地区"）是新阶段扶贫攻坚主战场。同年 10 月，国务院扶贫开发领导小组办公室和国家发展改革委员会下发了《武陵山片区区域发展与扶贫攻坚规划（2011—2020 年）》，启动了全国连片特困地区脱贫的示范工作。湖北省恩施州建始县就属于武陵山片区 71 个县（市、区）之一。建始县位于湖北南边陲、武陵山腹地，东连巴东县，以野三河为界；西接恩施市，以太阳河为界；南邻鹤峰县，以长河、茶寮河为界；北与重庆市奉节、巫山两县接壤。全县辖 7 镇 3 乡，2019 年末户籍人口 50.96 万人，全县常住人口（指常住本县半年以上人口）42.40 万人，以土家族、苗族为主的少数民族占全县常住人口的 36.71%，是一个典型的少数民族地区。

建始县扶贫攻坚，"对促进各民族共同繁荣发展和社会和谐，促进区域经济协调发展，促进生态文明建设和可持续发展，对深入探索区域发展和扶贫攻坚新机制、新体制和新模式，为新阶段全国集中连片特殊困难地区扶贫攻坚提供示范，实现国家总体战略布局和全面建成小康社会的奋斗目标，具有十分重要的意义"。[1] 改革开放以来，在"政府主导、社会参与、自力更生、开发扶贫、全面发展"减贫理念指导下，形成了基础设施建设、产业扶贫、金融扶贫、教育扶贫、健康扶贫、生态扶贫、培训转移、易地搬迁、社会保障兜底等"中国式扶贫"。建始县凭借资源禀赋，重点改善交通、通信、饮水、供电等基础设施上，发展生态文化旅游产业，促进当地百姓持续增收致富，落实搬迁扶贫、教育扶贫、就业、社保等方面提供的保障，助力脱贫攻坚。从脱贫政策实施看，建始县、乡、村三级书记负责，东西部扶贫协作、华中农大定点扶贫、省对口帮扶，实现26个省州驻村扶贫单位、360名"第一书记"、2 596名驻村干部岗位在村、工作在村、吃住在村，帮扶责任人与贫困户实行充满温情且务实有效的结对帮扶方式，无缝对接。围绕"产业+就业"，实施在外人员返乡创业三年行动计划，积极打造返乡创业示范园和示范乡镇；新增城镇就业4 500人，城镇登记失业率控制在4.1%以内。统筹资金3 557万元，新发展村级主导产业12平方公里，"企业+专业合作社+农户"产业模式有效带动1万余贫困户持续增收。城镇和农村常住居民可支配收入分别达到29 674元、11 481元，增长9%、10%。截至2019年，25个贫困村、12 345户35 963人如期脱贫出列，通过州级初审，贫困发生率降低到0.35%，群众认可度达99.25%，达到贫困县退出标准。

---

[1] 中华人民共和国国家发展和改革委员会.国务院扶贫办 国家发展改革委关于印发武陵山片区区域发展与扶贫攻坚规划的通知(国开办发［2011］95号)［EB/OL］.［2011-10-31］.https://zfxxgk.ndrc.gov.cn/web/iteminfo.jsp?id=1660.

一、发展特色产业，优化产业结构，助力脱贫攻坚

建始有众多的资源。从自然资源看，建始县已发现的有开采价值的矿藏有煤、硫、铁、硒、铅、锌、铀、石灰石、陶土、硅石、铝土、紫色砂岩、大理石、东湖砂岩、石英砂岩、五花岩、磷石、石膏等20余种，占全县已发现矿产109种的19%，占全州60种的31%，开发前景可观。从文化资源看，建始县具有悠久的历史文化和光荣的革命传统。建始是辛亥革命元老朱和中、民国政府要员吴国桢和著名作家韦君宜的出生地；贺龙领导红军建立的湘鄂西革命根据地和湘鄂边苏区的重要组成部分；民歌"黄四姐"入选世界百首优秀名歌；巨猿洞的"建始直立人"化石，被认定为中国乃至亚洲最早的古人类。

建始县发展特色农业，扩大工业经济增量，增加第三产业活力，形成有特色有活力的产业支持，助力脱贫攻坚。从农业看，新建高标准农田18平方公里，发展茶叶、小水果、药材等特色基地27平方公里，新增绿色食品7种，特色猕猴桃"建香"获得首届全国优质猕猴桃品鉴会金奖。从工业看，红岩寺、业州金竹园、三里河水坪等扶贫小微产业园基本建成，园区项目相继入住，新登记各类市场主体4 732户，工业投资增长16%，技改投资增长30%。从第三产业看，原生态河谷野三河、八百里清江画廊最美河段景阳河、巴盐古道石门河等位于鄂西生态文化旅游圈核心旅游板块，一方面推进全域旅游示范区创建，即野三峡旅游区、石门古风旅游区、朝阳观景区、龙五淌旅游休闲度假区等景区，红岩寺、景阳集镇游客集散中心，官店照京坪红色教育基地建成投运。另一方面，发展田园综合体，推动休养建设。高坪青花、长梁双河口、业州猫儿坪等5个田园综合体加快推进。2019年接待游客500万人次，实现旅游综合收入35亿元，分别

增长18.8%、23%。

2019年实现县域生产总值（GDP）120.48亿元，按可比价格计算，比上年增长6.8%。其中：第一产业完成增加值23.18亿元，增长3.3%；第二产业完成增加值24.72亿元，增长4.6%；第三产业完成增加值72.58亿元，增长8.8%。三次产业结构比由上年18.81∶21.43∶59.76调整为19.24∶20.52∶60.24。农业基本形成以烟叶、茶叶、畜牧、魔芋、林果、药材等为主导的特色支柱产业，产业发展规模稳步壮大，特色农产品日益丰富，农民人均收入逐年提高；工业初步形成以水力发电、新型建材、煤炭开采、农副产品加工、电子信息产品为主体的地方工业体系，工业化率逐年提升。在经济发展的同时，全县财政收入持续较快增长，2019年地方财政总收入12.63亿元，综合财力显著增强。

二、围绕"两基"，加强基础设施建设，助力脱贫攻坚

多方筹集资金，确保基础设施建设。紧扣国家投资导向，围绕保障性安居工程、生态环保、卫生健康、教育现代化、社会保障等领域申报2020年中央和省预算内投资项目25个，申报资金4.55亿元，到位中央和省补助资金33.46亿元，其中交通、水利、教育、农业等领域到位资金10.46亿元，增长9.2%，统筹整合三年财政资金18.3亿元。

从交通、通信、居住、环境多方面加大投资，完善基础设施建设，助力脱贫攻坚。交通方面，累计投入3.7亿元用以新建和改造农村公路491公里，实施安防工程2 500余公里、农村公路、水利及公共服务项目1 305个。通信设施方面，投入3.07亿元实施农村电网升级改造；累计建设4G基站398个，宽带用户达13.5万户。城乡人居环境建设，投入资金4 216万元实施农村危房改造2 626户，237个易迁集中安置小区全部

建成，14 237户48 901人搬迁入住。累计投入棚户区改造资金20亿元，实施配套项目58个。投入3 130万元建成集中供水工程295处、实施120个村的分散供水工程。此外，省级重点项目青花田园综合体完成年度计划的223%，安来高速建恩段即将通车，金建大道、宜万铁路高坪站、新城区供水PPP项目、4.2万方油库、花坪特色小镇等项目加快推进。交通扶贫经验受到人民日报、中央电视台等多家主流媒体关注，花坪镇被授予省"四好农村路"示范乡镇。树立"绿水青山就是金山银山"的理念，全面加强环境保护、污染防治、生态治理体系建设，大力推进人居环境综合整治，城乡面貌和人居环境发生了根本性变化，荣获"省级森林城市"称号、省级生态文明建设示范县通过验收。完成新一轮退耕还林3.4平方公里、天然林扩面266.7平方公里，聘请1 030名贫困人口担任生态护林员，兑现管护费412万元。县域空气质量稳居全省前十，城区空气质量优良天数达335天，优良率91.8%，扎实开展饮用水源地保护工作，闸木水水库及乡镇集中式饮用水水质抽检达标率100%。

三、推动城乡公共服务建设，促进城镇协调发展，助力脱贫攻坚

自20世纪80年代中国实施大规模的区域开发式扶贫政策、攻坚式扶贫政策和21世纪整村推进扶贫政策以来，全国贫困人口的空间分布由全国性向自然环境脆弱、基础设施薄弱和社会发展落后的区域收缩。贫困人口除了可支配收入低于同期国家扶贫标准之外，吃、穿发愁，教育、医疗、住房没有保障。一般意义上的快速经济增长，并不会像人们所想象的那样自然而然使相对贫困人口均等受惠。政府财政收入投资于医疗、教育、卫生，确保相对贫困人口公平分享发展成果，向包容性经济增长目标迈进。建始县累计投入40.2亿元着力改善民生，医疗卫生、文化体育、社会救助等保障能力全面加强。

加大医疗资源供给，加强医疗保障。全县医疗卫生机构409家，其中医院3家，乡镇卫生院10个，村级卫生室377个，妇幼保健院1个，疾病预防控制中心1个。全县共有卫生工作人员3 066人，卫生技术人员2 371人，其中执业（助理）医师773人，注册护士1 219人；全县共有卫生机构床位3 191张，其中医院床位2 099张，构成全县较为完备的医疗网络。全面医疗保险制度，不断完善医疗、医保、医药联动保障新机制，落实村医养老保险政策全面实施，贫困人口住院报销医疗费用1.7亿元。

加大教育投入，教育教学质量明显提升。累计投入3185万元改善办学条件，投入资金2 300余万元加强校园安全工作。累计兑现学生资助金4 232.7万元，惠及贫困学生48 005人次。长梁镇民族小学荣获"全国特色学校"称号。2019年普通高中一本上线397人，比前一年净增100多人，清华大学录取2人，中考会考综合成绩位列全州第三。大力实施科技企业创业与培育工程，培育省级"星创天地"2家、州级"众创空间"2个，申报州级工程技术研究中心1个。成功举办第二届创新创业大赛，积极开展科技人才引进和培养工作。推广运用国家知识产权试点县成果，申请专利130件，授权专利70件；完成科技成果转化2个。

此外，加大公共文化服务体系建设力度，完成武陵山（鄂西南）国家级文化生态保护实验区创建工作。加大5G网络和农网改造建设力度，推动城市精细化管理，"智慧城管"数字化平台建设取得新进展。首个智慧平安小区在京桥华府建成，江屿华庭等6个智慧平安小区启动建设；县直机关事业单位、学校、城区社区以及4个行政村垃圾分类试点工作全面完成，"户分类、组保洁、村收集、镇转运、县处理"工作体系基本形成。全面落实社会救助政策，发放低保、特困救助金1.46亿元、临时救助金981万元，发放基本养老金 8.7 亿元，城镇职工住院补偿 7 206 万元，城乡居民住院补偿 3.88 亿元。实现建档立卡城镇困难职工解困、脱困全覆盖。民族团结进步工作内涵不断丰富，58 个村开展新时代文明实践站试点建设。

建始县脱贫攻坚机制、做法、经验启示等，仅是全国 832 个贫困县脱贫奔小康的缩影，仅是中国脱贫大潮中的"一朵浪花"，体现了中国脱贫智慧与方案的共性与个性。中国在扶贫减贫过程中，不仅以改善贫困人口的基础设施条件、提升个人自我脱贫能力为突破点，而且注入了扶贫脱贫的强有力的制度因素。实现大规模持续脱贫，需要制度创新。从运行 30 多年自上而下的中央—省（或直辖市）—地—县四级专门扶贫机构与管理体系的建立，到《国家八七扶贫攻坚计划（1994—2000 年）》（1994 年）、《中国农村扶贫开发纲要（2001—2010 年）》（2001 年）、《中国农村扶贫开发纲要（2011—2020 年）》（2011 年）、《关于创新机制扎实推进农村扶贫开发工作的意见》（2013 年）、《关于打赢脱贫攻坚战的决定》（2015 年）的政策演进，乃至《"健康中国 2030"规划纲要》《贫困残疾人脱贫攻坚行动计划（2016—2020 年）》《关于做好选派机关优秀干部到村任第一书记工作的通知》等各领域扶贫行动纲领，以及设立中央和地方专项扶贫资金，均体现了人本主义的发展观，制度的先行供给使扶贫脱贫创新实践成为可能，因此中国的脱贫是制度的选择与运作的结果。减贫持续取得显著成效，需要辅之以制度的强执行力。建始县的脱贫故事，使我们可以挖掘、总结、提炼出具有共通性的中国脱贫经验与启示。减贫实践具有多元性、复杂性、动态性，促使人们不断思考其内在机理。终结贫困的路在哪？减贫理论与路径的探索永远在路上。

郑州 7·20 特大暴雨事故原因调研报告

覃采萍

2021 年 7 月 17 日至 23 日，河南持续遭遇极端强降雨天气，特别是 7 月 20 日郑州市遭受特大暴雨灾害，造成重大人员伤亡和财产损失。笔者在 2021 年 8 月 11 日至 2021 年 9 月 2 日期间赴郑州调研期间，收集各方面考察信息，关于暴雨造成人员伤亡的原因，可以说是众说纷纭，从中都可以给以后的雨灾预防提供警醒。

一、天灾说。调研期间得知，郑州近年来很少下暴雨，而 7 月 20 日那天仅用一天时间降下 630 多毫米，接近当地常年一年的总降水量，远超北京常年一年降水量（532.1 毫米）。"郑州气象"官方微博消息称，郑州市气象局对这次出现的特大暴雨做了数据上的梳理和统计：17 日 20 时—20 日 20 时，这三天的过程降雨量达到了 617.1 毫米。小时降水、单日降水均已突破自 1951 年郑州站建站以来 70 年的历史记录。郑州常年平均全年降雨量为 640.8 毫米，相当于这三天下了以往一年的量。从气候学的角度来看，小时降水、日降水的概率，重现期通过分布曲线拟合来看，都是超千年一遇的。有的人据此分析，遭此千年一遇大暴雨，郑州再好的排水系统也应挡不了如此大的暴雨，暴雨不能及时排去就会导致地面水上成河，由此导致行人防不胜防。

二、地形说。郑州就在黄河边上，但是郑州却属于淮河流域，不属于黄河流域。黄河进入郑州区域后，由于中上游携带而来的大量泥沙淤积，抬高了河床，为了防洪，历朝历代不断加高堤坝，使其成为悬河，致使原本地势较低的自然河道根本无法注入。郑州附近，黄河岸边海拔高度90～92米。郑州市区东北方向海拔最低，大约85～88米，低于黄河河岸。郑州降雨量一旦猛增，郑州市内的雨水无法顺利流入黄河内消化，而是要通过穿过市区的贾鲁河曲折蜿蜒排到淮河，这也是郑州市内雨水无法快速排出而导致市内成河的一大原因。

三、排水基础建设没搞好说。古代，郑州周边有荥泽、圃田泽。先秦到汉朝，圃田有一个大湖，推测和现在的巢湖差不多大。现在，郑州周边的湖泊湿地面积比古代少了，没有足够的湖泊、沼泽地积蓄洪水。就市城区现有雨水管道来看，多数管径偏小，老化严重，现有排水设施、排水系统满足不了城市人口剧增、城市快速发展的现实需要。同时，近年来由于轨道交通及各种市政公用建设工程集中修建，各项工程对城市雨污水管网会造成不同程度的扰动，导致管网排水能力下降。另外，城区河道防洪标准较低。在强降雨过程中，城区河道水位高于雨水出水口，形成泄洪瓶颈，如金水河沿河路段、东风渠莲湖东路段、七里河中州大道机场高速段等。部分小区、楼院雨污不分，大雨以上降雨时道路污水外翻，也增加了城市道路雨水管网的收排压力。同时，暴雨一来，洪水就会淹没低洼处的公路、地下室、地下车库、地铁隧道。这应该是郑州市暴雨成灾的一大原因。

四、应急机制僵化说。从地铁一线工作人员的讲述中得知，他们遇到险情无权做出停运决定，得层层上报到交委和应急管理局，得到上级部门审批才行，因为地铁停运是个社会事件。可是这种制度导致一线人员无法在遇到险情时紧急停运，进而导致乘客的生命岌岌可危。还有就是在应急机制方面设计也有欠缺，地铁大水倒灌，事前设计如果有考虑，伤亡人数应该会减少或没有。

五、城市规划不当说。郑州发生雨灾后，很多老百姓认为城市规划不当，未将重点放在排污等基础建设方面导致下雨当天交通拥堵，出现灾情。

六、群众没有雨灾经验说。从笔者访谈来看，有的人在大雨中出了事，有的没有。一个商场营业员讲，她看到街面上水越来越厉害，她不敢动，抱着一根电线杆一个晚上，就是再冷也不动，她亲眼看到有些人看到街上水位上涨还是往水中走。还有人说，出门看到大雨止步的基本没有出事。因为郑州很多年没有出现过雨灾，不管是行人还是开车的人都没有意识到雨会下到危及人性命的地步，所以不管雨下得怎么样，人们各行其是，没有意识到危险的来临。

七、侥幸心理说。郑州暴雨导致事故发生，有人第一反应是追责郑州气象局，事实上郑州气象局一早就做出预警，但是却没有引起多少人注意。郑州市气象局在7月20日当天，先后数次向有关部门发出暴雨红色预警信号，并连续建议停课、停业。不仅是郑州市气象局发出了红色预警，河南省气象台也曾先后通过多个渠道连续发布多次暴雨红色预警。按照有关规定，这些气象灾害预警信号，会被同时通报给教育、公安、住建、城管、交通运输、应急等行政主管部门以及郑州市一些主要领导，并由各单位根据预警信号的种类、级别和防御指南，组织实施气象灾害、气象衍生灾害的防御工作。这在国内一些城市，几乎已是惯例。但是郑州市民却没有收到停课停业通知。视科学预报于不顾，可见郑州市部分行政部门在应急方面确实存在侥幸心理。

八、未重视说。据京广隧道口事故亲历者言，那天弃车逃生的基本都平安无事了。侯文超是当事人，因经历过9年前的北京暴雨，他意识到当时可能不是单纯的大雨，而是一场洪灾，在隧道因大雨堵车时不能坐在车里等待驶出隧道了，必须弃车逃生，并自发通知后面车主弃车逃生，可惜还是有一些车主未能及时逃生。

九、城市过度扩张说。1991年，郑州城市建成区面积才90平方公里，而郑州市《关于2017年郑州市城市建成区规模的通告》中指出，2017年郑州市市域城市建成区面积达到830.97平方公里，与2016年相比"长大"了86.2平方公里，同比增长高达11.6%，也就是说，如今一年增加的面积，顶得上20世纪90年代初的整个郑州。这一增量也超过了不少河南省内其他地级市现有的建成区面积。也就是说，郑州一年增长了一个同省地级市已有的建成区规模。数据还显示，2017年，郑州中心城区建成区面积达到456.6平方公里。近40年来，郑州市中心城区城市建成区面积增长6倍多。在快速增长的过程中，郑州作为河南的单极核心城市，更是人口集聚的重点。河南省社会科学院公布的《河南城市发展报告（2017）》显示，农村人口大多直接向郑州等大城市流动，再加上三、四线城市人口也在向郑州转移，造成郑州人口激增。该报告显示，郑州是2011—2015年全省唯一的人口净流入地区，外省流入河南人口的37%和省内流动人口的60%均流入郑州。"十二五"期间郑州净流入人口达185万，仅比深圳少1万，在全国大中城市中位居第七。郑州2018年全市常住人口突破千万，第七次全国人口普查显示，全市总人口（常住人口）为12 600 574人，居住在城镇的人口为9 879 029人，占78.40%。郑州城市扩张过快，人口过于密集，各地对土地开发程度明显增加，随之而来的是土壤涵水能力下降，土地硬化率提升，相应的城市排水、交通、管理建设和机制没有跟上，当暴雨来临时，瞬时地表径流增大，内涝风险增加，导致灾难发生时，雨中相关人员一时难以疏通，出现各类事故。

十、城市建设设计失效说。作为河南省"海绵城市"的试点城市，郑州已经建设近五年。2021年5月郑州日报的一则报道称，自海绵城市建设实施以来，郑州全市共计消除易涝点125处，消除率77%。然而，郑州的海绵城市建设却没有能防止灾难的发生，显然海绵城市建设有一定问题。郑东新区由于规划得当，在灾难来临时受影响比较小，而在老城区，设施建设存在短板，基本的管网体系、海绵化的改造尚未完全落地，一定程度上降低了减灾的可能性。记者采访现场相关工作人员介绍，京广路隧道全线共设有38个紧急电话，每隔200米一个。可惜的是，在此次"7·20"郑州暴雨灾害及相应发生的京广路隧道积水灾情中，这些电话并未产生应有作用，且司机也未收到相关预警信息，隧道建设并未发挥应有作用，由此可见，相关设施建设仍有待加强。

乡村振兴战略下农村生态文明建设现状及对策研究——以大庆市林甸县为例

董清义

在乡村振兴战略进程中，农村生态文明建设是生态振兴的必然要求，同时也是乡村生态振兴的基础和必要前提。从乡村振兴战略部署到乡村振兴促进法的颁布实施，"三农"工作进入了新的历史阶段，全面加强农村生态文明建设是"三农"工作的重心，如何推动实现农村健康可持续的发展也是乡村振兴战略中的重要一环。近年来广大农村地区不断加强生态文明建设，强化生态文明体制改革，完善生态文明建设配套措施，农村地区的生态文明建设颇有成效。本次调研深入大庆市林甸县，利用访谈法、实地考察法、系统研究法等方法，总结该县生态文明建设的成功经验、发掘问题，辨析农村发展中经济开发与环境保护的关系，探索乡村振兴战略进程中生态文明建设的新思路。

一、林甸县生态文明建设现状分析

改革开放以来，农村地区的经济建设卓有成效，农民收入也大幅增加，生活条件获得了明显改善。但是，由于生产方式粗放、资源开采利用过度以及对自然环境监管不严等原因，居民原有的生活环境日益恶化，以往的山清水秀不复存在，取而代之的是雾霾和土壤水体环境的恶化。近年来生态文明建设持续推进，生态文明体制改革也在逐步深入，生态文明村比比皆是，但依然存在部分地区农民环保意识欠缺，基础设施不完善等短板，成为阻碍乡村全面振兴、制约新时代生态文明建设的突出问题。

（一）思想上存在模糊认识，内在动力不足

第一，广大农民群体生态意识较为薄弱，农民作为推动农村生态建设的重要主体，从根本上影响着农村生态文明治理的成效。改革开放以来，农村地区经济建设发展迅猛，然而在经济发展和生态环境的天平上，存在部分农民逐渐向着经济利益倾斜，原本对土地、水资源的珍惜也逐渐转向对经济利益的追求，造成一定程度上自然资源的浪费和破坏的现象。再加上农民在环境治理建设过程中参与度不高，导致环境治理是工作的开展缺少动力。

第二，农村领导干部生态意识不够深刻，在环境治理过程中没有充分发挥自己的带头作用，部分领导只知经济发展的重要性，认为把经济发展起来就足够了，而没有肩负生态环境建设的重任。还有一些领导干部没有找到适合本地区的生态治理的方法，理论联系实际不足，没有"对症下药"，造成生态文明建设成效甚微。总的来说，就是对生态文明建设中存在问题理解不深入，一方面没有意识到生态环境建设是造福子孙后代的事，功在当代利在千秋，只顾眼前经济利益，忽视长远发展。另一方面没有正确认识绿水青山就是金山银山以及如何把绿水青山变成金山银山，同时对保护和改善生态环境就是保护和发展生产力的理解不深刻。

（二）法规建设上存在明显短板，刚性约束不够

党的十八大以来，我国全面扎实推进深化改革，陆续颁布了《生态文明体制改革总体方案》等重要文件，为现阶段生态文明建设提供方向指引，加快推动生态文明制度体系改革。同时，推进建设农村生态文明，必须依靠法律制度。习近平总书记在中央政治局第六次集体学习时强调："在生态环境保护问题上，就是要不能越雷池一步，否则就应该受到惩罚。"当前，农村生态文明建设同城市环境保护相比，在执法力度和立法保障方面都相对滞后，需要进一步完善。

第一，农村生态建设制度法规不健全，导致部分违法者在破坏生态环境时没有受到相应的处罚，从而变本加厉大肆破坏自然环境，再加上农村环境保护执法人员数量较少，业务水平较低，存在执法不严等现象。

第二，政绩考核制度不完善，基层领导治理能力不足，在政策落实上存在"雷声大，雨点小"的情况，单纯将自身绩效考核与经济发展挂钩，无视生态环境保护治理。

第三，法制宣传教育不深入，目前，农村大部分农民环境保护意识、维权意识不够深刻，不能做到自觉保护生态环境，配合政府进行生态文明建设的积极性没有被完全调动，在一定程度上制约了农村生态文明建设的进展。

（三）农村发展模式转型缓慢，科学规划不足

加快推进农业农村现代化建设进程，就要求推动农村发展模式和农民生活方式实现绿色转型，并对乡村建设做出科学合理的布局规划。但是，由于农村较长时间实行粗放型生产方式，在生态文明建设上投入资金不足，环保设施相对落后，以及环境遗留问题较多，很大程度上阻碍了发展模式

的转型。

第一，农业面源污染造成的恶性循环一时无法改善，主要是指农业生产过程中对农药化肥的不合理使用以及焚烧农作物秸秆产生的有害物等现象。

第二，目前在乡村振兴进程中农村建设存在不少地区缺乏科学合理规划，有些地区仅停留在村庄的整体规划，对排污、给水等生活基础设施没有进行专项计划，且服务性基础设施投入滞后，缺少生活垃圾处理和污水处理设施，不利于向绿色发展转型。

第三，不同地区具体建设路径选择上存在误区，我国各地农村基础情况存在很多不同且各具特色，进行乡村生态建设时忽视乡村具体特点和规律，单纯采取一致模式必然会导致不同成效，不利于加快构建农村生态文明新发展。

二、农村生态文明建设对策研究

（一）推进治理理念现代化，打造人和自然和谐共生新格局

第一，深入践行绿色发展理念。一方面，牢固树立人和自然和谐共生的绿色发展观，绝不以舍弃自然环境为代价来发展经济，严守生态红线，在保护生态环境中寻发展。另一方面，树立领导干部绿色政绩观，提高领导干部对生态环境治理的责任心，将乡镇农村干部绩效考核与生态治理挂钩，改进传统考核机制，转变部分干部重经济轻生态的错误思想。

第二，牢固树立"绿水青山就是金山银山"价值理念。发展生态就是改善民生，良好的自然环境本身也是一种生产力。一方面，积极树立农村生态建设过程中农民的主人翁意识，让农民群众从自身做起，将建设生态

文明看作自己的责任，只有广大的农民群众参与其中，才能加快推进农村生态文明建设进程，加快实现乡村全面振兴。另一方面，力行将绿水青山变成金山银山，打造适合本地区的发家致富道路，绿水青山利用好了就能带来金山银山，要结合现有生态优势发展旅游生态业，带动农村地区经济发展。

（二）推进治理制度现代化，强化法规刚性约束

第一，完善农村生态文明建设法律体系和执法监督体系，以往农村在环境治理保护上存在碎片化管理，很大程度上影响了环境治理进程。一方面，加强生态文明法制建设，减少环境保护法制盲区，有针对性地完善生态环境破坏追究制度，以及生态资源产权问题，避免环境资源纠纷，结合当地人居环境特点，制定具体的有针对性的法律法规，补齐现有生态治理法规短板。另一方面，健全基层政府环境保护管理的职能分工制度，提高法治建设水平，落实责任到个人，调动基层工作人员治理环境的积极性，提升工作人员在生态法治工作中的职业素养，从而发挥政府在农村生态文明建设进程中的主导作用。

第二，建构政府执法，社会、个人积极参与其中的农村生态文明治理模式。一方面，在保证政府发挥主要监管作用的同时，鼓励社会群体参与治理监管，实行多元化环境治理监管体制，提高环境治理效率，把环境治理当作日常工作来开展，把环境保护融入每个人的一举一动中去。另一方面，构建环境治理资金监管体制，将生态环境治理的资金投入公开化、透明化，让广大农民群众看到政府对于生态文明治理的责任和担当，激发农民对建设治理过程监督的自觉性。

（三）推进治理手段现代化，统筹规划农村生态建设

第一，加大环保资金投入，着力建设乡村基础性设施。习近平总书记指出："重点抓好农村交通运输、农田水利、农村饮水、乡村物流、宽带网络等基础设施建设。"一方面，坚持"厕所革命"的持续推进，提高农村卫生厕所覆盖率，妥善处理粪污垃圾，现阶段海南等省市农村卫生厕所建设工作成效显著，农民生活品质明显提升。另一方面，推行垃圾分类，推进垃圾合理化处理，建立合理化垃圾处理体系，实行环保型垃圾处理资源配置，减少农村生活垃圾对生态环境造成的负担和破坏。

第二，优化农村产业格局，加强资源循环利用。如果走传统的经济发展的道路，环境的承载将不堪重负，经济的发展与人民群众生活质量的提高会适得其反。一方面，加大推进产业结构向绿色转型，协调城乡融合发展，打造城乡要素快速流通渠道，实现城市先进技术、先进人才向农村的引进，利用城市先进生产力带动农村发展，刺激农村本土产业发展潜力，从而在快速提高产业效益的同时保护生态环境。另一方面，实现能源利用向绿色转型，切实做好节能减排工作，在乡村振兴战略中要实现产业兴旺就要走绿色发展道路，在能源使用上遵循绿色低碳可循环发展方式，并在农业生产过程中减少化肥的使用，通过生物技术防虫治虫，避免农药带来的环境破坏和食品安全问题，从源头上减少对生态环境的破坏，齐心协力共建生态文明新农村。

三、结语

农村生态文明建设是有关农业生产方式、农民生活方式转变的深化改革，在这一进程中必须全面推进生态文明体制改革，坚持以保护优先、自

然恢复为主，打造绿色循环发展新格局。政府作为建设农村生态文明的主导者，应有大局意识，全面统筹布局，将生态思维融入农村经济发展、环境治理和文化传承进程中，无论是发展生态产业还是打造宜居的生活环境，其价值归宿都是为了民生。

高校思政课教师暑期研修与素质提升

傅啟祥

党的十八大报告指出:"全面贯彻党的教育方针,坚持教育为社会主义现代化服务、为人民服务,把立德树人作为教育的根本任务,培养德智体美全面发展的社会主义建设者和接班人。"[1]习近平总书记在党的十九大报告中指出:"要全面贯彻党的教育方针,落实立德树人根本任务,发展素质教育,推进教育公平,培养德智体美全面发展的社会主义建设者和接班人。"[2]可见立德树人是教育的根本任务。习近平总书记在学校思想政治理论课教师座谈会上强调指出,思想政治理论课是落实立德树人根本任务的关键课程。[3]办好思想政治理论课关键在教师,关键在发挥教师的积极性、主动性、创造性。[4]而如何发挥、调动思政课教师的积极性、主动性、创造性,提高思政课教师的素质,思政课教师暑期研修因此具有了重要意义。

一、理论联系实际,提高思政课教师的政治素质

"要有理想信念",讲政治性是合格思政课教师的前提条件。思政

课要解决学生的理想信念问题，如果教师自己都没有坚定的理想信念，自己都疑惑重重，自己讲的内容不会是充分坚定、富有感染力的，就更谈不上培养担当民族复兴大任的时代新人。所以要"让有信仰的人讲信仰"，只有思政课教师自己具有坚定的信仰，对所讲内容高度认同，才能讲得有底气，讲得生动、具体、透彻，从而引导学生形成正确的人生观、价值观、世界观。

理论自信必须经由社会实践的检验，这是由理论和实践的关系所决定的。思政课教师普遍承担着繁重的教学任务，因此，暑假研修就成为他们投身于社会实践的合理选择。在红色教育基地了解到，据不完全统计，从1921年中国共产党创建至1949年中华人民共和国成立，牺牲的全国有名考查的革命烈士达370多万人，平均每天牺牲370多人。这一组数字充分说明，中国革命的胜利是中国共产党团结带领中国人民英勇斗争、付出巨大牺牲而取得的。今天的我们通过一组数字或多或少能感知当年残酷的战争年代从而更加珍惜现在的和平时代。李大钊、蔡和森、陈延年、陈乔年、方志敏、赵一曼、江竹筠，一张张陈旧的图片仍在讲述着共产党人坚持真理、践行理想信念、以血肉之躯担当使命的英雄故事。这些图片资料生动诠释了在历史斗争中中国共产党的中流砥柱、先锋带头作用，从而自觉维护党的领导、坚持党的领导。深入基层，走访农民家庭。在农村，即使最为贫穷偏远的山区，从过去经常性缺吃少穿到现在温饱问题已经解决，从过去的泥土房屋到现在普遍的楼房、砖房，都可以感受中国农村的沧桑变化，与国际减贫事业相比较，中国有理由向世界庄严宣告：在中华大地上，已历史性地解决了绝对贫困问题。来自基层的第一手资料，使教师授课更有底气，并使思政课所授内容更加真实、生动，更具有说服力、感染力。

二、持续学习，提高思政课教师的理论水平

新的时代对思政课教师提出了更新更高的要求，其知识体系结构要有"知识视野"，除了具有马克思主义理论功底之外，还要广泛涉猎其他哲学、社会科学以及自然科学的知识。要有宽广的"国际视野"。学生经常把国外的事情同国内联系起来，有一些疑惑是正常的。学生的疑惑就是思政课授课的重点，这就要求教师在中外比较中回答学生的疑惑，引导学生全面客观认识当代中国，看待外部世界，在批判鉴别中明辨是非。还要有"历史视野"。在思政课教师的历史视野中，要有5 000多年中华文明史，要有中国共产党100年奋斗史，要有改革开放40多年的实践史，通过生动、深入、具体的纵向比较，把一些问题讲清楚。这些知识的获取途径除了既有的学习外，主要依赖于持续学习。思政课教师暑期研修作为一种理论和实践相结合的一种方式无疑是一种值得推崇的好的学习方式。

聆听专题报告，厘清思路，加深认识。各地的实践研修中心，针对教师特点，精心利用当代的特色培训资源，安排了不同主题的报告。比如，在浙江，教师们听取了"红船精神与建党100周年""马克思主义在中国的早期传播与中国共产党的创建"等报告；在贵州，大家听取了"多彩贵州话古今——国家战略下的贵州经济社会发展新常态""从伟大转折谈遵义会议精神"等报告。这些高水平的专题报告，既立足历史，着眼至今，富于学理性，同时很注重贴近考察实际、贴近生活实际、贴近教学实际，有效拓展了教师视野，增强了问题意识，加深了理论思考。

通过开展教育教学经验探讨，交流借鉴，促进提高。在专题学习与实践考察期间，教师们还围绕理论热点、难点、思政课教学方法、马克思主义学院建设等主题开展不同形式的座谈会、研讨会，深入讨论普遍关心的

问题，在思想碰撞中获得启发与提升。

高校思政理论课的教学，说到底就是要讲理，关键在于"理论"。马克思说过："理论只要说服人，就能掌握群众；而理论只要彻底，就能说服人。"[5]任何理论都是形成于三个基本向度的统一：一是理论的历史兼容性，即认识史的总结；二是理论的时代兼容性，即当代实践的总结；三是理论的逻辑性开展，即概念发展的逻辑系统。[6]因此，要把理论讲清、讲透，就要讲出它的历史感、现实感和逻辑力量，需要教师有扎实的理论功底、丰富的知识底蕴，把握新信息（知识）的敏锐感。这样严格的要求决定教师必须终身学习，必须投身于社会实践，在实践中学习、提高。唯有如此，才能成为"有扎实学识"的合格的思政课教师。

三、结语

本文主要分析了高校思政课教师暑期研修与素质提高的关系。思政课要落实立德树人的根本任务，培养担当民族复兴大任的时代新人，思政课教师必须要有坚定的理想信念，讲政治性，正所谓"让有信仰的人讲信仰"，这是成为合格思政课教师的前提条件和底线要求。更关键的在于持续学习，提高教师自身的理论水平、专业素养。高校思政课教师只有具备广阔的视野、广博的知识、严密的逻辑，具有扎实的教学基本功，才能有效增强课堂吸引力、说服力和感染力。同时，要具备敏锐的洞察力和严谨的思辨力，从历史和现实相贯通、国际和国内相关联、理论和实践相结合的高度，以宽广的知识视野、历史视野，通过深入、具体的纵横比较，把"道"讲通，把"理"讲透，让深邃的理论、高远的理想与大学生的学习生活紧密相连、息息相关，增强思政课的思想性、理论性、亲和力、针对性。只有这样，才能引导学生坚守思想阵地，强化价值认同，培养出担当民族大任的时代新人，培养出德智体美劳全面发展的社会主义建设者和接班人。

参考文献：

［1］胡锦涛．坚定不移沿着中国特色社会主义道路前进 为全面建成小康社会而奋斗——在中国共产党第十八次全国代表大会上的报告［N］．人民日报，2012-11-18．

［2］习近平．决胜全面建成小康社会 夺取新时代中国特色社会主义的伟大胜利——在中国共产党第十九次全国代表大会上的报告［N］．人民日报，2017-10-28．

［3］习近平主持召开学校思想政治理论课教师座谈会强调 用新时代中国特色社会主义思想铸魂育人 贯彻党的教育方针落实立德树人根本任务［N］．人民日报，2019-3-19．

［4］习近平．思政课是落实立德树人根本任务的关键课程［M］．北京：人民出版社，2020：10．

［5］马克思，恩格斯．马克思恩格斯选集（第1卷）［M］．北京：人民出版社，1995：9．

［6］孙正聿．哲学通论［M］．沈阳：辽宁人民出版社，1998：120-121．

西南联大——爱国主义教育示范基地

韩 柏

2021年是中国共产党建党100周年，作为抗日救亡的人才培养基地，作为民主爱国运动的发源地和民主的堡垒，西南联合大学（后简称"西南联大"）的成就有目共睹，其历史地位不可磨灭。在庆祝中国共产党建党100周年之际，我专程奔赴西南联大旧址，并参观了西南联大的博物馆。一方面为了缅怀先烈的光荣传统、赓续红色血脉，另一方面更加明确高等教育"四个服务"的发展方向，坚守教育报国的初心、坚定作为"马院人"立德树人的历史使命。

2020年1月20日，习近平总书记专程来到西南联大旧址考察调研并发表重要讲话。他说："国难危机的时候，我们的教育精华辗转周折聚集在这里，形成精英荟萃的局面，最后在这里开花结果，又把种子播撒出去，所培养的人才在革命建设改革的各个历史时期都发挥了重要作用。这深刻启示我们，教育要同国家之命运、民族之前途紧密联系起来。为国家、为民族，是学习的动力，也是学习的动机。艰苦简陋的环境，恰恰是出人才的地方。我们现在教育的目的，就是要培养社会主义建设者和接班人，培养有历史感责任感、志存高远的时代新人，不负韶华，不负时代。"

习总书记高屋建瓴，寥寥数语概括了"西南联大"的发展历程和历史地位。首先，西南联大诞生于国家危难之际，却又是精英荟萃。西南联大汲取西方大学教育制度之长、结合了中国的国情和北大、清华、南开三所名校的管理经验，考虑到三校联合办学和战时的特殊需要，设立了专门的办事机构"两会三处"即校务委员会和教授会，确保三校联合办学的顺利实施，学术发展质量的保障，体现了"民主办学"的精神。而教务处、总务处和建设处则充分满足了学校基础设施建设和管理的需要。校址房屋多为土坯房、茅草顶，即便在如此艰苦的办学环境下，西南联大涵盖文、理、法、商、工学、师范6个大类，也培养或诞生了很多名垂青史的校友，如诺贝尔奖获得者杨振宁、李政道，数学家陈省身、华罗庚，文学家胡适、朱自清、闻一多、沈从文，历史学家陈寅恪、冯友兰，两弹一星专家邓稼先等174位两院院士，在联大存续的8年零11个月里，无愧于"内输学术自由之规模、外来民主堡垒"之称号。其开设的航空、无线电、通讯等与军事有关的课程实现了"服务抗战、服务社会"的历史使命。在几年前拍摄的电影《无问西东》中大家可以看到联大学子抗日救国热情。正如联大校歌中唱到的"千秋耻、终当雪。中兴业、需人杰"。

图 10-1 "国立西南联大"原教室（1939）

图 10-2 "国立西南联大"纪念碑（1946）

中共西南联大党组织也是抗战时期云南党员人数最多、最集中、力量最强的党组织，在昆明的"抗日救亡运动"和后来的"民主爱国运动"中发挥了领导、组织和协调的重要作用。其中最有代表性的就是伟大的"一二·一"爱国民主运动，开辟了解放战争时期的"反内战、争民主"的第二战场，在中国革命史和青年运动史上写下了浓墨重彩的华章。听我的公公讲，当年在他就读的云大附中师生里，就有许多中共地下党员，点燃了他们作为一代青年学子的革命理想。

总之，抗战时期的西南联大，为抗日救亡、民族复兴培养了大量的专业人才，积累了丰富的精神财富，以其"人才、思想和学术"的优势为民族边疆地区注入了文明因素和发展动力，为战后的中国的发展奠定了思想文化基础，提供了优质高等教育办学模式。

抚今追昔，我们可以从西南联大的发展史上得到很多重要的启示。西南联大常委梅贻琦先生，曾在《大学一解》中强调，大学师生要与全民族共命运，关注现实，而"不能为一时一地所限止……其所期望之成就，势不能为若干可以计日而待之近功"。结合当前中国高等院校的定位，大学的功能不仅是传道解惑、立德树人，还要把学校和学生的前途和命运和国家的前途和命运相联系。因此，以高校为依托，发扬"齐家治国平天下"的儒家理念在构建"人类命运共同体"的当下也具有现实意义。简言之，那种以天下为己任，以及"国家兴亡，匹夫有责"的爱国精神需要代代相传。

北大代校长傅斯年曾说过：如果问办大学是为什么？我要说办大学为的是学术，为的是青年，为的是中国和世界的文化。这也是西南联大一直秉持的办学理念。西南联大非常重视高水平的师资、严谨的学术传统、兼容并包的学术气氛。联大校常委梅贻琦直言"所谓大学之大，非有大楼之谓也，乃有大师之谓也。"仅以联大文学院为例，在四系的45位教授中，就有早年留学日本的刘文典，哈佛毕业的比较文学大师吴宓，留美的史学家叶公超、雷海宗，杜威的学生、国学宗师冯友兰等。可见能聘请到能立足中国、联通世界的大师级教授是十分重要的。

联大人一直秉持并信奉"刚毅坚卓"的校训，虽然只有四个字，却体现了非常深刻的内涵。这不是三校校训的简单叠加，而是高度概括并集中体现了西南联大的时代特征和人格风骨、联大的办学方针、培养目标，体现了教师治学、科研、学生学习和的应有态度，更反映出全校领导、教师和学生不畏困难坚忍不拔的奋斗精神。如今中国面临世界百年未有之大变局，以"刚毅坚卓"姿态迎接新时代的挑战也是十分必要的。

参考文献：

［1］韦颖，石琦琪. 百岁校友眼中一流的西南联大［J］. 江苏高教，2018（10）：5.

［2］潘际銮. 西南联大的办学理念和文化精神［J］. 九江学院学报(社会科学版)，2017，36（3）：5.

［3］吴廷鹏. 国立西南联合大学精神探略——以文学院"海归"师资为例［J］. 黑龙江史志，2015（9）：2.

弘扬"大别山精神"勇开新局
——暑期调研考察报告

袁咏红

"大别山精神"是红色革命精神之一。"大别山精神"为"坚守信念、胸怀全局、团结一心、勇当前锋"。它是从中国共产党诞生到新中国成立,以大别山为中心的鄂豫皖三省交界地区由中国共产党及其领导的武装力量在领导人民进行艰苦卓绝的革命斗争中形成的革命精神。它是中华民族精神转化和升华,是大别山老区人民和全国人民珍视的精神财富,是推进中国特色社会主义事业、实现中华民族伟大复兴的强大动力源头之一。

"不畏牺牲,无私奉献"是大别山精神的崇高品格。2019年9月,习近平总书记视察河南时曾指出,焦裕禄精神、红旗渠精神、大别山精神等都是我们党的宝贵精神财富。要把红色基因传承好,确保红色江山永不变色。

本人有幸于2021年7月来到大别山革命老区信阳市缅怀革命先烈及进行调研考察。这是一座古老的城市、革命的城市、英雄的城市。在这里世代休养生息的大别山儿女披荆斩棘、筚路蓝缕,为革命胜利做出了卓越的贡献。在改革开放的今天,又以自己的勤劳和智慧使得鱼米之乡充满了现代都市的迷人魅力和南北交融的诗情画意。下了火车,目光所及,古城充满了现代都市色彩与南北文化交融的璀璨。由于信阳地处南北交通的中心地带,南方水乡的娇柔秀丽与北方的粗犷豪放在此相得益彰、相映成趣,南北艺术文化遍布各处,但这些只是对信阳这个地级市匆匆一瞥的印象,因为首站要去的地方——信阳市新县,远不如她瑰丽繁华。

新县是红军的故乡,将军的摇篮。她曾养育了93位开国将军。

第二次国内革命战争时期,这里是黄麻起义的策源地、鄂豫皖苏区首府所在地、坚持大别山红旗不倒的中心地、刘邓大军千里跃进大别山的落脚地,先后诞生了红四方面军、红二十五军、红二十八军等主力红军,培育了许世友、李德生、郑维山等43位叱咤风云的共和国将军和50位省部级以上领导干部,吴焕先、高敬亭等5.5万优秀儿女为了社会主义事业献出了宝贵生命,是全国著名的革命老区和将军县。

改革开放后,这里旧貌换新颜。新县人民弘扬革命精神勇开新局。现在新县许多村子开发旅游资源,建民宿,以旅游促农产品销售,农民的腰包鼓起来了,建设新农村更有心劲了。7月25日,偶然与一位开民宿的老板相遇。他的言谈举止间充满了作为新县人的自豪,他说:三个孩子的学费、生活费不仅不再需要借债,每年还有数十万元的收入。

新县现在几乎家家做生意,很多农民开了公司、网店。糯米糍粑、手工臭豆腐卷、红薯粉条、葛根挂面、月子挂面等特色产品畅销海内外,农民收入可观。家家住楼房,户户门前水泥路。书店、体育广场、文化广场、老年活动中心、博物馆等是农民及子弟们闲暇时和学校放假时的好去处。乡亲们的生活犹如芝麻开花节节高,生产与创造的积极性被充分调动起来。

他们深知，正是在党的关怀下、党的富民政策引领下，才有今天的幸福新生活。

地处中原的革命老区已成开放的高地，通过搭建网上、空中、地上三条丝绸之路，发展速度令人惊叹，大别山革命老区，正放射出异彩。

1947年8月，刘（伯承）邓（小平）大军挺进大别山。

县城西南王湾是召开经扶县首届人民代表大会的地方。在首届人民代表大会上，与会代表500多人一致通过决议，将经扶县更名为新县。

河南新县是93位将军的故里。

1932年10月，国民党蒋介石政府为了便于控制鄂豫皖边界的大别山区，对付革命力量，以当时河南省政府主席刘峙之字"经扶"为县名，以新集为县治，设立经扶县，将光山县南部5个里、17个保，湖北省麻城县（现麻城市）3个区、黄安县（现红安县）的2个里等划归经扶县管辖。原属河南省的面积占93%。新县是红军的故乡，将军的摇篮。

7月29至8月8日，我们所考察的主要地点为主要包括：新县鄂豫皖苏区首府革命博物馆；鄂豫皖苏区革命烈士陵园；首府路和航空路革命旧址；将军故里；商城县金刚台；红军洞群等；罗山县铁铺乡红二十五军长征出发地等。

商城县革命烈士陵园：位于河南省信阳市商城县城关东部。国道312、省道S216、信叶高速可达。陵园建于1979年，坐北面南，依山而建，占地面积近2.6万平方米，有两个展厅、纪念碑、长廊、骨灰堂、红军墓园等。

中共中央鄂豫皖分局旧址：国家级重点文物保护单位，全国爱国主义教育示范基地。旧址位于县城首府路，占地1980平方米，前后有五进大院，七栋老式阁楼，共有房屋61间。1931年2月，红军攻克新集（今新县城），鄂豫皖苏区党政军机关先后迁到这里。同年5月，党中央在此建立了鄂豫皖分局，同时成立了鄂豫皖军委。鄂豫皖工农武装割据局面形成之后，这里便是其政治、军事和文化的中心。1932年9月9日，第四次反"围剿"失利，新集城陷落，鄂豫中央分局机关随红四方面军撤离。当年分局下设机构鄂豫皖省委组织部、宣传部、妇女部、少共分局及部分领导人的住室及其生活用具至今保护完好。大门上方悬挂徐向前同志题写的"中共中央鄂豫皖分局旧址"匾额。

红四方面军总部旧址：国家级重点文物保护单位，全国爱国主义教育示范基地。鄂豫皖军委及红四方面军总部旧址位于新县城首府路，共有房屋50间，砖木结构，大门上方悬挂李德生同志题写的"红四方面军总部旧址"匾额。1931年5月，鄂豫皖军事委员会在新集成立，同年11月，中国工农红军第四方面军于黄安七里坪成立。

驻足于各个国家级重点文物保护单位，心情久久不能平静。纪念碑上一个个响亮的烈士英名，把我们的思绪带回红军浴血奋战的年代。我们体会到了战争的残酷、血与火的惨烈、精神的顽强、信仰的力量。

新中国成立后信阳老区的人民继续发扬"一不怕苦，二不怕死"的革命精神，努力拼搏，增产增收，兴修水利，使得旧貌换新颜，生活水平不断提高。现在经济总量领先黄淮四市，无论是从总量上看、从速度上看、从产业结构上看，信阳领先于黄淮地区的商丘市、周口市、驻马店市。

我们在别人的指点帮助下乘坐当地交通工具，颇费周折地得偿夙愿，调研考察了全国重点文物保护单位：鄂豫皖军委航空局旧址。其位于新县城北第一中学校园内，原为"普济寺"，有前后两栋房屋，每栋三间，东西各有两间耳房，构成一座四合院。后栋正殿内有"列宁号"飞机陈列展览。

鄂豫皖省工农民主政府旧址：全国重点文物保护单位。旧址位于县城首府路，现有房屋三排18间，占地面积680平方米。1931年鄂豫皖边区第二次工农兵代表大会在新集召开，成立的鄂豫皖省工农民主政府就在此办公。有着远大革命理想和坚定革命信念的红军，为了争取民族独立和人民解放，抛头颅，洒热血。震惊世界的二万五千里长征是中国工农红军创造的军事史上的奇迹，是红军用鲜血和生命谱写的赞歌。胡锦涛同志在纪念红军长征胜利70周年大会上的讲话中指出："红军长征不仅创造了可歌可泣的战争史诗，而且谱写了豪情万丈的精神史诗，铸就了伟大的长征精神。"长征精神是中国人民的精神瑰宝，大别山精神也是宝贵的精神财富。

"不畏牺牲，无私奉献"是大别山精神的崇高品格。一个国家，一个民族，乃至团体和个人，只要有不畏牺牲、艰苦奋斗、无私奉献的创业精神，坚持实事求是并不懈努力，就能够成就事业，创造辉煌。黄麻起义是这样，鄂豫皖苏区的革命者是这样，千里跃进大别山的刘邓大军是这样……如今，我们正经历的社会主义改造和复兴的长征毫无疑问也是这样。红军长征路上不畏牺牲、前赴后继、百折不挠、众志成城，大别山革命者无私无畏、无私奉献，团结互助。都是当今我们要继续发扬、赓续的革命精神和血脉。

红军的革命精神是中华民族宝贵的财富。在新的历史条件下，我们应该与时俱进地结合新的实际，大力弘扬大别山精神、长征精神、井冈山精神等革命精神，使伟大的革命精神成为我们党在新时代团结和带领人民不断开创中国特色社会主义事业新局面的强大精神动力，使革命精神永放光芒。在今后的工作学习中，我们应更加努力，肯吃苦不怕累，无私无畏，发扬红色传统、传承红色基因，赓续共产党人的精神血脉，始终发扬革命者的大无畏奋斗精神，鼓起迈进新征程的精气神，勇于担当，勇开新局。

发扬麦市突围精神助力乡村振兴调研报告

黄家猛

"党的伟大精神和光荣传统是我们的宝贵精神财富,是激励我们奋勇前进的强大精神动力。"[1]革命战争年代,中国共产党曾两次在湖北通城县麦市镇浴血奋战,成功突破了敌人的包围与封锁,两次麦市突围体现的闻令而行、一往无前,顾全大局、敢于牺牲,抓住战机、适时转变的伟大精神,积淀于麦市的历史文化血脉之中,是推动麦市发展的强大精神动力。关注、调研麦市镇红石村发扬麦市突围精神助力乡村振兴的基本情况,并有针对性地提出建议对策,对实现红石村繁荣发展具有重要意义,对其他试图利用红色精神助力乡村振兴的地区亦有借鉴作用。

一、红石村发扬麦市突围精神助力乡村振兴的概况

土地革命时期,中国共产党曾两次在湖北通城县麦市成功突围。两次麦市突围孕育的伟大精神是麦市人民宝贵的精神财富。近年来,麦市镇红

石村高度重视将麦市突围精神融入乡村振兴，试图通过弘扬麦市突围精神，为本村的振兴发展闯出一条新路。

（一）调研的基本情况

本次社会实践基于对麦市突围精神、乡村振兴和红石村的分析，设计了主题为"发扬麦市突围精神助力乡村振兴"的访谈提纲和调查问卷。访谈对象为通城县史志办公室主任及相关人员、麦市镇政府工作人员、红石村村委会干部以及红石村的部分村民。在实地走访的过程中，调研小组挨家挨户发放调查问卷，实际发放问卷610份，最终剔除无效问卷，有效回收490份，问卷的有效回收率为80%。在7月1日至7月6日的专题调研中，调研小组运用文献调查法、问卷调查法、实地观察法和访问调查法掌握了大量一手资料，了解了红石村发扬麦市突围精神助力乡村振兴的情况（见表13-1）。

表13-1 调查问卷发放对象的分布情况

年龄	18岁以下	18～35岁	36～55岁	55岁以上		
	82	38	134	236		
文化程度	小学及以下	初中	高中	专科	本科及以上	
	219	81	83	67	40	
职业	农民	工人	公务员	教师	学生	其他
	283	14	42	21	51	79

（二）两次麦市突围孕育了伟大的麦市突围精神

麦市镇位于幕阜山北麓，是湘鄂赣三省边沿的结合部。在革命战争年代，其"一脚踏三省"的区位为红军进行游击作战和发展革命根据地提供了有利条件。在土地革命时期，中国共产党曾两次在麦市成功突围。

1927年9月，为打破国民党第十三军的包围，罗荣桓等根据当时的严峻形势决定东进修水。9月4日，罗荣桓率通崇农军及党政机关约600人向江西修水方向运动,当晚在麦市镇宿营。次日拂晓,国民党第十三军和地方反动民团近万人从麦市北、东、西三面将其紧紧包围,激战一夜,许多农军都牺牲了。在紧要关头,罗荣桓、叶重开等指挥农军从东南向与江西修水交界的南楼岭突围,最终杀出了一条血路,有160余人冲出了包围圈。

1935年,中央主力红军长征北上后,红十六师约5 000人在湘鄂赣省委的领导下,在湘鄂赣结合部坚持战斗,被国民党所忌惮。6月,蒋介石急调汤恩伯、何健等部及三省保安团计十万余兵力,企图将红十六师压缩包围在通城麦市一带,一举歼灭。16日晚,按照傅秋涛和徐彦刚的部署,红十六师于深夜两点分左中右三路呈扇形突围。由于傅秋涛等领导干部及时转变战略,加强了组织工作,最终成功突围。

发生在土地革命时期的两次麦市突围,都是在敌强我弱、敌众我寡的革命形势下进行的。中国共产党人面对强大的敌军,皆以不怕牺牲、革命到底的英雄气魄,成功突出重围。两次麦市突围孕育了闻令而行、一往无前,顾全大局、敢于牺牲,抓住战机、适时转变的麦市突围精神,为推动红石村以及整个麦市镇的乡村振兴提供了强大的动力源泉。

(三)红石村高度重视将麦市突围精神融入乡村振兴

红石村位于麦市镇西南部,面积为3.24平方千米,全村共计890多人,曾是麦市镇的重点贫困村。近年来,在各方的共同努力下,红石村村民的人均收入大幅提升,至2019年底已达6 000元,2020年该村实现了集体脱贫。下一阶段,在红石村实现乡村振兴的过程中,麦市镇政府和红石村高度强调要把麦市突围精神融入其中,努力"让乡村活起来、富起来、美起来!"[2]在回收的490份有效问卷中,红石村村民也对麦市突围精神在该村发展中的作用给予了充分肯定,63%的村民认为弘扬麦市突围精神能够为乡村振兴提供精神动力。但受种种因素的制约，麦市突围精神与红石村乡村振兴的结合只停留在表面宣传阶段，二者还未实现有效融合。这是本次社会实践力图解决的关键问题。

二、红石村发扬麦市突围助力乡村振兴过程中存在的问题

近年来，红石村高度重视将麦市突围精神融入乡村振兴的过程中，以此来实现本村的"突围"，但目前收效不高。在本次调研走访中，调研小组发现有以下几个问题影响了麦市突围精神与红石村乡村振兴的有效融合。

（一）人才面临发展瓶颈

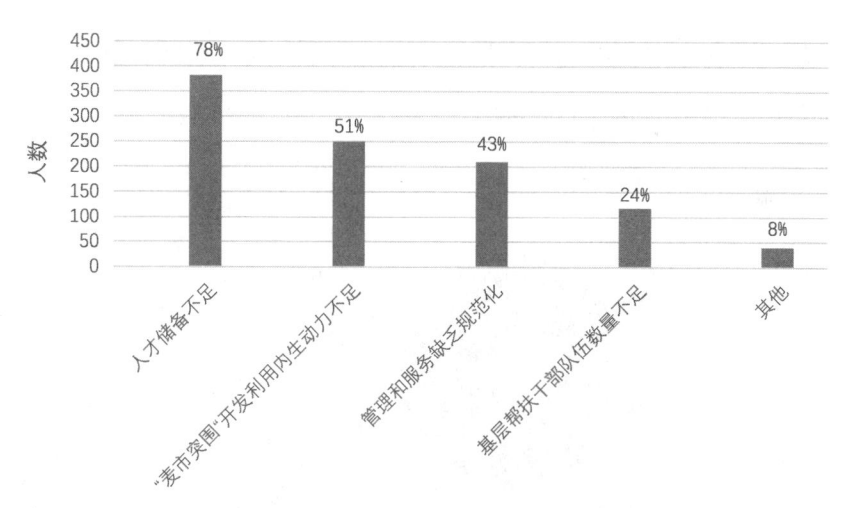

图 12-1 被调查人认为红石村在利用"麦市突围"精神助力乡村振兴过程中存在的困难人数分布图

人才问题是红石村在利用麦市突围精神助力乡村振兴过程中遇到的首要困难。问卷结果显示，填写问卷的 490 人中，有 78% 认为红石村发扬麦

市突围精神助力乡村振兴面临着人才方面的问题。（见图12-1）

红石村的人才问题主要表现在：人口年龄结构不合理和人才素质不高。

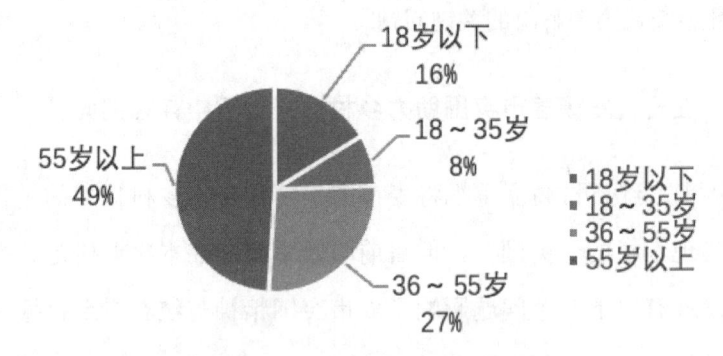

图12-2　被调查人年龄分布图

从年龄结构来看，红石村年龄为55岁以上的人最多，占比将近一半。18～35岁的人占比最少，仅为8%，36～55岁的人占比为27%，二者合计，即中青年占总人口的35%。表明红石村人口年龄结构不合理，留村人口面临着严重的老年化问题。（见图12-2）

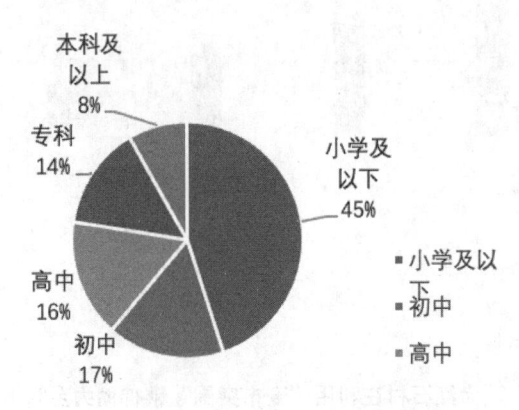

图12-3　被调查人学历分布图

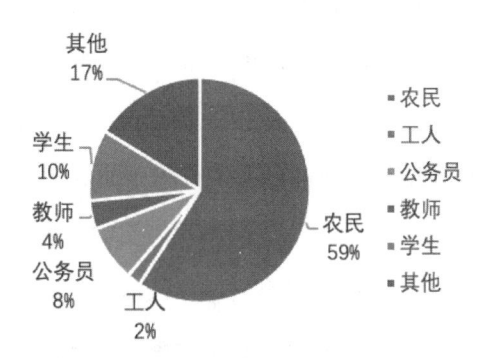

图 12-4 被调查人职业分布图

在填写问卷调查的人当中，文化程度在本科及以上的占比只有8%，专科占比14%，两者合起来仅占22%，而小学及以下的占比高达46%，占受调查人口的将近一半，持初中学历和高中学历的人分别为16%和17%。这一数据表明红石村人口中大部分学历偏低、综合素质不高。从职业类型来看，红石村农民数量较多，占总数的59%，但实际上红石村的农业技术型人才并不多。其他职业类型，比如教师、公务员也有分布，但占比都很小。红石村村民的学历分布和职业类型表明红石村在乡村发展的过程中确实存在着人才质量不高的问题。（见图12-3，见图12-4）

（二）产业结构单一

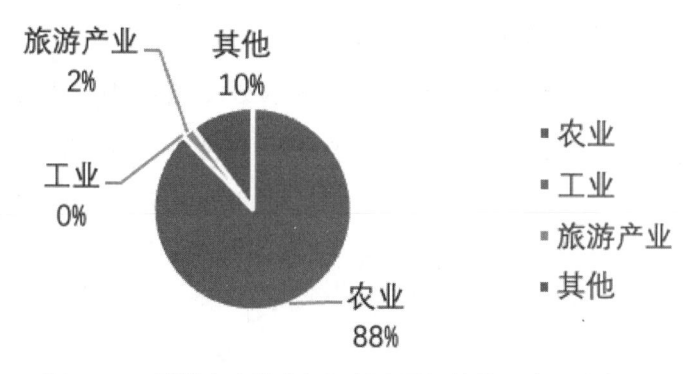

图 12-5 被调查人认为红石村主要经济收入产业分布图

从图12-5可以看出，88%的被调查人认为红石村的主要经济收入来自农业，2%的人认为旅游业也给村里带来了一定收入。即红石村绝大多数村民的收入来源于务农，工业、旅游业和其他方面几乎没有给留村村民创造经济收入。这体现了红石村的产业十分单一薄弱。

在访谈和实地走访的过程中，我们发现红石村确实产业实力较弱，第一产业占据了绝对的主导地位。红石村基本没有可供其他产业发展的特色资源，内生动力不足，大多是靠政府和中南财经政法大学扶持，至今还未形成其他有效的产业体系。

（三）对麦市突围了解程度较低

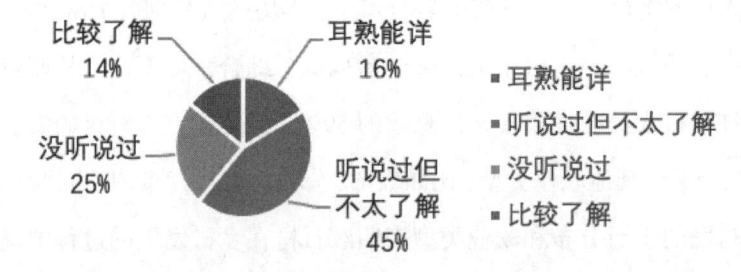

图12-6 被调查人对麦市镇相关革命事迹和"麦市突围"精神的了解程度分布图

图12-6数据体现出红石村村民对麦市突围及其精神的了解程度较低。由图12-6可知，受调查者知道麦市突围的总占比75%，但耳熟能详的人只有16%，比较了解的占14%。45%的人仅仅是听说过而已，他们对于麦市突围的历史过程及其精神并不了解，还有25%的村民根本没有听说过麦市突围。表明红石村亟待加强村民对麦市突围及其精神的了解。

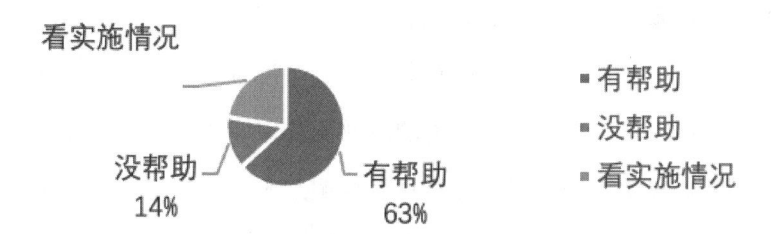

图 12-7　被调查人认为弘扬麦市突围精神是否有利于乡村振兴分布图

虽然许多村民并不太了解麦市突围及其历史精神，但经过调研小组的简单讲解后，大多数被调查者，即63%的人都认为弘扬麦市突围精神有助于推动红石村乡村振兴。深入了解麦市突围、领悟其精神内涵是红石村想要在乡村振兴的过程中利用好麦市突围精神的前提条件。目前，红石村村民对麦市突围及其精神的了解程度较低，这使其在乡村振兴中不能发挥应有的作用。（见图12-7）

（四）乡村振兴政策落实不到位

问卷数据分析和实地走访的结果一致反映了红石村存在着乡村振兴政策落实不到位的问题，主要体现在村民对乡村振兴战略的了解程度和认同感较低两方面。（见图12-8）

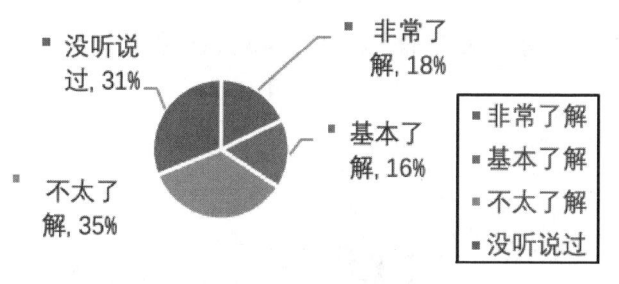

图 12-8　被调查人对"乡村振兴"战略的了解程度分布图

问卷数据显示，受调查者对乡村振兴战略的了解情况较差。本次调查问卷的发放对象已经涵盖了红石村所有的村干部，但还是只有18%的人对乡村振兴战略非常了解，16%的人基本了解。剩下66%的人对乡村振兴战略认识比较模糊，其中还有31%的村民没有听说过乡村振兴战略。

红石村在乡村振兴过程中取得的成效少，许多群众表示没有感受到政府的帮助，这表明受调查者对红石村乡村振兴的认同感较低。数据显示，大部分红石村村民认为该村在乡村振兴过程中取得的成效偏低，仅有14%的受调查者认为成效显著。接近一半的人认为成效一般，还有25%的人认为成效甚微，14%的人认为毫无成效。（见图12-9）

同时，在红石村乡村振兴的过程中，有51%的村民认为自己在乡村振兴的过程中享受了很多政府的便利和帮助，但还有35%的村民感受较小，14%的村民认为自己丝毫没有享受到国家乡村振兴的福利。上述问题表明红石村乡村振兴政策的落实还不到位。（见图12-10）

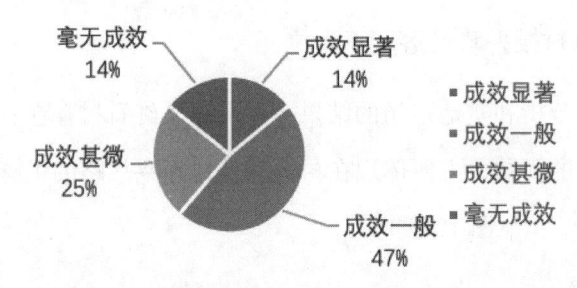

图12-9 被调查人认为红石村在乡村振兴过程中取得的成绩分布图

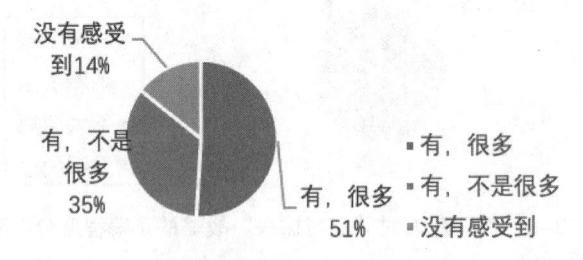

图12-10 被调查人在乡村振兴中是否受到政府政策带来的便利与帮助分布图

三、红石村发扬麦市突围精神助力乡村振兴过程中问题产生的原因

近年来，红石村试图发扬伟大的麦市突围精神，努力在周边村镇快速发展的环境中，突破自身的发展瓶颈。通过实地考察以及对调查问卷、访谈资料的分析，可以发现红石村在发扬麦市突围精神助力乡村振兴的过程中产生各种问题的原因主要包括以下方面。

（一）经济、教育水平无法满足当地需求

调研结果显示，大多数受调查人员认为乡村振兴对红石村经济条件和教育水平的改善还不够明显。只有 29% 的人认为红石村的经济条件得到了改善，18% 的人觉得教育水平有所提高。（见图 12-11）经济条件和教育水平是留住人才的两大重要因素，而就红石村目前的发展来看，很显然无法满足人们对这两方面的需求。这使得大多数想要进一步改善家庭经济状况或想要接受更优质的教育的村民去往更加发达的地区，从而导致了当地人才，特别是青壮年人才外流。

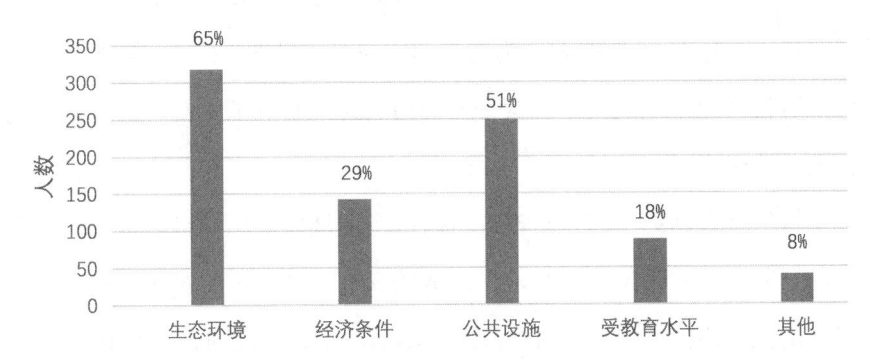

图 12-11　被调查人认为"乡村振兴"战略给红石村带来的变化分布图

在相关访谈中，受访谈对象表示：红石村可获取的教育资源十分稀缺，无论是在基础教育设施还是师资力量上，都不能满足当地人的需求。红石村没有自己的幼儿园和村小学，村里的父母为了让孩子接受更好的教育，

大多数都选择到麦市镇务工陪孩子读书，少部分到通城县，这造成了村里青年人和适龄学生的大量外流。同时，由于麦市镇的教育资源质量和教育环境较差，学生的升学率也偏低，大部分人文化素质不高。因此，红石村面临的人才问题十分严峻。

（二）交通不便，资源匮乏限制产业发展

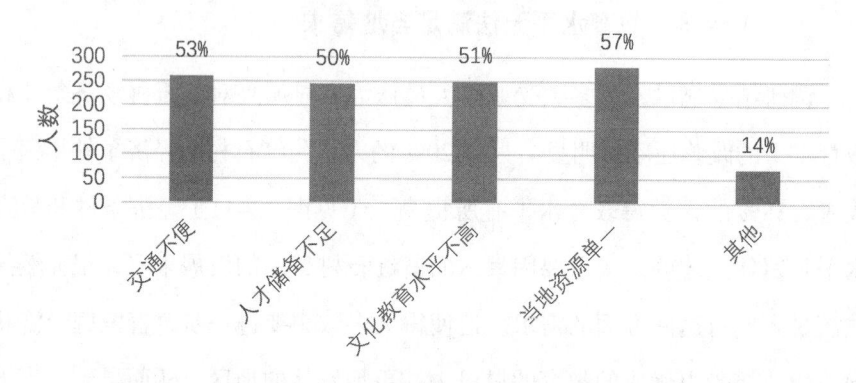

图 12-12　被调查人认为目前红石村发展最大的阻碍分布图

在问卷数据统计结果中，57% 的村民认为红石村发展的最大阻碍是当地资源单一，还有 53% 的人认为是交通不便。（见图 12-12）资源单一是导致红石村产业单一的根本因素，而交通问题则影响了红石村产业规模化和扩大对外交流。

受自然条件制约，红石村没有可以成产业规模利用的自然资源，大多数村民只能靠务农为生。但受地形地势的影响，红石村的农业发展也难以形成规模，大部分是小户种植。红石村四面环山，耕地面积仅约 0.51 平方公里，受山地和丘陵的阻隔，可用耕地面积呈现出分散和狭小的特点，主要经济作物是水稻、花生、红薯、茶叶、油茶等。因于种植面积割裂狭小，且交通不便，红石村的农业无法实现规模化生产，甚至部分田地还出现抛

荒的现象。红石村的山泉水虽然水质优良，但是可以利用的水资源量有限，满足不了矿泉水生产的市场需求。在人文历史资源上，红石村虽然地处孕育了麦市突围精神的麦市镇，但是当前的麦市镇并未将麦市突围精神充分利用，因此难以将预计效果辐射至红石村。

在走访红石村的两天中，最为直观的感受就是该地交通极为不便。红石村位于通城县东南部黄龙山脚下，高山丘陵错落交织，村内道路坑坑洼洼，破败不堪，且上坡下坡路段挺拔陡峭，蜿蜒曲折，遇到雨天更是泥泞不堪。在村里，调研小组重点走访了通城县九曲泉绿色豆制品厂暨黄豆种植专业合作社，了解到该厂因为交通问题导致产品运输成本较高，若遇到恶劣天气，危险系数也会增高。道路交通不便给他们的生产和销售都带来了挑战。他们认为要发展乡村企业，主要是要修好道路，便利交通，许多村民也表达了希望尽快修好道路的诉求。

（三）麦市突围相关研究与宣传较为欠缺

在此次调研中，我们发现麦市镇当前对麦市突围的相关研究还比较欠缺。在书籍和档案资料中，第一次麦市突围相关的资料比较少，现只有《中国共产党通城历史》中的简单描述和麦市党史资料中记录的少部分史料。第二次麦市突围的资料虽然更加丰富，但比较分散，还有待于进一步整理。在精神凝练方面，现大多都根据咸宁日报上所提出的"闻令而行，一往无前"来概括麦市突围精神，但这略显单薄，还有待进一步提炼。

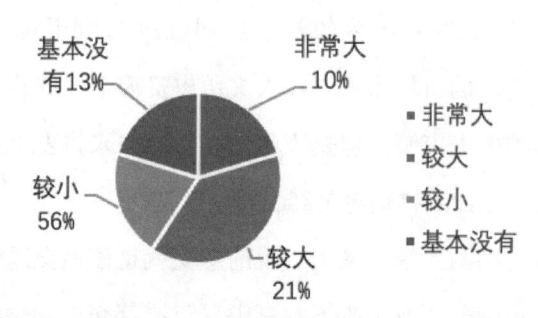

图 12-13　被调查人认为对"麦市突围"精神的宣传力度分布图

村民对麦市突围及其精神的了解在很大程度上还受宣传力度和宣传渠道的影响。问卷数据显示，只有31%的受调查人认为红石村对麦市突围及其精神的宣传力度非常大或较大，大多数村民，即56%的人认为其宣传力度较小，13%的人认为基本没有。此外，村民了解麦市突围的渠道也十分单一，67%的人对麦市突围的了解都来自政府宣传。（见图12-13）

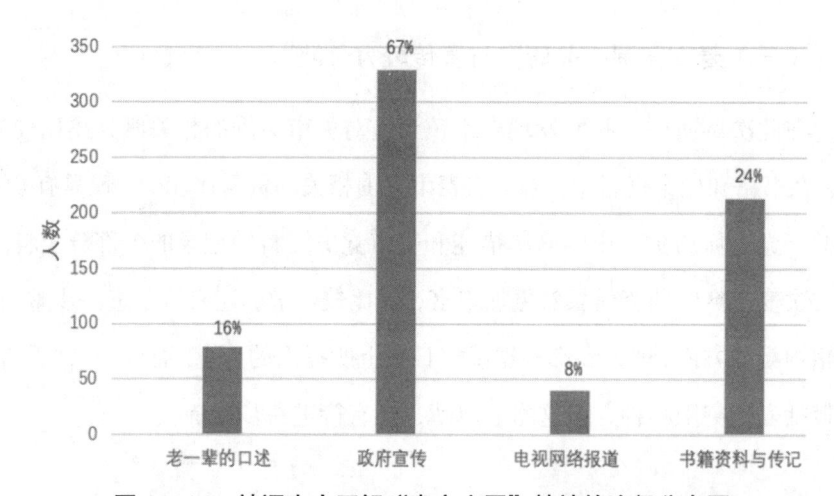

图 12-14　被调查人了解"麦市突围"精神的途径分布图

通过对麦市镇党委书记以及宣传委员的访谈，调研小组了解到麦市镇一直都很重视对麦市突围及其精神的宣传，但宣传对象主要是党员干部，宣传形式仅限于会议上的宣传和学习。同时，网络上虽有关于麦市突围的资料，但内容十分有限，麦市镇关于麦市突围的标志性建筑，也只有麦市突围纪念碑，其他能够支撑麦市突围宣传的红色建筑如纪念馆、故居、遗址之类的还没有。这些因素使得红石村村民对麦市突围及其精神的了解程度较低。

（四）统筹落实与长期规划存在不足

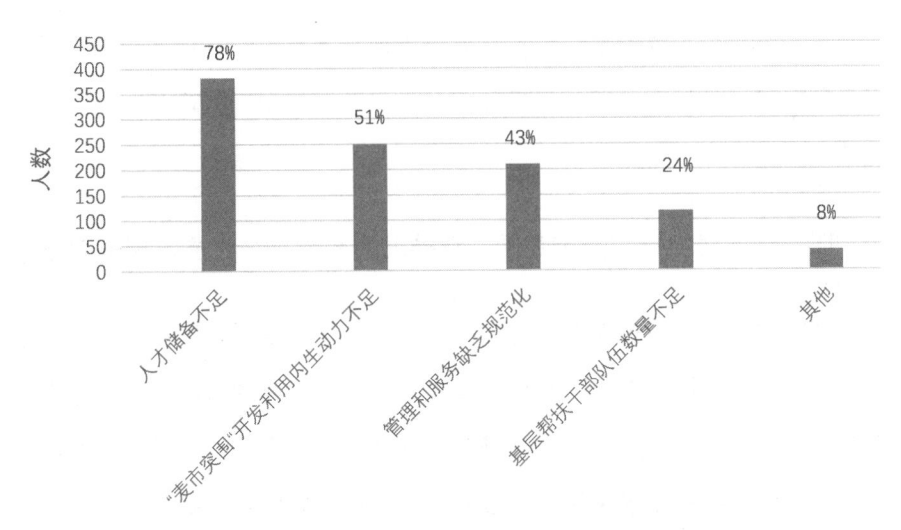

图 12-15　被调查人认为红石村在利用"麦市突围"精神助力乡村振兴过程中存在的困难人数分布图

问卷调查的结果显示，红石村在乡村振兴的过程中将主要精力投入了生态环境和公共设施改善上面，因此红石村在这两方面取得了较为显著的成效，65%的受调查人认为乡村振兴使红石村的生态环境得到了很大提升，51%的人认为公共设施实现了较大的改善。（见图 12-15）但是，乡村振兴是一个整体性的战略，涵盖了产业、人才、文化等五个方面，而在此次调查中，仅有少部分村民肯定了红石村在经济条件、受教育水平和其他方面产生的变化。这些变化与红石村在生态环境和公共设施方面的变化比起来，还相对较小。由此可见，红石村实施乡村振兴政策在统筹兼顾方面还略有不足。对于红石村村民来说，最直接的经济问题和教育问题还未得到妥善解决，由此导致了村民在乡村振兴过程中认同感不高。

在调研走访过程中，麦市镇党委书记梅夏明指出："乡村产业扶持不是一个短期内可以见效的项目，需要长期规划、扶持和发展。"而红石村面对本村产业发展，尤其是能有力推动本村经济发展的产业项目并没有具体规划，乡村振兴政策呈现出不具体、不连贯的特点。这样的规划对于落实乡村振兴战略具有一定的消极影响，导致了乡村振兴战略落实不到位的现象。

四、红石村发扬"麦市突围"精神助力乡村振兴优质发展的对策

事物的发展是曲折性与前进性的统一。红石村发展尽管困难重重，但是在党和政府的扶持以及中南财经政法大学等各方面的帮助下，近年来一直在实现蜕变。结合此次走访调研的实际情况，综合分析其各方面的问题及原因，我们提出以下对策，希望能在红石村冲出瓶颈、破茧成蝶的过程中助一臂之力。

（一）用好既有教育资源培养本土人才，争取引进外来人才

经济、教育与人才是相互联系、相互作用的。经济发达、教育水平高的地方能吸引并留住人才，而这些人才反过来又能够进一步推动该地区经济和教育的发展。目前，红石村的经济发展较为滞后，教育水平也有很大的提升空间，因此，红石村很难依靠自身的"魅力"来留住本地人才、吸引外来人才。人口结构不合理、人口素质偏低的现状非常不利于红石村的发展，努力解决红石村的人口问题是有效扭转红石村发展现状的关键一步。

首先，广开门路，引进一批优秀的人才。引进新人才能够为红石村乡村振兴注入新的活力，为解决产业单一、教育落后等问题提供新的思路。红石村要积极争取政府支持，依靠"大学生村干部""三支一扶""能人返乡创业"等形式，引导优秀人才、专门人才为该村服务。

其次，针对红石村农民多，农业占比大的实际情况，可以充分利用好这一潜在的巨大人力资源，对于长期在家且渴望获得一技之长的农民，根据红石村农业发展的切实需求对其开展相关业务技能培训；加大对红石村本土人才的培训力度，根据不同产业、不同工种的需要，再结合本土人才的自身特点来展开精准培训，特别是注重开展农业现代化、产业化的相关技能培训；要建立一套激励导向机制，积极奖励在相关领域取得突出贡献的人员，起到示范作用，激发本土人才的学习力和创新力，为红石村乡村振兴提供可持续发展的人力资源。

最后，利用好中南财经政法大学对口帮扶的政策优势，把学生志愿者作为一种教育资源，引导其在社会实践期间开展一些兴趣培养和教育活动，努力为村里的留守儿童和学龄孩童提供更多接受教育的渠道。还应该鼓励学生入户对村民进行相关政策和思想的宣传，提高红石村村民对外界知识、信息的整体知晓水平，防止思想闭塞；村委会要鼓励本村学龄孩童努力学习深造，建立一套奖励机制，并鼓励其在学有所成后积极投身于家乡建设中，这既能为红石村发展夯实人才后备军，又可以提高红石村的整体受教育水平。

（二）积极改善交通条件，构建合理的产业发展体系

兴旺发达的产业不仅是推动农业农村现代化的重要基础，也是顺利实现乡村振兴发展的首要动力。资源匮乏、交通不便是阻碍红石村产业发展

的关键因素，因此，避开资源匮乏这一弱项，解决交通不便的问题，构建合理的产业发展体系是改善红石村产业单一的良药。

  首先，想致富必先修路，良好的交通运输是推动红石村发展的基础条件。麦市镇与红石村也高度重视该村的交通问题，启动了相关的修建计划。但由于资金缺口等问题，工程还迟迟未启动。红石村应该抓住这一契机，争取多方援助来弥补资金空缺，积极解决好交通不便这一重要问题。

  其次，巧妙利用"麦市有机镇"品牌效应，做好有机农产品的生产和销售。麦市镇党委书记梅夏明指出，麦市镇为实现乡村振兴采取了一系列积极的措施，如与中南财经政法大学合作开办蔬菜基地、引资开办以古法养猪的养殖场、与深圳·中宜合作打造全国第一个有机镇等。红石村要发挥麦市突围精神，抓住战机，转变发展策略，利用好这一契机，积极发动农户种植有机农产品和有机经济作物等，以有机、绿色、健康为卖点，通过电商、直播等各种网络平台打响自己的品牌，努力朝着"无公害有机"方向发展，做出有特色的有机产品。这样就能有效加强红石村的农业生产文明建设，借助高品质提高产品价格，为当地农户创造更为可观的经济收入。

  最后，以"多村联动"为主导，打造梦幻田园综合体。陕西省安康市恒口镇提出了开创性的"三联"共建增合力的乡村振兴建设新路径[3]，为恒口镇的发展打开了一条新的道路。当前麦市镇的发展也引入根据地缘相近原则优化整合各村资源，实现经济抱团发展这一理念。2019年，麦市镇启动长冲村、冷塅村、陈塅村、九房村四村联动乡村振兴项目，通过开办工业园区、水上乐园、万亩特色产业观光园等项目将四村共同打造为集农村经济、文化、旅游、绿色生态、社会保障综合发展的梦幻家园田园综合体。在这一形势背景下，红石村要抓住机会，转变思路，避开本村旅游资源不足这一弱项，将产业发展融入梦幻家园田园综合体项目中去。红石村要依靠邻村旅游业发展所吸引来的客流量，发挥自身的自然环境优势，借助麦市镇的资金和技术支持，通过产业链延伸，带动红石村参与到打造乡村风情民宿群，发展有机养殖业等经营中去，为来旅游的人们提供高品质的休闲、娱乐、餐饮服务和绿色生态田园景观的视觉享受，从而为当地农民带来多重收益。

（三）加强麦市突围及其精神研究，拓宽宣传渠道

作为麦市镇特有的红色文化资源，充分利用麦市突围的红色精神对麦市镇当前的"突围之战"具有重要意义。尤其是在红石村这一比较贫困的村落，将麦市突围精神融入乡村振兴之中，能更大限度发挥红石村人民的主观能动性。但现实情况是，红石村村民对麦市突围及其精神还不太了解，要解决这一问题，推动麦市突围精神融入并助力红石村今后的发展，就要做好麦市突围及其精神研究和拓宽宣传渠道的工作。

第一，加强对麦市突围及其精神的研究。这一研究既包括对史实的挖掘，也包括对精神的凝练和总结。当前，麦市镇在其研究方面已经做出了相当的努力，并邀请相关专家对麦市突围及其精神进行研究。同时，麦市突围不仅是麦市镇当地特有的历史，还是一段中国共产党历史中值得讴歌的历史，麦市突围值得更多的研究者关注。为此，当地可以适当举办相关研讨会，吸引更大的力量加入对麦市突围及其精神的研究，并带动当地的对外交流。

第二，在深入研究的基础上广泛宣传。在宣传方面，必须要在麦市镇以及红石村落实好麦市突围及其精神的宣传，扩大宣传受众。基于红石村村民的知识文化水平和大众审美，相关宣传应以人民群众喜闻乐见的方式方法深入人民群众当中去。比如，学习其他红色文化村的经验，设计麦市

突围相关历史人物形象、历史简画、红色标语等文化墙，在条件许可的情况下建造麦市突围纪念馆等，这既能起到广泛宣传的作用，也能美化环境，甚至吸引外来游客。另外，要利用好学校这一系统的教育宣传组织，在教学中有意识地宣传麦市突围史实及其精神内涵，例如可以请专家编写适用于中小学的与麦市镇或红石村人文历史相关的教材，开设相关课程，师生共同学习家乡风土人情、历史文化，从小培养文化自信。此外，还应充分利用大众传媒进行宣传。大众传媒如今在各行各业都是一个重要的宣传渠道，这也是今后发展的必然趋势。麦市镇当前关于麦市突围的网络宣传显然还有很大的发展空间，将这一宣传渠道打开有利于让麦市突围走出麦市、走出通城。

（四）加快落实民生建设，做好长期规划

红石村在落实乡村振兴战略的过程中，出现了村民获得感较低、发展不平衡等方面的问题。红石村要更加有力地落实乡村振兴战略，就要从加快民生建设，做好长期规划两方面入手。

首先，加快民生建设使村民更加直接地体会到乡村振兴的福利。积极解决村民的迫切需求是"乡村振兴"战略的必然要求。在此次调研过程中，红石村村内崎岖的道路和复杂的地形给人留下了深刻印象。在与红石村村民的交流中，他们表明希望能尽快将村里的道路修整好，为村民们提供更加便利的交通环境。此外，红石村的教育资源十分薄弱。在乡村振兴的过程中，教育是必不可少的重要环节，如果红石村村暂时不能为学龄孩童提供相对应的教育资源，那么可以从小事入手，例如积极争取财政扶持，为学生们谋取一些福利，让村民和学生们感受到本村对教育的重视等。红石村在落实乡村振兴战略的过程中，还应该提高村民对大小政策的知晓程度，积极推动政策落实，将村民们眼中抽象的乡村振兴变成具体的、能切实感受到的东西。

其次，做好长期规划保证乡村振兴政策一以贯之地落实下来。党中央提出实施乡村振兴战略是推动红石村高质量发展的一个重要战机。红石村必须紧紧抓住这个战机，统筹兼顾全村发展，做好长期规划。在对红石村何江龙书记的访谈中，我们得知，油茶基地是红石村目前最主要的产业，但这一产业也因为规划不足，曾多次更改经营方式，导致了一定程度的损耗和资源浪费。因此，在红石村落实乡村振兴战略的过程中，应该具备长远眼光，针对目前发展状况中存在的各种问题，做好全盘规划，在实践的过程中抓住重点、突破难点，以保证乡村振兴政策落实落地。

参考文献：

［1］习近平. 用好红色资源赓续红色血脉 努力创造无愧于历史和人民的新业绩［EB/OL］.［2021-06-27］. https://baijiahao.baidu.com/s?id=1703665172385253928&wfr=spider&for=pc.

［2］不忘初心担使命. 麦市突围再出发［N］. 咸宁日报，2019-09-17.

［3］刘兵，恒口. 建设"田园新城"助推乡村振兴［N］. 安康日报，2021-07-29（001）.

附件1：

发扬"麦市突围"精神助力乡村振兴
——以通城县麦市镇红石村为例调查问卷

尊敬的先生、女士：

您好！感谢您在百忙之中填写问卷！

本问卷旨在了解麦市镇红石村发掘、弘扬"麦市突围"精神助力乡村振兴的具体举措、实际成效以及存在的问题，试图为红石村发扬"麦市突围"精神助力乡村振兴优质发展提供对策。本次社会调研希望为红石村的繁荣发展贡献"中南大力量"，为革命老区的振兴与发展提供参考。您的意见和建议将使本研究更具研究价值和意义。

本问卷采用匿名形式，所有数据仅供学术调研分析使用，我们承诺会为您做好保密工作，敬请放心！答案没有对错之分，请您根据自身的感受和看法如实填写。

感谢您的大力支持！

1. 您的年龄是：

　　○ 18岁以下

　　○ 18～35岁

○ 36～55 岁

○ 55 岁以上

2. 您的文化程度是：

○小学及以下

○初中

○高中

○专科

○本科及以上

3. 您的职业是：

○农民

○工人

○公务员

○警察

○医生

○教师

○学生

○其他

4. 红石村的主要经济收入是来自哪一产业？

○农业

○工业

○旅游产业

○其他

5. 您对麦市镇相关革命事迹和"麦市突围"精神有所了解吗？

○耳熟能详

○比较了解

○听说过但不太了解

○没听说过

6. 您认为当地对"麦市突围"精神的宣传力度：

○非常大

○较大

○较小

○基本没有

7. 您是通过什么途径了解到"麦市突围"精神的？

○老一辈的口述

○政府宣传

○电视网络报道

○其他

8. 您认为"麦市突围"遗址作为红色旅游景点在整个麦市镇经济发展中重要性如何？

○非常重要

○重要

○不太重要

○还有很大的提升空间

9. 您认为弘扬"麦市突围"精神有什么现实意义？（多选）

○为乡村振兴提供精神动力

○有利于铭记历史

○有利于营造良好工作作风

○有利于助力当地经济的发展

○其他

10. 您认为目前红石村发展最大的阻碍是什么？（多选）

○政府支持力度不够

○人力资源不足

○文化教育水平不高

○当地资源单一

○其他

11. 您对"乡村振兴"战略的了解程度是：

○非常了解

○基本了解

○了解一些

○不太了解

12. 近几年红石村在乡村振兴中所取得的实际成效如何？

○成效显著

○成效一般

○成效甚微

○毫无成效

13. "乡村振兴"战略给村里带来了哪些方面的变化？

○生态环境

○经济条件

○公共设施

○受教育水平

○其他

14. 在实施乡村振兴的过程中,您是否有受到政府政策带来的便利与帮助?

　　○有,很多

　　○有,不是很多

　　○没有感受到

15. 您认为推动乡村发展的关键是什么?

　　○人民群众的精神力量

　　○党和国家政策的支持

　　○提升人民的文化教育水平

　　○挖掘当地特有的资源

　　○其他

16. 您觉得弘扬麦市突围精神有利于助力乡村振兴吗?

　　○有帮助

　　○没帮助

　　○看实施情况

17. 您认为怎样才能更好发挥"麦市突围"精神助力乡村振兴?(多选)

　　○加强宣传和推荐

　　○落实政策支持

　　○设立"麦市突围"文化工作室

　　○建立政府人员督办工作考核评价机制

　　○其他

18. 您知道红石村利用"麦市突围"精神助力乡村振兴的具体举措有哪些?(多选)

　　○培育发展农民合作社

　　○培育农民企业

○ 培养专门领导干部队伍

○ 落实大学生返乡创业的优惠政策

○ 其他

19. 红石村在利用"麦市突围"精神助力乡村振兴建设中遇到哪些困难？（多选）

○ 人才储备不足

○ "麦市突围"开发利用内生动力不足

○ 管理和服务缺乏规范化

○ 基层帮扶干部队伍数量不足

○ 其他

20. 为把我校（中南财经政法大学）的定点扶贫工作推向深入，对此您有什么好的建议？（多选）

○ 希望政府部门能够压实帮扶责任

○ 希望在现有的帮扶方式上加以创新

○ 希望帮助红石村扩大旅游宣传

○ 希望学校可以派学生志愿者驻村指导村民

○ 其他

附件2：

访谈提纲

一、对通城县史志部门工作人员的访谈

1. 您认为麦市突围的内容和其精神内涵是什么？

2. 您认为"麦市突围"精神对当地的发展有什么意义？

3. 您认为该如何发扬"麦市突围"精神？

4. 您认为应该怎样把"麦市突围"精神融入乡村振兴？

二、对麦市镇宣传部门工作人员的访谈

1. 您认为麦市突围的内容和其精神内涵是什么？

2. 请问"麦市突围"精神的宣传工作通过哪些途径进行的？还存在哪些问题？

3. 您认为今天应该如何更好地宣传、弘扬"麦市突围"精神？

三、对麦市镇乡村振兴相关部门工作人员的访谈

1. 请问麦市镇是如何贯彻落实国家乡村振兴战略的？

2. 请问为了助力红石村的乡村振兴，麦市镇采取了哪些具体措施？

3. 请问麦市镇是如何将"麦市突围"精神与乡村振兴相结合的？取得了哪些成效？

4. 请问麦市镇在将"麦市突围"精神与乡村振兴相结合的过程中还存在哪些问题？您认为应该如何解决？

5. 请问红石村实现乡村振兴还存在哪些方面的问题？

四、对中南大驻村工作人员和红石村村干部的访谈

1. 请您介绍一下红石村的基本情况。

2. 请问红石村为了实现乡村振兴采取了哪些具体措施？取得了哪些成效？

3. 请问您了解麦市突围吗？您认为麦市突围的内容和精神内涵是什么？

4. 请问红石村是如何发扬"麦市突围"精神助力乡村振兴的？

5. 请问红石村在发扬"麦市突围"精神助力乡村振兴的过程中存在哪些问题？您认为问题产生的原因是什么？

6. 您认为应该如何更好地将"麦市突围"精神融入红石村乡村振兴？

行走中南·中南财经政法大学思政课教师暑期调研报告集

平原地区美丽乡村建设的成绩、问题与对策——以湖北省天门市为例

刘明诗

2013年,中央1号文件首次提出努力建设美丽乡村的目标。党的十九大报告明确提出实施乡村振兴战略。《中共中央国务院关于实施乡村振兴战略的意见》进一步要求,到2020年,农村人居环境明显改善,美丽宜居乡村建设扎实推进;到2035年农村生态环境根本好转,美丽宜居乡村基本实现。

推进美丽乡村建设是实施乡村振兴战略的重要抓手,是新时代"三农"工作的重要内容,是我国当前一项重要的民生工程。在我国广大的农村地区,由于地形地貌的不同、经济发展模式的差异,推进美丽乡村建设的实施重点和具体举措不尽相同。在湖北省江汉平原地区,素有"三乡宝地"之称的天门市取得了美丽乡村建设的突出成效,堪称平原地区美丽乡村建设的"天门模式"。那么,平原地区美丽乡村建设究竟推进到了什么样的地步、当前还存在哪些问题、怎样去突破发展瓶颈呢?带着这些问题,我

们深入天门市有关乡、镇、办、场、园，通过实地看现场、入户访群众、座谈听报告、问卷察民意等方式，进行了美丽乡村建设专题调研。我们针对调研中存在的具体问题提出了建议，以期为美丽乡村建设的理论研究和实践探索提供有益的参考和借鉴。

一、天门市美丽乡村建设概况

天门市地处江汉平原北端，北抵大洪山，南依汉江，是湖北省汉江流域主要的节点城市，是武汉城市圈的重要组成城市。自2019年7月成立美丽乡村建设协调小组、工作专班以来，天门市严格对标省级美丽乡村建设成效评价办法，大力推进美丽乡村建设，取得了巨大成效。

（一）2020年天门市美丽乡村建设情况

2020年，天门市采取先学后建、边学边建、先试点后扩面方式，在充分学习借鉴浙江"千万工程"及省内枝江市、当阳市、京山市、远安县、仙桃市、襄州区等兄弟县市经验基础上，于2020年5月全面启动第一批2019年度124个美丽乡村建设试点示范工程，历时近一年所有试点村项目建设基本完工；于2021年3月按照"一年建设两年任务"目标要求启动2020、2021两个年度共258个试点村项目库建立、规划编制、项目申报审批、财政评审、项目招投标等相关工作，5月底以前所有试点村全面启动建设任务，部分提前试点项目已于6月底前完工以向建党100周年献礼。

2020年以来，在市委、市政府主要领导过问、参与、督促、指导下，成立了天门市美丽乡村建设协调小组办公室，抽调相关领导和科局人员实行集中办公，有力促进了美丽乡村建设的实践进程。2020年以来，集中组织市、镇、村三级相关领导外出参观学习5次480人次，各乡镇及相关科局自行组织外出学习、相互交流近600人次；组织开展美丽乡村建设拉练活动3次，市委、市政府主要领导和分管领导召开专题推进会议5次。全市按照重点村、示范村、整治村分别给予400万、200万、100万以奖代补资金用于"两基"项目建设的标准和要求，2020年共落实美丽乡村建设以奖代补资金1.97亿元，截至本次调研已拨付近1.6亿元，占比近80%；2021年预算安排2020、2021两个年度建设资金共计3.73亿元，目前已由市城投公司发起成立"天门市美丽乡村投资建设有限公司"并开展项目融资。

（二）2021年天门市美丽乡村建设规划

2021年，市委、市政府立足"十四五"规划开局之年，紧紧围绕产业兴旺、生态宜居、乡风文明、治理有效、生活富裕总要求，坚持规划引领、示范带动、量力而行、突出重点、分类推进、共建共享总原则，按照"一年建设两年任务"总目标，按期完成省级批复的2020年度128个试点村和市级确定的2021年度130个试点村建设任务，努力打造江汉平原乡村振兴示范区和"一村一业、一村一景、一村一韵"的富美文明乡村，确保2021年度市政府重点民生实事落实显效，切实增强农民群众获得感、幸福感。

2021年，市乡村振兴办公室统筹协调2020、2021两个年度美丽乡村建设村的选点布局，从省级批复的2020年度128个村和市级确定的2021年度130个村中选定18个重点村和61个示范村，继续按照重点村、示范村、整治村三大类别分类推进。一是重点村，共18个。选择天仙线、武荆线、天岳线、荷沙线、武天高速和沿江高铁等重点线路沿线有支柱产业和市场主体、党组织战斗力强、群众基础好的相关村，进行重点支持，形成亮点特色。二是示范村，共61个。选择省级批复的2020年度美丽乡村建设示范村及市级确定的 2021 年度试点村中重点线路、关键节点相关村，重点突出地域特色，提升基础设施和基本公共服务水平，形成区域示范带动效应。三是整治村，共 179 个。重点开展人居环境整治提升，形成全市美丽乡村建设和全域人居环境整治的整体效应。此外，各乡镇作为项目建设主体，统一主导村级项目清单审定、村庄规划编制和项目施工建设。

二、天门市美丽乡村建设的主要举措

天门市从本地实际出发，在美丽乡村建设方面采取了一系列行之有效的举措和办法。他们针对各乡、镇、办、场、园的具体情况，建设重点首选环境整治、道路建设、污水治理、垃圾处理、厕所革命、沟塘清淤、安全饮水、公墓建设等强基补短民生工程，同时在"小三园"建设、道路绿化亮化、党群服务中心升级、产业发展支持、小微景观打造、平安法治建设等方面适度配套完善，在一些创意类、特色类、文化类等项目上适当点缀补充。

（一）加强村组道路建设

实施通村主干道路拓宽改造，升级刷黑，大力建设"四好农村路"，着力消灭断头路、泥土路，形成镇域内相关村组间的通畅道路小循环，市域内相邻乡镇间的"四好道路"大循环。有条件的乡镇在通村道路上规划建设候车亭、停靠点，推动镇村客运公交化。（责任单位：市交通运输局，各乡镇办场园）

（二）规范生活垃圾治理

优化完善生活垃圾收运处置体系，合理配置公用垃圾桶，科学设置垃圾集并点，全面提升清转运能力。有条件的镇、村开展垃圾分类试点。（责

任单位：市城市管理执法局，各乡镇办场园）

（三）推进农村治水改厕

将农村生活污水治理与户厕改建相结合，建立分户式小三格或联户式大三格化粪池，采用简易收集处理技术就地开展生态治理。有条件和实际需求的镇、村，鼓励采用经济有效、简便易行、工艺可靠的有动力、微动力或无动力处理技术进行自然湾组的集中处理。靠近城镇污水集中收集系统的村组，开展雨污分流试点，接入市政、企业污水管网进行处理。（责任单位：市生态环境局，市厕改办，市住建局，各乡镇办场园）

（四）加强公益性公墓建设

根据国家、省、市有关殡葬管理规定，在乡村建设行动和人居环境整治行动中同步规划公益性公墓建设用地、明确建设标准、落实建设资金，以村为基本单位建立公益性公墓（重点村、示范村必建）。有条件的乡镇可以镇为单位规划建立1~2个集中式公益性公墓，并切实做好墓园基础建设和绿化工作。鼓励市场主体、企事业单位、社会团体和个人采取捐赠形式支持和参与公益性公墓建设，但不得以任何形式摊派或从中牟取利益。（责任单位：市民政局，市自然资源和规划局，市农业农村局，市财政局，各乡镇办场园）

（五）强化村内沟塘清淤

整治疏浚村内沟渠塘堰，加强桥涵配套，及时护坡，做好绿化；清除积存垃圾、白色污染、水面漂浮物，结合河湖治理开展村内小微黑臭水体整治，做到水系畅通、水体清澈。（责任单位：市水利和湖泊局，各乡镇办场园）

（六）加强绿化美化亮化

按照应绿尽绿的要求，开展村级小景观、村庄道路、水体沿岸、庭院和宜林荒地荒坡绿化，坚持适地适树原则，以乡土树种为主，乔灌结合，倡导自然式种植。门前屋后因地制宜发展小果园、小花园、小菜园、小茶园等，实现庭院绿化美化。强化古树名木、古居名宅保护。在居民集中区域和公共活动区域，利用多种方式安装节能路灯、太阳能路灯或风光互补路灯进行适度功能照明，城郊村和乡村旅游型村庄因地制宜进行适度环境照明。（责任单位：市自然资源和规划局，各乡镇办场园）

（七）筑牢安全饮水工程

结合国家农村饮水安全巩固提升工程，提升饮水安全保障水平。（责任单位：市水利和湖泊局，各乡镇办场园）

（八）促进村容村貌提升

实施"村庄清洁日"制度，持续推进"五清一改"村庄清洁行动，整村推进环境整改提升，着力整治农户房前屋后环境卫生，引导村民开展美丽庭院创建；对有安全隐患、有碍观瞻的危房、残垣断壁等要积极稳妥拆除；梳理规范电力、通信等各种线路杆线，设立集中堆放点，有序堆放农业生产杂物，做到村庄内无乱搭乱建、乱堆乱放；积极开展再生资源回收利用网络与环卫清运网络合作融合，继续推进畜禽养殖粪污治理和农作物秸秆综合利用。（责任单位：市农业农村局，市城管局，市住建局，市生态环境局，市交通运输局，市自然资源和规划局，市水利和湖泊局，市现代农业服务中心，各乡镇办场园）

（九）改善公共服务设施

按照因地制宜、资源整合、简易适用的要求，充分利用现有设施，统筹新建或改建党群服务中心，建设新时代文明实践站所等；建设户外体育健身活动场所，配套完善村卫生室、幼教、养老等场所设施，推动用电、广播电视、通信网络、清洁能源进村入户，实施危房改造、气化工程、雪亮工程、平安法制宣传等设施建设。（责任单位：市委组织部，市委宣传部，市委政法委，市文旅局，市卫健委，市发改委，市住建局，各乡镇办场园）

（十）推进创新创意工程

镇、村两级结合美丽乡村建设整体设计，自主实施部分创意类、文化类、特色类等项目，充分挖掘本地人文历史、文脉内涵，起到独树一帜、画龙点睛的效果。要防止照抄照搬，千村一面；坚决杜绝人为造景，搞形象工程。（责任单位：各乡镇办场园）

三、天门市美丽乡村建设的主要成绩

天门市实行统筹兼顾与重点建设相结合，取得了显著成绩。天门市通过整合高标准农田建设项目、厕所革命项目、人居环境整治项目、巩固脱贫成果续建项目，很好地推进了全市美丽乡村建设的重点村、示范村、整治村齐头并进发展，达到既切实管用、改善民生，又各具特色、赏心悦目的建设效果。

（一）乡村面貌明显改善

通过美丽乡村项目建设、人居环境整治三年行动和"五清一改"村容村貌提升，全市建成乡村微景观100个，"小三园"近13 000个，党群服务中心新建改建扩建60个，农村文体小广场408个；配套建设污水收集管网近530公里，入户管网108公里，完成100条小微黑臭水体整治，塘堰清淤5.6万立方米；建改完成农户无害化厕所20.6万户，农村公厕591座；建设"四好农村路"300公里，完成通村通组主次干道绿化近280公里，年新增栽植各类景观树种、果茶苗木近400万株；开展村庄清洁行动清理各类垃圾近2万吨，清理畜禽养殖粪污、农作物秸秆等农业生产废弃物2 900余吨；拆除无功能破旧危房和违章建筑、乱搭乱建等6 500余处。

全市各乡镇涌现出一批生态村、示范园、网红路、样板点，如黄潭镇七屋岭村、皂市镇泉堰村、岳口镇南湖新村、蒋场镇饶场村、渔薪镇蔡庙村、多宝镇联合新村等村围绕农业特色产业发展立项目、做文章，着力打造一村一业、农旅结合示范点；皂市镇上付村，马湾镇陈黄村，净潭乡蒋场村、杨文村等村以历史文化人物、古树、老宅等为中心进行设计规划，挖掘文化内涵，保护历史古迹，于现代田园之中让人看得见乡愁；岳口镇谭台村、彭市镇文明新村、蒋场镇代巷村等村立足"水清、路畅、岸绿、景美"，大力开展人居环境整治和村容村貌提升，水清、岸绿、景美、路畅、屋净、人和的宜居宜业美丽乡村，已经从无到有、由点及面，给人以强烈的新旧对比、震撼的视觉冲击和愉悦的生活体验感。

（二）政策措施日臻完善

围绕乡村振兴、美丽乡村建设和农村人居环境整治，天门市先后出台了《天门市2020年度分类推进美丽乡村建设实施方案（试行）》《天门市美丽乡村建设"十不十宜"管理规定》《村庄规划编制指南》《天门市农村人居环境整治2020年实施方案》《天门市农村人居环境整治三年行动百日攻坚工作方案》《天门市农村人居环境整治工作责任分工方案》《美丽乡村建设资金管理办法》等相关文件和规定，在美丽乡村建设目标任务、主要内容、试点村分类方式、资金筹措及使用、项目管理、规划编制设计等方面逐步优化、日臻完善、切合实际。

（三）建设流程基本成型

经过一年多来各地各相关单位的摸索和尝试，当前全市在美丽乡村建设项目谋划、项目清单建立、项目申报审批、规划编制、设计计价、财政评审、项目招标、合同签订、施工建设、项目成效评价、资金筹措拨付等方面基本形成一套比较成型的模式，全流程各环节主体明确、责任清楚、相互衔接，规避了前期项目建设过程中因为时间紧、经验少而出现的一些无规乱建、未批先建等打乱仗、发倒笔现象，为后期美丽乡村建设模式化运作积累了相关经验，逐步建立全流程操作方式方法。

（四）整治提升深入人心

一年多来，天门市强化宣传，协调各方，在天门电视台、天门日报开辟"美丽乡村建设进行时"专栏，设立"人居环境整治曝光台"；编发美丽乡村建设简报13期，相关情况通报9次。目前，全市第一批美丽乡村建设重点村、示范村、整治村项目建设已基本完成，全域人居环境整治提升"两基"建设加速推进，"村庄清洁日"活动每月如期进行，农村改水改厕、道路拓宽刷黑、沟塘清淤除杂、四旁植树植绿、垃圾分类试点等各项工作接续开展，村庄面貌和人居环境明显改观，人民群众对美丽乡村建设和人居环境整治的期望值增加，获得感增强，满意度提升。

四、天门市美丽乡村建设存在的主要问题

由于各种原因，天门市在推进建设美丽乡村的过程中暴露出许多问题，

有的问题甚至还比较严重。我们把搜集到的相关问题进行了整理，归纳为以下五大问题。

（一）协调力度不够

市美丽乡村建设协调小组办公室一直由农业农村部门牵头，由于美丽乡村建设任务涉及面广、体制瓶颈多、现存经验少、政策执行难等特点，在统筹协调、督促指导相关各方上稍显力度不够，难以形成资源整合、共同参与、令行禁止、事半功倍的建设格局。另外，部分村级组织特别是领头人不积极、少谋划、难调度，有利则动，遇事则推，有的甚至人为制造阻力。

（二）规划引领不够

受技术力量、设计经费、编制时间等因素制约，全市乡村规划整体水平不高，随意性较大，特色不明显，许多村庄规划可操作性不强，一些村庄在自然风光、历史人文和产业元素、文旅结合上考虑不多、挖掘不够、含量不足。

（三）社会参与不够

一些乡镇、村组在项目谋划、村庄规划设计等方面没有广泛征求和听取各方意见建议，在项目建设、日常管护等方面没有调动农民群众这一责任主体的积极性、主动性、创造性，在筹措资金、争取外援等方面没有积极联系、吸引各类社会资本参与。

（四）建设成效不够

全市乡村建设历史欠账多，人居环境问题突出，农业产业化发展底子差，不少农村基础设施老化失修，虽然经过人居环境整治三年行动和美丽乡村一年多建设取得了一定成效，但是大部分乡村"两基"补短板强弱项还任重道远，在产业支撑、连片打造、全域治理等方面还非常欠缺，与省外发达地区和省内先进县市比较还有很大差距。另外，部分乡镇、村组还存在不重质量、不负责任、不思改过、不得民心的应景工程、面子工程。

（五）多元投入不够

美丽乡村建设是一个系统工程，需要长期建设累积，大量资金投入，并且基本没有经济回报。目前除政府以奖代补资金外，村级大多没有集体经济收入，镇级大多没有额外资金投入，社会资金极少进入建设项目，其他以捐款捐物、工程认领、志愿服务等形式参与美丽乡村建设的外部力量也为数不多，仅仅依靠财政投入远远不能满足美丽乡村建设和全域人居环境整治需求。

五、关于天门市美丽乡村建设的若干对策与建议

天门市优越的自然条件、稳固的农业基础、厚重的人文历史、丰富的人力资源、突出的脱贫成果等为实施乡村振兴战略和美丽乡村建设提供了得天独厚的优势，赋予了天门融入城市圈、建设示范区、重回百强县的历史性机遇。市委、市政府巩固拓展脱贫攻坚成果与乡村振兴战略有效衔接的五年规划和中长期发展蓝图已经绘就，大力推动美丽天门与美丽湖北、美丽中国同频共振的谋变局、开新局的目标定位已经明确，乡村振兴战略和美丽乡村建设接下来将会是一盘好棋。针对前面提到的问题，我们提出以下建议。

（一）优化工作推进机构与机制

市级层面要及时做好巩固拓展脱贫攻坚成果同全面推进乡村振兴在组织保障、工作力量、规划实施、项目建设等方面的有机结合，整合市委农办、

市扶贫办、市振兴办、市美丽办"四办"工作职责职能，推动乡村振兴局早挂牌早履职，充实各方力量，组建一支精干、高效、综合的指挥协调机构和队伍。各乡镇也要相应形成工作专班，镇村两级书记和相关人员要沉在一线，冲在前面，做好示范引领，抓好组织协调和跟踪督办。要进一步落实市、镇两级驻村工作队和机关干部包村挂点要求，督促引导各村利用村级干部换届契机，选优配强村支部书记和两委班子，守好美丽乡村建设和人居环境整治提升的"前沿阵地"。

（二）突出美丽循环圈谋划与打造

要在市级层面对全域内的生产、生活、生态进行规划设计、统筹协调，以利于产业培育、便于农旅结合、适于生态改善为目的进行循环圈的打造，体现美丽乡村建设服务于群众生产生活的基本要求。相关乡镇要协同联动镇域间的大循环，主动谋划镇域内的小循环，要立足自身区位、产业、路网、水系等资源要素，结合前期美丽乡村建设和人居环境整治成效，整体规划，重点布局，推进循环圈上的美丽乡村建设试点村形成路相通、水相连、景相接、业相融的整体效应。要把"擦亮小城镇"和"打造循环圈"统筹起来，以城带乡、依城设圈、一体建设，重点打造一批产业、文旅、电商等特色小镇、美丽乡村和精品乡村旅游线路。

（三）促进村级支撑产业培育与发展

按照"一镇一业""一村一品"产业发展规划，推进农业产业结构调整，坚持走集约化、规模化发展道路，大力发展特色产业、打造特色品牌，将培育壮大村级支柱产业与美丽乡村建设有机统一，增加农民和集体经济收入；支持鼓励外出务工人员回乡创业，引导带领村民发展特色优势产业，促进农民致富。

（四）强化人居环境整治与提升

要树立美丽乡村建设基于人居环境改善这一观点，加大农村人居环境"两基"补短板、强弱项、提标准力度，严格落实农村人居环境整治资金保障、制度要求和监督考评办法，以生活垃圾治理、生活污水治理、厕所革命、村容村貌提升和长效机制建立为重点，坚持开展"村庄清洁日"活动，统筹推进农村改水、改路、改线、改房和净化、绿化、亮化、美化，着力解决"门前屋后脏兮兮、垃圾旱厕臭烘烘、道旁村边光秃秃、沟渠水体黑乎乎、随意搭挂乱糟糟"等环境脏乱差问题，夯实美丽乡村建设基础。

（五）加强美丽乡村宣传与展示

进一步强化美丽乡村建设宣传力度，充分调动村民主体积极性，形成村民共建、共管、共享的长效机制和和谐氛围；推动市委党校、天门职业学院开办专题培训班，开发一批符合美丽乡村建设需要的培训教材和课程，丰富美丽乡村人才供给途径；加大对外宣传展示力度，争取天门特色产业、知名品牌、旅游景点等在省级甚至中央级各类媒体平台留声、留影、留联（联系方式）。

（六）挖掘乡村民俗风情与特色

深入挖掘和重塑农村文化，针对不同村落自然禀赋、历史沿革等特点，深入挖掘建筑文化、民俗文化、农耕文化、田园文化、饮食文化和红色文化等，在乡村庭院设计、环境美化、建筑风格等方面彰显当地自然与文化魅力，通过文化重塑来体现乡土风情；在完善农村基础设施的同时，加强农村公共文化设施建设，通过建立农村历史文化展览馆等来体现历史凝重感和文化彰显力，真正让美丽乡村记得住历史，留得住乡愁。

（七）加强项目资金保障与管理

美丽乡村建设资金来源，主要以市级筹资为主，整合部分涉农资金、争取一般债券资金、土地出让金抽成、项目融资筹资等，做到预算充足，及时拨付；相关部门要向上争取专项资金，各乡镇要积极落实社会捐资、镇村自筹、群众投工投劳等辅助投入机制，坚持多元投入。各乡镇和试点村可以设立美丽乡村建设基金，成立专项基金管委会，加强资金募集和使用管理，探索建立"资源变资产、资金变股金、农民变股民"等多渠道投融资机制，制定支持社会资本参与美丽乡村建设相关政策，重点突破农村建设配套用地指标不足、产业项目入驻困难、宅基地流转回收不畅等瓶颈问题，集中力量办大事，公开公正办实事。

参考文献：

[1] 习近平谈治国理政（第三卷）[M]．北京：外文出版社，2020（6）．

[2] 中共中央关于制定国民经济和社会发展第十四个五年规划和二〇三五年远景目标的建议[N]．人民日报，2020-10-26．

[3] 曾建丰．资本回乡背景下农民合作的内在结构与组织实践——基于鄂中林村美丽乡村建设的案例分析[J]．华中农业大学学报（社会科学版），2021（2）：11．

[4] 魏世友．美丽乡村建设的生态现代化路径探析[J]．青海师范大学学报（社会科学版），2021，43（1）：84-88．

[5] 夏柱智．农村集体经济发展与乡村振兴的重点[J]．南京农业大学学报（社会科学版），2021，21（2）：22-30．

［6］张玉林. 农村环境：系统性伤害与碎片化治理［J］. 武汉大学学报（人文科学版），2016（2）：4.

［7］张新华. 建设生态宜居美丽乡村是乡村振兴的关键［N］. 中国经济时报，2019-05-14.

调研报告：湖北潜江华山模式的特点

刘 强

"华山模式"为华山水产食品有限公司所创造，华山公司成立于2001年，该模式是围绕农产品加工业与现代农业的融合互动，集"土地流转经营、稻虾共作共生、镇企共建社区、市场强势引领、多方合作共赢"等为一体的改革探索，显示出蓬勃活力。"华山模式"的核心内涵，在于运用企业创新"经营"的理念与实践，为综合解决"三农"问题探索了一种路径。华山公司所在的熊口镇，被纳入湖北省"四化同步"示范试点乡镇。

一、"三权分置"下的土地流转模式

华山公司积极谋划稳固可靠的原料基地，2012年6月开始，公司与熊口镇赵脑村农民协商"迁村腾地、整体流转"方案。首先，要解决确权难的问题，对每家每户分散的田块一一仔细丈量，确定面积；土地整理难，采用化零为整、抹平高低的方式，配套道路、电力、涵闸等，华山公司为此投入4 000多万元；同时还要解决迁坟难的问题，近900座散布在田间房后的坟头，全部迁至约1.3万平方米的划定区域，设立公墓。为此，公司投入128万。经多轮次反复征求意见，最终与全村616户农民中的585户达成土地流转协议。公司以666元/亩（约667平方米）的价格租赁农户土地经营权，进行大规模连片整治。另外，针对不愿流转土地的31户农户，将每户原先的散碎田块，按等面积相对集中到一个整块；由公司负责复垦平整后再交给农户自由耕种，这样既提高了耕地质量，也利于规模化机械化耕作。华山公司于2013年底完成土地流转。赵脑村流转的8平方千米土地中，实际耕地面积为约5.03平方千米。经过规模化、标准化整治后，耕地面积达到约7.29平方千米，新增约2.26平方千米。除用作育秧、育虾苗等用地外，"稻虾共作"的面积可达到约7.068平方千米。华山公司以约0.027平方千米左右为标准田方，整理出适合"稻虾共作"的260个生产单元，再向农户发包，每年1.1元/平方米（其中0.1元作为合作社技术培训和公共服务等经费），期限5年。在优先满足赵脑村138户农户的承包要求后，还吸引了周边农民承包，共发包189个标准单元，其余由华山公司经营。

　　同样还是那片土地，种养规模化、集约化、标准化变成现实，形成统分结合、协调高效的新型经营体制，农户成为统一经营模式下的二级经营主体。以马于林家庭农场为例，他家有4口人，家有承包地0.008平方千米，现在承包了一个约0.027平方千米的虾稻池，第一年投资苗种花了2万元，电机、网片1万元，饲料5000元，2015年纯收入就达到10万以上，收获没施农药的水稻3万多斤。

　　与此同时，合作社作为服务主体和经营主体也加入进来。赵脑村现有两个合作社：一个叫"服农"农机合作社，由华山公司、村集体与当地拥有农机的农户共同组建，华山公司提供水稻育秧服务但不占股份，农户以农机折价入股，村集体出资入股，主要为承包农户提供种子和农机服务；

另一个是"绿途虾稻共作"合作社，由参与经营农户组成，统一采购苗子、饲料、肥料、农药，并开展技术培训等服务。

两个合作社为所有经营户提供了整治基地、种养标准、供应农资、生产管理、收购产品、产品品牌等"六统一"服务。水稻生产机械化率百分之百，每亩（约667平方米）田的生产成本降低100多元。三权分置下，"多长出来"的土地，租金归村集体所有，集体经济活了；农民承包的虾稻池有公司的保底收购和统一经营，农民收入增加了；华山公司有了稳定和充足的货源，公司发展的后劲更足了。

二、"稻虾共作"的高效种养模式

以潜江市为中心，方圆200公里范围内，形成了全球最大的小龙虾产业带。潜江市市长黄剑雄分析"有多种原因"：省委、省政府从扶持农民增收、满足市民消费的层面，予以高度重视；省农业厅、水产局纳入水产业主推品种规划；龙头企业的强势带动；市场需求盘口持续走高；大面积的低洼冷浸田，适宜小龙虾生长；农民养殖的积极性、创造性高涨……

2006年，潜江市积玉口镇农民刘主权自创的"稻虾连作"生态种养模式，被写入湖北省委一号文件。所谓"稻虾连作"，一改低洼冷浸田一年种一季水稻、土地半年空闲的局面；或将产量较低、不太适宜"稻油连作""稻麦连作"耕作方式，改为"一稻一虾"。算收益账，每亩（约667平方米）纯收入可由1500元提升至3000元以上。

2010年开始，潜江市开始试验"稻虾共作"，变"一稻一虾"为"一稻两虾"。2014年全市"稻虾共作"约86.67平方千米，"稻虾连作"约86.67平方千米；小龙虾综合产值近百亿元，小龙虾出口占全省出口总量60%以上。

所谓"稻虾共作",在技术操作上要实现小龙虾与水稻共作共生,在稻田里沿田埂挖出的环形虾沟,由原来1米宽、0.8米深的小沟,改成4米宽、1.5米深的大沟。每到插秧时节,把尚在幼苗期的小龙虾移至沟内生长。等秧苗长结实了,再把沟里的幼虾引回到稻田里。这样做,四五月收一季虾,八九月又收获一季,就是"一稻两虾"。论收益,每亩(约667平方米)纯收入可提升至5 000元以上。

华山公司董事长漆雕良仁和华山公司参与了"稻"与"虾"种养模式变革的全过程,所以他们明白,真正推广生态高效、规模化集约化的"稻虾共作"模式,必须像赵脑村这样去做。

42岁的赵脑村农民毛西昌说:"原来土地撂荒比较多,因为种粮食不挣钱。现在真正尝到甜头了。"他经营一个生产单元的"稻虾共作"田块,从去年5月到今年5月,纯收入达10万元以上。0.027平方千米左右的种养规模,相当于参与二次经营的农户,各自拥有一个小型家庭农场,恰恰吻合了许多专家所倡导的、我国国情下的"南方水作区域适度规模"。农村家庭每年从农业经营中获得10万元以上的纯收入,持续下去,就能保障小康生活的经济水平。

熊口镇党委书记潘耕没有想到,"虾稻共作"模式能够让赵脑村增产那么多粮食。过去总产仅有360万斤,去年水稻种植面积和单产均大幅度提升,总产达到1 364.5万斤。小龙虾年产出400万斤左右。"工商资本以华山公司这种方式参与农业,不仅没有去农化、非粮化,反而大大强农增粮,大大促进农业现代化。"

"虾稻共作"的生产方式创新,也是生态种养的"完美搭配"。小龙虾疏松表层土壤而不损坏水稻根系,排泄物补充稻田养分;稻茬、杂草、败叶滋养幼虾。稻虾共生,稻香虾肥,一派生机。华山公司还投建了约0.153

平方千米的虾种选育基地,年选育小龙虾虾种120万尾;投建约0.073平方千米的育秧工厂,可供约13.33平方千米的"虾乡稻"秧苗。随着今后"虾乡稻"绿色品种的推广,粮食产量和效益还会提高,质量安全更有保障。熊口镇农机站站长毛爱国说,高产、高效、生态的"虾稻共作"稻田综合种养新模式,不仅能让老百姓得到实惠,同样也保证了华山公司的原料供应以及提供了食品安全保障,"公司+基地+农户"的模式必将有力地助推华山公司的长远发展。截至本次调研,潜江市虾稻共作面积达到28万亩,建成了5个万亩集中连片和26个千亩"虾稻共作"示范基地。

"虾稻共作"还代表着绿色环保、有机和无公害。湖北虾乡食品有限公司正是看中这一独特优势,精心打造了"虾乡稻"系列产品,产品逐步走向全国。"'虾乡稻'大米是一种接近天然的生态米,虽然价格比普通大米高近10倍,仍然是供不应求。"湖北虾乡食品有限公司总经理刘军告诉笔者,在去年的龙虾节上,"虾乡稻"一公斤卖近20元,并远销北京、广州、深圳等地。

通过转方式、调结构,"虾稻共作"模式有力促进了粮食稳定增产、农民持续增收,取得了良好的经济效益、社会效益、生态效益。华山公司通过建设小龙虾良种选育繁育中心项目、建立院士专家工作站,带动小龙虾良种选育、苗种繁育;华山公司从精深加工入手,加快甲壳素及其衍生品的研发,进一步延伸小龙虾产业链条;巨金米业公司、虾乡食品公司对"潜江虾稻"实行加价收购,努力打造"虾乡稻""水乡虾稻""虾稻人家"等生态大米品牌,年加工"虾稻"15万吨,实现销售收入12亿元……在龙头企业的带动下,"潜江虾稻""潜江稻虾"产业链条和效益空间不断拓展优化。

三、"多轮驱动"的市场营销模式

潜江市副市长刘冰曾说过,潜江的小龙虾产业,是一只"整虾",构建一个完整的产业链,走上一条创业创新的发展路径,所以才具有旺盛的生命力。

21世纪初,当国内小龙虾养殖增产不能增收,以每只1元的价格在城市小食摊上推销,甚至饱受"养殖不卫生"等种种非议时,华山公司与江苏省部分加工企业一起,率先打开出口市场。也几乎与此同时,外国企业瞄上了华山公司的优势养殖基地,主动来敲门。

欧美市场小龙虾年销售量16万~18万吨,自给能力不足三分之一,大有潜力。经过十多年开拓,华山公司的"良仁牌"虾仁和整虾冷冻产品,出口到欧盟、美国等20多个地区和国家,成为中国淡水小龙虾出口第一大户,年销售额高达10亿元。在北欧市场上,每三只小龙虾中,有两只来自潜江。

一只小龙虾,可供直接食用的部分仅占20%,把虾壳、虾头等白白扔掉有些可惜,而且污染环境。能否变废为宝?华山公司经与武汉大学多年合作研发,加工提取甲壳素技术臻于成熟。把从虾壳中提炼甲壳素,主要用于医药用品、保健食品、化妆品等,产品用途广、附加值高。

华山公司投资近5亿元资金建成甲壳素深加工中心,实现了小龙虾产业由传统农业向现代生物医药高新产业的跨越。2020年处理废弃虾壳10万吨,年产甲壳素高衍生制品7 000吨,实现销售收入近30亿元,同样在国际市场上供不应求。

随着在国际市场大获成功,漆雕良仁现在把目光转向国内,中国的美食美味要让更多国人分享。他向记者和盘托出"未来市场营销的战略构想":总体战略,国外市场与国内市场"两翼齐飞";开拓国内市场"三大营销战略",包括网上营销、门店直销、植入大型酒店连锁销售,其中搭建网上交易平台、让小龙虾插上"电商翅膀",是需要加强的重点;产品开发战略,让即食、冷藏、常温产品均衡上市。实际上截至本次调研,在华山公司今年保鲜食品的销售业绩中,国内市场已占绝对大头。

漆雕良仁说:"多轮驱动市场,多头开发市场,目的在于降低企业也是降低养殖户的市场风险,保护产业稳定健康发展。企业作为市场主体,靠背后众多的养殖户作为经营主体在支撑,华山公司连接着约133.33平方千米的养殖基地,不管是紧密合作或松散合作,大家是共同的利益主体。在整个产业链条中,作为龙头企业,必须承担更多的责任。"

四、华山模式的现实意义

"华山模式"内涵丰富、意义重大,不仅促进了粮食生产、农民增收;而且减少了农药化肥的使用,有利于生态安全、粮食安全和食品安全;对土地流转、新农村建设等农村改革热点难点问题做出了可喜探索,有利于促进"四化同步"和农村改革。为乡村振兴和农业供给侧结构性改革提供了可借鉴的经验。

第一,"华山模式"实现经济、社会、生态共赢。

近年来,潜江通过龙头企业带动农户养殖,探索出"土地流转经营、稻虾共作共生、镇企共建社区"路径,实现生态养殖、产业发展、农民增收和产城融合。

从2012年开始,有着10多年养殖经验的龙头企业华山水产食品有限公司,在熊口镇赵脑村与585户农民达成土地流转协议,经过标准化稻田整治后,耕地面积达到约7.29平方千米,以约0.027平方千米为一个田方,转包给农民种养稻虾。企业在技术、品种、采购等方面持续投入。

湖北省人大常委会副主任张岱梨介绍说，通过稻虾共作，当地每年实现两季虾、一季稻，农民每亩（约667平方米）收益从1 300元提高至4 000多元。生态养殖提高了产品品质，小龙虾出口到欧美等地。企业发展甲壳素深加工和生物医药产业，去年甲壳素衍生品收入约30亿元。

当地还积极探索"镇企共建"模式，解决居住与服务、生产与生活问题。以华山公司为主导，在镇区建设综合社区，585户农民就近就地城镇化。除土地租金外，农民还获得住宅，成为职业农民或企业工人，实现稳定就业。

时任农业农村部副部长于康震表示，"华山模式"实现了稳定粮食生产、产业发展和农民增收，有利于生态和食品安全，在推动新型城镇化发展方面进行了有益探索，实现各方共赢。

第二，华山模式为解决现代农业发展若干难题提供了参照。

（1）如何解决农地的整理。如何促进农地流转、集中，推动规模经营，是中国农业现代化的大问题。通过龙头企业介入，进行土地整理，根据农民意愿分包给农民进行高效生产，解决了土地整理和集中问题，企业是重要推动力。

（2）差异化竞争。通过生态种植、建立品牌，当地小龙虾和稻米产品竞争力强，目前，已实现农业、加工业的融合，今后还应推进三产融合。

（3）绿色化生产。目前我国农业生产存在健康养殖问题。龙头企业有控制原料品质安全的内在动力。推动中国农业走绿色发展之路，要充分发挥龙头企业作用。

（4）解决农民怎么进城问题。在当地585户农民整体搬迁过程中，有效解决了资金筹措、农民分享增值收益问题。最终138户农民从事农业，其他约400户成为新市民，是农区走新型城镇化道路的有益探索。

第三，以协调的利益链条作为核心机制，为农业供给侧结构性改革提供了参照物。

能使各类经营主体融为一体的关键，在于构建了一条协调的利益链条。虾稻共作和后续深加工的大规模生产效率固然很高，但效益如何在经营主体间分配，将直接决定华山模式的可持续性。华山公司的董事长漆雕良仁深切认识到，必须将农民的利益与公司、基地紧紧联系在一起，真正发挥他们的积极性，否则，就会出现利益不挂钩的弊端，给大规模生产的统一管理带来一系列矛盾。他们通过"反租倒包"让农民作为二级经营主体，直接分享高效规模经营的收益，生产者与企业紧紧拴在一个根利益链条上，主体积极性能充分调动起来。我们看到，一些反租倒包的农户已经开始自主试验更高效益的种养方法。农民迸发出来的创造力，正是现代农业经营体系最宝贵的动力。

"小积分"助推"大发展"或者积分制管理：美丽荆门新名片

荣 枢

荆门市位于湖北省中部，北枕荆山之灵脉，南拥江汉平原之富庶，历史悠久，积淀深厚，是农耕文化的发祥地之一，是楚文化的重要发祥地和中心区。荆门人文思想异彩纷呈，探源重理，尚文重教，新时代以来，荆门人民开拓进取，不断创新，探索了特有的积分制管理模式，向全国乃至世界递交了一张新的名片。

今天你积分了吗？今天你积了多少分？这是荆门市实施社会治理"积分制管理"以来荆门城乡常见的新问候语。积分是什么？它不是我们过去理解的积公分，也不是考核，而是荆门市社会治理"打通最后一公里"的重要媒介，是荆门市引导居民参与社会治理，实行全民共建共享共治的新型管理方式。小小的积分是如何在社会治理中发挥大作用的呢？今天我们来到荆门市浏河社区，看看积分制管理如何发挥魔力。

一、老有所为，自管委员会用积分推动社区环境构建

"张伯，这楼道是您扫的吧，这么干净。"在浏河小区，网格员敲开了张大爷家的门。"不止我了，老伴儿也帮忙啦！"张伯答。"您家环境整洁卫生，可按月加分。全家义务打扫公共楼道，可加 20 分。还有，要是您提供有效的房屋租赁信息，还可再加 5 分。"在浏河社区，这样的"加分"现象非常多见，社区居民张本雄就是积极参与积分制管理，共同参与社区治理中的一员。

（张本雄：浏河小区自管委员会负责人，66 岁。）

问：咱们浏河小区之前环境怎么样？

张本雄：浏河小区建于 20 世纪 80 年代，曾经是荆门市最早的成熟小区，因建设年代比较长，基础设施差、人员结构复杂，车辆乱停乱靠，到处都是乱搭乱建和圈的小菜地，原来的物业因为服务不到位，居民不缴纳物业费，2000 年开始没有物业管理，变成了"三无小区"。我们小区的人都说这里"污水靠蒸发，垃圾靠风吹"。

问：这种情况怎么得到改善的呢？

张本雄：我 2008 年工作空闲回家休息，看见我家楼道被垃圾堆满了，小区环境差，我家住在一楼，受这个影响是最大的，但是因为工作一直没时间管这个事情。2010 年我退休了，在家也比较清闲，就想把楼道的垃圾清理下，正好小区其他几个居民也有这个意思，于是我们几个人商议一起给周围几栋楼居民收取每户每月五元的费用，帮助小区居民做卫生。

问：有了你们定期做卫生，小区环境改变了吗？

张本雄：虽然我们定期做卫生，保证了楼道基本的干净，小区卫生状况有了很大的提高，但小区整体的环境改变不大，尤其是乱搭乱建和小菜

园我们没办法打扫。

问：所以您跟社区申请组建了自管委员会？

张本雄：是的，社区苏书记看到我们这里的卫生管理成效后邀请我们对全小区一同进行自管自治。在小区居民选举下，我们于2014年10月成立自管委员会，并与2015年元月开始实行自管自治工作。

问：自管委员会从事自管自治的工作有工资吗？

张本雄：最开始是没有的。

问：那您为什么开始愿意做这个工作？

张本雄：退休后在家带孙子，我时间很充裕，在家也闲不住，主动为小区做些力所能及的事情，我觉得过得很充实，也很有意义，帮助了别人也快乐了自己。

问：那您的家人支持您吗？

张本雄：我的儿女都在外地工作，家里就我和老伴，老伴开始也唠叨我做这些事情没多大用，不帮家里忙，带孙子做家务都是她一个人在做。现在她不说了，很支持我，家里的事情都是老伴，我就不用管家里的杂事。

张本雄爱人：以前他们帮小区打扫卫生、搞服务，做了事情还要挨别人骂，我心里还是有不舒服的，后来大家支持的人多了，他的积分也最多，经常兑换一些奖品，总是获得表扬，还被评为了积分之星，我走出去大家都说他好，帮我们解决了好多问题，我就觉得脸上有光，很开心，也就愿意支持他了。我们都退休了在家，也有时间，现在我除了做好家里的事情，也为小区做一些事情，门口都是我用花盆种的一些绿植，等小区改造完成了这些就移植到绿化带上去，还可以积一些分，挺好的。

问：刚刚提到您之前做事情挨骂是怎么回事？

张本雄：万事开头难，一开始我们的自管工作开展得很困难，很多人

"小积分"助推"大发展"或者积分制管理：美丽荆门新名片

不理解、不配合，我挨骂主要是当时要配合社区，把小区的环境卫生搞好，把将其他居民种的菜园子清理掉，进行硬化，当时很多居民不愿意、不配合，骂我害她们没菜吃，说我做这个事情是为了收钱。

问：当时小区居民种的小菜园多吗？

张本雄：很多，几乎家家户户都有小菜园，大大小小的都是。有时候施肥，楼道里、屋外面臭味很大，有些种菜的场地把走路的地方都占了，很不美观，有些居民上班出去都不方便，经济条件好的都搬走了。

问：那后来怎么处理这些困难的呢？

张本雄：社区给我们想办法，出主意，社区苏书记认为这需要一个过程，也需要一些外力推动，经过协商后来社区决定推广积分制管理（最开始叫家庭道德银行），调动居民的积极性，帮助我们解决清理菜园的问题。

问：积分制管理是什么？

张本雄：最开始是以家庭为单位进行积分，社区根据情况制定不同的居民积分项目，居民完成这些项目可以获得相应的积分，积分排名靠前的可以兑换生活物资或者社区公共服务，高分的可以优先参与"文明家庭""最美家庭"等评选表彰。后来参与的人多了，积分项目越来越细化，就分成了居民个人项目积分和家庭项目积分。

问：那自管委员会是怎么利用积分解决菜地问题的？

张本雄：我们采取各个击破的办法，广泛宣传积分制的好处，我挨家挨户地跟居民解释说先主动清理菜园的就会有积分，积分有物质奖励，积到一定程度可以兑换生活用品，不做清理工作会扣积分，总积分排在后面的会受到处罚。

问：您做工作以后有人主动把菜园子清理了吗？

张本雄：有一些人清理了，但是不多。我又去跟他们讲，愿意清理菜地增加积分，积分多的子女入学等都有照顾政策，而且不用自己动手，我们几个人去帮忙清理、打扫干净、帮忙硬化。当时是5月开始清理的，清理了一批菜园子。

问：还有一部分没有清理的怎么办呢？

张本雄：5月我们清理了一批之后，后面做工作就轻松一些了，加上清理菜园积分可以换东西，居民参与的也就多了，我记得当时居民王玉修夫妇原本种了有20平方米的菜园子，自管委员会清理菜园时，她们一开始很不配合，也和我吵架，但后来不仅将自己的菜园进行了清理，还成了我们社区的积分大户。

问：他们当时态度上为什么会有这么大的转变呢？

张本雄：因为我们积分制试行了一段时间，很快就根据当时的积分排名，当场就将奖励和表彰发放给了居民，让他们相信我们的承诺是可以兑现的，也都有了积极性，而且环境美化也是为了让大家住得舒服，支持我们的人就多了。现在王玉修夫妻两人都会主动帮自管委员会清理小区杂草，做一些工作。

问：现在咱们浏河小区有多少人参与积分制？

张本雄：小区有700余户，其中1/3是老人，参与积分制的大概有200多户。

问：社区居民一般一年可以积多少分？

张本雄：一般居民可以积300～400分，我因为从事小区自管自治工作，做的事情比较多，可以积到800分左右，去年我就获得了市积分之星的称号。市里评选积分周冠军、月冠军、家庭道德积分优胜户，都有我的名字，我感到很光荣、很自豪，现在我们自管委员会做事其实是不计报酬的，我们做的事情没有惊天动地，都是一些平凡的小事，但对于居民

"小积分"助推"大发展"或者积分制管理：美丽荆门新名片

来说意义重大，他们满意了我们就满足了。

问：实行积分制后，您的自管工作有没有轻松一些？

张本雄：这个当然是有的，积分制极大地调动了小区居民的积极性。就比如今年，我们这里变压器不够，夏天经常拉闸停电，通过我们申请，安装了更多的变压器，解决了电力问题。这里面的费用都是我们自己收取的，因为可以积分，大家交费都比较积极。以前小区老年人多，收费很困难，环保收费只能收齐40%~50%，后面实行积分制后，通过我们做宣传跟居民讲政策，现在收环保费可以达到90%。当然达到百分之百还是有难度的，有些人觉得你服务不到位，不及时或拒绝交费，这都是极少数。而且对这些现象，许多居民还会主动站出来帮我们说话，说在其他地方都找不到做卫生像我们一样收取费用这么低的，应该支持我们的工作，而不是在这说三道四。从这里可以看出我们的工作赢得了小区居民们的信任和认可。

（浏河社区书记苏玉梅，中共党员。）

问：您是如何想到在社区推行积分制的？

苏书记：在工作走访中我了解到我们提供的一些服务居民不需要，居民需要的我们没有做到，而居民其实是很愿意加入社区管理中的。因此我们改变工作方法，根据居民所需做服务，过去我们用行政的手段去推动，现在我们用协商的手段推动，但协商只能覆盖一部分人，为了让更多的人参与到社区的工作中，我们就在2015年推行了积分制，用积分这个奖励机制去引导居民参与社区大家庭的建设。

问：积分制的运行理念是什么？

苏书记：我们中国人的习惯是见面问"你吃饭了吗？"借用这句话，我们改成了"你积分了吗？"以积分记录美德，以积分兑换服务，用行动传递正能量，这里没有旁观者，只有参与者，期待您的参与。我们以这样一个理念去策划了积分制那些可以积分，积多少分。我们的积分制被上级部门认可后给予了政策上的大力支持，让更多的居民骨干去成立社区组织，然后让居民们参与到这些组织中去。

讲解：浏河社区通过积分制管理模式，不断完善社会治理体制机制，畅通渠道、打造舞台，鼓励和支持社会各方面参与，实现了政府治理和社会自我调节、居民共建共治的良性互动。社区用积分将张本雄等积分骨干组织起来，成为小区组织的带头人，他们积极参与小区活动，带领其他居民积极参与到小区环境建设中，积分制管理在浏河小区实行以来，卫生环境、居民素质、管理工作水平有了很大的改变，居民支持配合拆除违建2 800平方米，铲除菜地3 000平方米，硬化场地6 600平方米，社区新增停车位260个、路灯40盏、健身器材18套，小区花坛复绿了，车辆停靠有序了，小区路面洁净了，社区环境变美了，真正做到了小事不出社区，大事不出街道。

二、和谐共治，小积分助力社区共治显成效

夜深人静，小区居民都已经进入梦乡，幽静的夜晚，只有蛐蛐在低吟，夜色下有一个孤单的身影在四处巡视，她就是浏河小区居民黄运秀，十年来她每天晚上在小区值班进行治安巡视，风雨不改。

（黄运秀，浏河小区居民。）

问：您在这个小区夜间巡视、管理治安多长时间了？

黄运秀：十多年了。

问：为什么小区要开展夜间巡视呢？

黄运秀：我们这个小区是个老旧小区，以前这里是开放式的、四通八达，

人员来来往往非常复杂，小偷小摸的人也很多，也没有监控，也没人管理，后来这里就发展成传销窝点，很多人在这里从事传销活动，我们用了很多办法才清理掉这些窝点，为了防止他们再来我们就轮流巡视。

问：传销情况在当时在小区很猖獗？

黄运秀：是的，当时小区几乎每栋楼都有传销窝点，有固定的，还有不少临时的，有时候来，有时候不来流动的。传销窝点是清理一个又来一个，当时我一看就知道，一群不认识的人有年轻的有中年的经常聚在一起，基本就可以断定是传销。

问：我们怎么把传销组织都清除的呢？

黄运秀：大家开始防范意识较差，单凭我们几个人自发地打击，消息不灵通，也不及时。积分制实行后，社区制定了积分事项及分值标准，当时规定居民举报可疑人员可以获得积分，居民配合打击传销窝点有奖励积分；居民主动提供租房信息有奖励积分；很多居民因此就有了积极性，他们看见可疑的情况就给我或者社区打电话，说具体在哪里聚集。居民举报之后，有的自己协助公安机关打击他们，有的转告我们去核实，核实基本确信之后我们就报警，派出所派警察过来审问很快就把他们打击掉了。我和小区居民何先珍就成功协助公安机关捣毁了四处传销窝点。

问：您当时主要是提供信息和核实情况对吗？

黄运秀：是的，我通过观察，高度怀疑是传销窝点的，我就佯装去做卫生，因为我时常在这里打扫卫生，熟悉位置，很少有人怀疑。在打扫卫生之际，我就偷偷记下他们的楼栋，大概的人数，活动的时间等，然后带警察同志过去打击。

问：清理这些组织用了多长时间？

黄运秀：2016年仅用半年时间就基本全部打掉存在于小区两三年的传

销组织。

问：这些传销组织的人走了以后有没有再回来？或者又有没有其他治安问题？

黄运秀：传销经过举报、公安机关打击，很多窝点就不敢来了，但是小区的盗窃问题十分不好解决，小区因为没有围墙，盗窃问题频繁发生，光 2014 年小区内就发现盗窃财物、盗窃摩托车等案件 20 余起，发生盗窃三轮车、撬闸等案件 10 多起，还有其他盗窃案等 8 起，当时社会影响很大，很多本地人都不敢到我们这里来。

问：没有围墙这个问题确实不好办。

黄运秀：是的，正好 2014 年—2015 年荆门市开展创城创卫活动，我们借助这个机会主动找社区申请，在社区的领导下，在小区居民的共同助力下，我们筹集资金把小区围起来了，只设了 2 个出口，一个长期打开，另一个机动的。这样就减少了小区的盗窃问题。

问：盗窃问题在咱们小区就没有了？

黄运秀：非常少了，但偶尔还有零星的几起，小区居民为了巩固我们的治安成果，提议在小区安装监控，我们自管委员会就通过申请、集资装了监控，我们成立了红袖章巡查队，每天晚上我们队员就轮流在夜里排班巡查。这样三重保障下，小区再也没有发生过传销、偷窃活动了。

问：红袖章巡查队的队员是怎么产生的？

黄运秀：都是居民自己报名参加的，根据他们上报的空余时间来排班，因为有很多人白天要上早班，所以深夜的巡查就由自管委员会负责了。

问：居民参与巡查有报酬吗？

黄运秀：没有报酬，我们巡查都是没有报酬的，有积分。参与治安巡视都是我们自愿的，小区居民见我们巡视都很支持我们，对我们工作很放心，好多女同志说上夜班回来见到我们就很安心，有时候夜里给我们送水，我们很感动，也为大家认可我们感到自豪，觉得其他什么都没什么好计较的了。

问：您深夜巡查辛苦吗？

黄运秀：年纪大了，本来就睡不着，走走还有利于休息啊，我这么多年巡查我都搞习惯了，到了时间我就自己起来了，都不用叫。

讲解：从大难、到大治、到善治、到自治，浏河社区通过积分调动了居民参与社区治理的积极性，真正以主人公的身份参与到社区的治理中，居民的居住环境、治安环境得到了稳步提升。

清晨，天蒙蒙亮，浏河社区舞蹈队队长王仁会就会带领她的舞蹈队到社区广场来跳舞，锻炼身体，阿姨们精神抖擞、充满活力的身影是浏河社区清晨一道靓丽的风景线。

网格员：王阿姨，舞蹈队今天又排什么节目？

舞蹈队队长王仁会：为庆祝建党100周年的庆祝晚会在排练节目。

网格员：好的，那您的舞蹈队又可以加分啦，积极参与组织社区活动可以加20分。

舞蹈队队长王仁会：那太好啦，这本来也是我们应该做、喜欢做的，演出的时候都去捧场啊。

问：你们的舞蹈队什么时候组建的？

王仁会：舞蹈队很早就有啦，那个时候就是大家自发地来一起跳舞，没有组织起来，人员也不固定，谁有兴趣就来跳，我因为喜欢跳舞，有这个基础，就经常教她们，渐渐成了跳舞的主力。

问：怎么想到要组建舞蹈队的呢？

王仁会：社区实行积分制管理以来，鼓励社区居民都能参与活动获取积分，参与到社区的建设中去，这个人人参与需要有平台和组织，社区苏书记就找到我，希望我出面组建舞蹈队把爱好跳舞的居民团结起来，组织活动。

问：舞蹈队主要是做些什么事情？

王仁会：我们最主要的事情是免费培训，就是教不会跳舞但是有兴趣锻炼身体的居民跳舞。当然我们日常大家也一起跳舞、健身，然后会排练一些节目。社区有时举办积分交流晚会，还在中秋、国庆等节日举办晚会，我们就会去表演，交流。

问：组织这些活动，包括舞蹈教学有都会有积分是吗？

王仁会：是的，社区会根据我们活动的组织开展情况给我们积相应的分数。

问：这些积分谁来统计呢？

王仁会：是社区网格员，以前是给我们积分卡，一张卡代表多少积分，后来我们有了网络平台，就都是在网上登记积分了。

问：您舞蹈队的成员们开始都愿意举办活动增加积分吗？

王仁会：开始一些人不愿意，很多人觉得我之前随心所欲地跳个舞，锻炼下身体挺好，突然要搞积分，还要组织活动、教别人，觉得会耽误她们时间，增加她们负担就很犹豫。

问：后来怎么愿意加入了呢？

王仁会：后来社区做了很多宣传，动员大家，我们几个老成员就挨个挨个地解释，说加入积分制，组建舞蹈队是为了让大家有平台参与社会建设，举办活动我们都有积分，积分靠前的有奖励，主要是大家也喜欢跳舞，有兴趣就慢慢都加入了。

问：除了舞蹈队，社区还有没有其他社团？

王仁会：其他社团很多，有的是社区培育的，有的是大家自发组织的，比如我们社区的"生命云梯急救社"成员主要是医生、护士，她们义务在社区开展急救知识普及，让居民都能懂得一些基本的自救措施。还有"水墨缘"社团，我家爱人就是这个社团的，他们里面都是老教师、老干部、退休人员，他们主要是对有兴趣的社区居民开展书法、绘画培训，他们自己也经常交流，陶冶情操。还有一些社团帮助学生补课啊，帮助老人活动，都是根据居民的切实需要开展活动的。

问：社团都会定期开展活动吗？

王仁会：是的，我们都会定期活动，有的活动是社区发布了我们认领的，有的是我们自己组织的活动，大家参与活动的积极性都很高。

网格员：社区通过积分制培育了不少社团，鼓励每一位居民根据自己的兴趣参与到社团文化活动中，并通过社团活动进行社区建设和治理，在大家的共同努力下，社区现有多个社团，活跃在社区的建设治理中，使社区的文化氛围、道德水平有了很大的提升。

问：现在小区居民一般通过做些什么事情积分？

网格员：多是拾金不昧，小区居民现在捡到东西即使是手机或者现金都不会自己占有，而是拿过来交给我们换取积分，之前有一个老人丢了去医院看病的钱，被一个女人和我们的一个居民捡到，女人想和我们居民平分钱，我们的居民拒绝了她，将这个救命钱交给了我们。经过积分制管理这个手段，社区向善的氛围得到了很大的提高，以前社区很多居民嫌弃社区无人管理、脏乱差，都买房子搬走了，现在环境好了好多居民又都搬回来了。

（栾翠红，浏河社区居民、和谐园小区妇联主席，62岁。）

问：您怎么想到要在社区从事婚姻家庭调解工作呢？

栾翠红：我还没退休的时候，有一次在家里看报纸，无意间看到有一位北京大姐退休后专门服务社区居民，帮助居民排忧解难，受到大家的赞扬。我当时就在想，我要是退休我能做点什么事情，就有点想向这个北京大姐学习的意思。后来退休了，孙子也上学了，在家也没什么事情，我又是业主委员会的，我就想做点事情。一次业主大会上，我发现很多居民有家庭、婚姻矛盾的困扰，扯皮都上了业主大会了，我就决定去试着调解一下，就这样我就一直坚持做这个事情了。

问：您在社区开展调解工作难度大吗？

栾翠红：这种事情比较烦琐，主要是要耐烦，要多上门给大家聊天，我们小区有对夫妇比较年轻，遇到一点小事情就容易吵架，吵架就控制不住，大喊大叫啊，影响居民休息，最后闹到动手打架，要闹离婚。我当时就主动上门去调解，还拒绝，感觉很难插进去，还是有难度的。

问：您怎么解决这个问题呢？

栾翠红：我以前是在妇联工作的，我就擅长和姐妹们打交道，回家想了想我就转而找到了这对夫妻的双方父母，当然主要是跟母亲做工作。这样先跟双方母亲分析利害，也说明了小夫妻还是有感情，还有两个孩子，离婚了不利于孩子成长，不要一时冲动，把他们的父母说动了，转而再跟他们夫妇做工作，这些问题就好解决了。

问：社区这样的家庭纠纷很多，您忙得过来吗？

栾翠红：光我一个人肯定忙不过来，得有人帮忙，我当时主动要求做社区调解员，社区领导非常支持，并且问我能不能组织一帮人专门做社区的矛盾调解工作，并说参加我们社区矛盾调解工作的都有积分，积分高的社区和街道会表彰，我就开始物色人选。

问：您找到人了吗？

栾翠红：人倒是有人，大家听说是为社区居民服务的事情，而且有积分，都愿意来也很积极，问题是需要一个会磨嘴皮子，能说会道，有耐心的人，还要灵活一点的。

问：是的，那后来有多少人加入了呢？

栾翠红：后来我找来了我之前开展工作比较熟的姐妹们，很多都是住社区的党员，还有包联社区的党员，我们一共十个人，就建了一个"和谐园志愿姐妹服务群"一有这个家庭婚姻矛盾调解工作，我们就会在群里分配任务，奖励积分，大家就自己认领，然后展开调解工作。

问：您和您的团队成员只做婚姻家庭调解是吗？

栾翠红：是的，我们主攻的方向不一样，在我们一群姐妹的带动下，很多人加入调解行列，志愿服务治理社区，但是各个人的专长不一样，我们一些人搞妇联工作，擅长做妇女的思想工作，我们就在做婚姻家庭调解，社区还有人负责综合事务调解、专业调解还有邻里纠纷调解。

问：主要是根据成员做了分工对吗？

栾翠红：是的，根据大家自己的专长，比如有些人是法官、律师，那么他们进行专业调解比较合适，有些老师、专职的党政人员他们就做综合事务调解。

问：咱们这支调解队伍的筹建花了多长时间？

栾翠红：很短，社区号召、积分制激励，差不多半个月我们就很多人报名，大家开会一商议人员就都到位了，我们还提出了一个口号"学枫桥、促和谐、挣积分、正能量"，就是说要学习枫桥经验，民事民办、民事民管，通过这个事情治理社区，促进社区和谐发展，大家也能获得一些积分，为社区治理提供正能量。

问：咱们调解团队在社区取得了那些成绩？

栾翠红：主要是为社区和谐治理服务，为社区居民团结做出了很大的贡献，现在社区居民非常团结，偶尔有些小打小闹我们主动上门都好解决。现在小区的氛围很好，今年 8 月因为疫情小区实行封闭式管理和全民核酸，小区居民收到通知就自动去排队，大家不争不挤、不吵不闹，社区通知之后就不用再管，我们都主动维持秩序，很快就完成了检测。

讲解：积分制的目的不是让居民为了积分而积分，而是为了让居民参与到自己喜欢的组织里去，让居民通过组织社团参与到社区的治理过程中。浏河社区通过社会组织、团体开展各种活动，丰富居民精神文化生活，逐步实现了社区治理由"替民做主"向"由民做主"转变，由"单一行政管理"向"多元协商共治"转变，由社区干部"唱独角戏"向全体居民"跳集体舞"转变。

三、人人共享，让社区建设成果惠及每一位居民

（李梅香，女，45 岁，夫妻二人，育有一子，丈夫是退伍军人，因脑出血半身不遂在家。）

问：您家里生活情况怎么样？

李梅香：我们家庭是一个残疾家庭，本来家庭生活不错，我老公之前在部队，后来退伍回家在铁路上工作，本来挺好的。后来我老公脑出血，捡回来一条命，但是半身不遂了，要治病花了很多钱，后来在家全靠我照顾他，儿子也还小，家里老人自顾不暇，家里一下子就变得很困难了。

问：您最困难的时候是什么时候？

李梅香：2019 年以前都很困难，最困难是丈夫在医院住院那几年，我一个人跑医院照顾他，接送儿子上学，为他们凑学费、药费，很辛苦当时。

问：后来有没有好一点的呢？

李梅香：后来，社区了解到我家里的情况，给了我们低保，平时也给了我们许多的帮助，介绍我帮社区做卫生服务，给我一些补贴，社区还给我们开具了证明，我儿子在学校上学也得到了补助，大大缓解了家庭的压力。

问：现在您家庭压力还大吗？

李梅香：积分制实施以来，街坊邻居的关系越处越好，大家有什么需要帮忙招呼一声就可以啦，街坊邻居知道我家的困难经常主动帮助我们，家里一些需要帮忙的体力活他们经常来帮助我解决。社区组织了很多社团，也积极邀请我丈夫加入，社团其他成员经常推他出去和他在外面逛逛、聊天，帮我照顾他，现在我丈夫经常去社团吹笛子，他心情也好了，脸上的笑容越来越多，身体也好多了。儿子现在也读书读出来了，现在家里好多了。

问：现在您也有时间安排下自己的业余生活了？

李梅香：是的，我现在也利用空闲时间到社区去打扫卫生，帮楼上楼下的老太太们掏耳朵、洗头发。我现在也组建了德正社工服务中心，组织社工们一起开展一些活动，丰富我们的业余生活，我和儿子因为积分高还可以到社区健身馆免费健身，用积分兑换一些服务和物质，很好地满足了我们家的需求。

问：社区其他人都可以用积分兑换服务吗？

李梅香：是的，积分制不仅帮助大家加入社区的建设管理中，建设的成果也回馈给了社区居民，大家都可以依据自己的需求和积分兑换福利，享受政策支持，比如说子女参军、入学、入党等方面都有照顾，解决了居民实际面临的问题。

问：您感觉积分制推行以后我们社区有哪些变化？

王玉修夫妇：积分制调动了我们社区居民做好事的积极性。有一些人之前不愿意参加，但在慢慢看到我们工作做好后，思想就会发生改变，以前不愿意参加积分获取，现在都愿意做好事进行积分，然后拿着自己的积分去换一些东西，大家自己心里也很开心。以前我们小区在整个社区是最乱最脏的，居民带在小区遛狗时，小狗的粪便排到处都是，现在居民们的环保意识都提高了，小区环境好了，我们出去散步心情也愉悦了，现在居民在小区遛狗时不仅会主动牵绳、带纸，还会清理路边看见的狗粪便，有时候他们忘记带纸了，我住在一楼他们也会喊我，让我给他们拿纸清理粪便。

问：您觉得社区现在的邻里氛围怎么样？

社区调解一把手张阿姨：以前我负责调解居民的矛盾，经常有一些吵得不可开交，要花很多精力去调解的情况，现在这样的情况也非常少了，大家的气氛都非常融洽，街坊四邻红白喜事大家都主动来帮忙，居民遇事有商有量，社区向善的氛围得到了很大的提高，我感觉住在这里很安心很舒心。

问：实行积分制以来咱们社区居民的思想有了那些变化？

社区苏书记：社区形成了一种人人能自治，人人能互助，人人有爱心，人人挣积分，治理人人参与，成果人人共享的环境。现在我们正在打造"我爱我楼"这样一种思想，人先是爱小家，才能凝聚大家，责任万家。

讲解：让人民参与共建共治，最终的落脚点还是成果的共享，让发展成果惠及全民是我们的目标。人民幸福是检验基层社会治理成效的试金石，浏河社区在积分制实施以来，以不断满足人民群众日益增长的美好生活需要为目标，焦距人民群众的操心事、烦心事、揪心事，多谋民生之利、多解民生之忧，以实际成效不断提升小区群众的获得感、幸福感、安全感，建设共享型社区，促进了居民的全面发展和社区全面进步。

荆门市政法委：积分制的发源地是在荆门，荆门市的积分制是从 2016

"小积分"助推"大发展"或者积分制管理：美丽荆门新名片

年开始试点，到现在是在全市实行。但原本积分制是由企业提出用于企业管理，后来浏河社区运用家庭道德积分制进行社区管理，之后我们觉得这个方法很好，因此想将积分制运用到社会治理中去。社会治理的面很广，光靠干部是不够的，需要群众参与到我们的社会治理中，后续积分制也拓展到思想政治教育建设、平安积分建设、社区建设等几大板块。积分制是一个很好的载体，给予群众一种荣誉感，可以把群众凝聚起来，调动群众参与社会治理的积极性。

问：积分制是一种物质兑换模式吗？

政法委：不是物质兑换，而是根据排名来进行奖励，兑换就存在物资不够的情况。积分与奖励不是直接挂钩，而是间接挂钩，根据排名以及我现有的物资进行奖励，这样就不用增加额外的财务负担。社区现在可能存在一些积分直接兑换的情况，这可能是在积分制推广时期所存在的一种推广手段，但到了后期还是要将兑换模式转换过来，可以根据主体、时间段、内容等不同的渠道进行分块奖励，来调动更多人参与社区治理的积极性。

总结：目前整个荆门市在全面铺开积分制管理，利用积分荆门这个平台把全社会纳入积分制管理中，在荆门乡村村支部建立了村民信用征信体系，在贷款、就业、参军、入党等方面，为相关部门提供村民行为信用评定等级报告。村支部帮助多名积分高、信用等级优的村民向银行申请了创业贷款，除了申请贷款外，还在贷款利率、服务等方面提供优惠政策，在子女参军、入党等方面也给予照顾，荆门市实践自我管理、自我服务、自我监督的积分制经验模式，瞄准社会治理精细化，对于推动国家治理体系的创新与完善有着积极重大的意义。

习近平总书记指出："要完善正确处理新形势下人民内部矛盾有效机制""坚持群众想什么，我们就干什么，既尽力而为又量力而行""使每个社会细胞都健康活跃,将矛盾纠纷化解在基层,将和谐稳定创建在基层""使人民获得感、幸福感、安全感更加充实、更有保障、更可持续。"荆门市探索的积分制管理将每一名居民纳入基层管理和治理中来,把社会治理变成亿万人民参与的生动实践,真正让人民群众成为社会治理的最广参与者、最大受益者、最终评判者,逐步形成了"工作在单位、活动在村社、奉献双岗位"的管理新机制,稳步推进"一核多元、融合共治"的基层社会管理新格局,是创新基层社会治理的优秀案例。

浙江省永康市前黄村红色旅游调研报告

尹 倩

近年来，发展乡村旅游成为促进农村振兴的重要途径之一，它一方面可以满足城市居民体验乡村风情、乡村民俗，感受乡村优美的自然风光的愿景；另一方面也可以促进乡村经济水平的整体提高，改善农村居民的生活。其中，红色旅游成为不少革命老区乡村发展旅游的特色线路，即以"红色"为主线，让游客重走红色路线、参观红色景点、瞻仰红色遗迹、倾听红色故事、感受红色文化。本报告即以浙江省永康市前黄村为调研对象，考察其红色旅游的发展状况。

一、理论背景

红色旅游主要是以中国共产党领导人民在革命和战争时期建树丰功伟绩所形成的纪念地、标志物为载体，以其所承载的革命历史、革命事迹和革命精神为内涵，组织接待旅游者开展缅怀学习、参观游览的主题性旅游活动。我国专门规定红色旅游必须依托当地红色旅游地的革命遗迹。红色旅游以学习和传播中国革命史为目的，将革命故事和革命精神深入融合到旅游当中，体现其学习性；同时，在革命遗迹中充分挖掘其中蕴藏的历史人物革命故事，借助人物传奇性增添历史的生动性；结合游客亲身实践，提高游客参与性，方便游客在体验中更好地理解红色历史的真谛。

红色旅游资源主要有：

（1）战争或重大事件的发生地。是指曾发生过重大革命活动和革命事件的革命地点。

（2）重要会议的会址。重要会议的会址是指曾经举办或召开过对于革命有重要意义或转折点意义的革命遗址。

（3）重要机构的办公地旧址。是指曾对中国革命事业的开展与发展起到过重要的领导指挥和宣传策划作用的机构或组织的办公遗址。

（4）杰出人物的故居或纪念堂。故居指革命人物出生地或进行过重大革命活动的居地。

（5）革命烈士陵园。陵园一般指革命领导人、知名人士、革命烈士的合葬墓地，规模一般较大，也有少数是一个人的陵园，陵园一般有墓地、纪念碑或丰碑以及纪念馆和陈列馆。

红色教育基地作为革命战争时期遗留下来的纪念地、标志物等具有观赏性、可触摸的实体景观，我国的特色革命景点打造的是以历史遗迹为载体，传达红色历史、弘扬革命精神、缅怀先烈、忆苦思甜的教育基地。红色旅游教育基地包含着物质及非物质两种形式的历史精神财富，作为我国独有的概念，将"旅游"和"红色文化"创造性地结合起来，以一种富有趣味性的形式，让游客在满足旅游观光需要的同时，提高受众自觉接受红色教育的积极性。使得富有教育意义和红色精神的文化内涵更广泛地传播。

二、前黄村旅游资源概况

前黄村所属于永康市古山镇，是革命老根据地。从第二次国内革命战争到解放战争时期，前黄村有17人参加中国共产党，9人参加工农红军，10人参加浙东人民解放军，其中李立卓曾任中共永康中心县委书记、李立倚曾任中共永康县（现永康市）工委书记。前黄村作为革命传统教育场所，是永康市著名革命老区，新中国成立前被人们称为"白区里的红色堡垒"。

目前，前黄村的发展定位是利用丰富的红色资源以及精神内涵与乡村旅游紧密结合，打造一条红色旅游业态发展之路。

（一）环境资源与经济资源

前黄村位于浙江省永康市东部，华溪之滨，由寮基、上前黄、下前黄三个自然村组成。这里历史悠久、经济繁荣、民风淳朴、风光秀丽，是一个人杰地灵的千年古村。前黄村距永康城区18公里，前黄村地处省道沿线，是永康市的"小康工程示范村"。村中耕地90%为水田，田园有约0.67平方千米，宜种水稻，每个田块都安装了水龙头，只要作物需要灌溉，水龙头一拧，清洁的水库水就会流入田中让植物吸收，种出来的作物全部绿色环保。田中间有一口上万平方米的池塘，改造后也成了人们休闲的场所，近年来积极拓展莲蓬产业，力求做细做深莲蓬产业，不断延长产业链条。

山的南边是一马平川的田园，远处是延绵1 000多米长、青瓦白墙的村庄，错落有致。春天，村庄好像在油菜花的海洋之上；夏天，村庄好像处在荷花池中；秋天，村庄又好像被果树和稻浪包围之中；冬天，村庄恰似浮在绿色的油菜苗或者麦苗之上。

村庄后面是山谷，谷深有5 000多米，谷两旁有约0.67平方千米的阔叶林山地。一到春天紫金花漫山遍野，恰似一片紫金花的海洋，谷间有万弓塘和山坞塘水库，水库坝高，水流落差大，时有壮观场景出现，山的背面就是太平水库。有慈姑坐印、将军岩等自然景观及民间传说，整条山谷仍然保留原生态，没有人工打造的痕迹。

前黄人坚持走以工促农，强农兴工的道路，在发展农业的同时，积极发展乡村工业。他们不仅继承了先辈们勇于开拓创新的精神，也有着敏感的时代嗅觉。20世纪80年代，为了让村民脱贫致富，村两委提出了大胆的想法——利用荒滩建立工业小区。离村半公里的桥头周村有焦炭市场，周边的古山村、坑口村是五金之乡，黄塘坑村是提炼铝灰的专业村。前黄人发挥地理优势，村办工业从炼铝灰开始，逐步发展到生产铝锭、开关箱、水箱、门锁、灯具、服装等产品多种工业。1994年，前黄村工业产值突破亿元大关，成为金华市第一批亿元村中的一员。

通过农房改造，盘活村集体的存量土地，村集体已连续两年收入700多万元，村集体将这些资金投入村庄的基础设施建设，使村庄的面貌焕然一新，是永康市"美丽乡村精品村"。

（二）历史资源与革命资源

前黄村是抗金爱国思想家陈亮祖地。陈亮是中国古代著名思想家、文学家、南宋状元。大约于五代后晋天福元年（942）陈亮八世祖陈庆始居于此，从建村迄今已有1 000余年。村后的状元桥上千年青石板上走过南宋爱国状元陈亮父辈六代以上。陈亮二十岁时便撰写了历史上有名的《中兴五论》，强烈抨击朝廷的苟安政策，力主抗金复国。在此影响下前黄村人具有深厚的家国人文情怀，这是中华民族不屈不挠精神的一脉相传。

同时，前黄村还是革命老根据地。是永康市著名革命老区，新中国成立前被人们称为"白区里的红色堡垒"。

前黄村是早期永康共产党创始人李立卓、李立倚的出生地和主要活动地点。从第二次国内革命战争到解放战争时期，前黄村有17人参加中国共产党，9人参加工农红军，10人参加浙东人民解放军，其中李立卓曾任中共永康中心县委书记，带领群众开展农运、抗租减息、组织工农武装坚贞不屈闹革命，最后不幸被捕，惨烈牺牲。李立卓牺牲后，他的亲弟弟李立倚接过哥哥的旗帜，担任永康工委书记，英勇战斗，不幸于1948年被国民党反动派杀害。这一门双英为人民谋幸福抛头颅、洒热血，被后人尊称为"前黄双英"。

前黄村传承先烈风骨，兴建革命烈士墓、革命纪念馆以及烈士纪念亭，作为经常性的革命传统教育场所。2021年本村投资电影故事片《前黄双英》正式启动，作为中国共产党诞生100周年的献礼片。以本村从清末开始到中华人民共和国成立长达40多年的革命斗争史为素材的长篇纪实文学《那村那事那些人》已经完稿，作为中国共产党诞生100周年献礼的作品。

（三）纪念性景观资源

纪念性景观是最具有地域代表性的特征。纪念性景观空间环境的塑造包含物质与精神两个方面，通过物质景观空间的营造表达出纪念主题的情感精神空间，是它的中心思想所在。前黄村的纪念性景观主要有革命纪念馆、烈士故居、红色教育广场、前黄大会堂、文化礼堂等。纪念性景观的存在深深印刻了革命年代的腥风血雨以及共产党人不畏艰难、顽强斗争的精神。

革命纪念馆在革命战争时期是涵成初小，它是永康中心县委与上海党中央之间的秘密联络站，实际上更是永康共产党人的活动中心。李立卓烈士曾在涵成初小以教书的名义掩护开展革命活动。前黄村斥资90万，在涵成初小旧址修建了革命博物馆，作为全市首家"初心五检"体检基地对外开放。在博物馆内，既可以进行参观浏览，也可以开展重温入党誓词、上党课、观看红色电影等教育活动。

烈士故居"廿间头"是李立卓、李立倚等12名革命志士生活过的秘密联络站旧址。它是革命创业初期许多重要会议的召开地址，也是游击队创建初期武装小分队休整总结经验的处所。1949年，有十几人通过廿间头联络站介绍入伍参军参干。廿间头共有三十一间房，为三进院，占地面积达2 510平方米。红色电影《前黄双英》也在此取景拍摄。

文化礼堂是由原大会堂改造而成的，墙上挂的是名家字画，文化气息浓厚。中间的大讲堂典型大方，坐在里面犹如坐在文化的殿堂。文化礼堂每天开放，不定时地开展一些文化活动，真正成为前黄村的文化中心。

革命烈士陵园是前黄革命烈士李立卓、李立倚烈士的安息之地，建有双烈亭，现是市文物保护单位，永康市青少年研学基地。

三、前黄村红色旅游发展存在的问题

前黄村有一定的红色资源基础，良好的政策投资环境和自然、历史、人文资源，但目前各类资源有待进一步开发，缺乏深度整合。

根据前黄村委会对来访游客的调查发现，前黄村所接待的游客大多是来自学校的学生或在岗中青年分子，客源以周边学校和机关企业的团体为主，有较为浓厚的红色旅游氛围。

但同时，存在旅游形式单一，以静态展示为主，吸引力不强的劣势。可以看到前黄村研学基地的客源地区辐射范围较小，缺少系统的旅游方案宣传。配套设施仍需进一步完善，特别是对于可以增加二次消费的餐饮、文创类、纪念品等内容需要进一步开发，目前尚未能形成自己的红色旅游品牌。

  综上所述，建议前黄村一方面加强千年古城前黄村的红色研学基地宣传力度，运营好微博、抖音等宣传平台，有效利用现有的《前黄双英》等影视、书籍资源，并持续创作优质有特色的宣传内容。另一方面，要继续深挖红色资源内涵，深度整合开发红色旅游资源。当前，前黄村红色旅游产品都依托单一的红色旅游资源进行设计，导致其吸引力有限。前黄村作为状元故地的人文历史资源没能与红色旅游资源有机融合，绿水青山的自然环境也未能有效参与到红色旅游项目设计中。应将红色旅游资源与周边同类型资源、民俗旅游资源、生态旅游资源、乡村旅游资源等进行有机结合，从而形成具有独特性的旅游产品。比如，融入状元文化中的家国情怀，"精品村"的乡村民居、实景山水、当地民俗地方特色文化、非遗文化和五金精粹，等等。其对红色旅游资源的整合和开发，也能为全国范围内的乡村红色旅游提供借鉴和样本。

民族边缘地区宗族组织的现代变迁
——以建始长梁尹氏宗族为个案的考察

尹阳硕　宋　冉

恩施土家族苗族自治州地处湖北西部，是少数民族分布较为集中的地区。除土家族以外还有汉族、苗族、侗族、回族、蒙古族等多个民族成员杂居在此，是一个典型的民族边缘地区。宗族组织作为一个民间社会的基本组织，在恩施地区的发展时间并不长，同时也经历了从无到有再到转型的过程。本报告以恩施土家族苗族自治州建始县长梁尹氏宗族为个案，试图探讨宗族组织的现代变迁。

一、移民视野下的建始尹氏

在讨论宗族之前，必须对恩施地区的历史大背景予以观照。有学者根据恩施地区的社会形态将其划分为经制区、卫所区、土司直辖区、土司间接辖区四个不同的区域：[1]建始当属经制区，是恩施地区建县开发较早的地方之一。明洪武年间施州撤销并入施州卫，而建始县划归夔州，清雍正

民族边缘地区宗族组织的现代变迁——以建始长梁尹氏宗族为个案的考察

十年（1732）改土归流后，建始县属施南府。改土归流后，恩施地区经历了一次巨大的社会转型，国家对恩施地区的控制逐渐加强，恩施地区从整体上被纳入国家控制体系中。在改土归流前，恩施地区实行严格的社会隔离政策。不仅在土司所辖区域周围设立边卡，而且还规定"卫所官兵不得与土司土民通婚"[2]"土人不许出境，汉人不许入峒"①的政策，开发程度较高的经制区也仅有部分外来移民来此定居。随着土司制度的废除，各种边卡、关禁的相继取消，恩施地区长期以来"土广人稀，荒山未辟，畅茂繁殖"②的状态被打破，恩施地区开始有大量移民迁入。据道光《建始县志》记载："建邑自明季寇乱，邑人荡析离居者十数年矣。迨圣朝拨乱反治，海宇乂安……外郡如荆州、湖南、江西等处之民，多迁居此地。维时林木繁盛，禽兽纵横，土旷人稀，随力垦殖，不以越畔相诮也。"民族间频繁的文化互动，不仅强化了民族间的文化认同，多民族国家进一步得到巩固，在更大程度上推动了恩施地区社会、经济、文化的发展。

诚然，在改土归流前，已有部分移民迁入恩施地区，但恩施地区宗族组织并不发达。据道光《施南府志》记载："兄弟分析，不图聚处。虽土人之家，亦无祠堂，岁时伏腊，各祭于正寝而已。"恩施地区真正意义上的庶民化宗族组织应当形成于清中后期，又据光绪《施南府志续编》记载："祭礼，则祀于正寝。近日寄籍者多创建宗祠，笃报本之念，而土著之家，亦渐师以为法。"改土归流后，在国家的政策和汉族移民的影响下，恩施地区宗族组织开始遍地开花。考之建始长梁尹氏宗族，该宗族是一个典型的移民宗族。据同治《尹氏宗谱》记载："吾祖先源湖南衡州府衡阳县，

---

① 长乐县志（卷三）山水志 [M]. 同治九年刻本.
② 增修施南府志（卷十一）食货志 [M]. 同治十年刻本.

后分清泉县慕政乡醁醁里鸡公山木寒冲生长人氏。乾隆二年，成翔公长子（希可）、次子（希知）、五子（希孝）由湘迁居建邑，随后希可公定居四川梁山灯盏溪，希知公、希孝公定居建邑下阳坡、白鹤塘。二公在白鹤塘立祠。"根据尹氏宗族迁移的时间，可以得知建始尹氏宗族是在改土归流后，由湖南衡阳迁入建始县。尹氏宗族迁入建始后，在频繁的文化交流、碰撞中，各种文化开始相互影响，逐渐形成一种文化认同感，这种文化认同感促进着当地社会经济文化不断向前发展。

二、宗族组织的基本构建

1. 修家谱

家之有谱，亦犹国之有史。史是记载国朝的政典；谱是备录家族的世袭。修谱对于一个宗族来说，是宗族内的头等大事。现存尹氏族谱共有三个版本。第一种为同治七年（1868年）尹氏族谱抄本，第二种为"民国"二十八年（1939年）鱼石尹氏十一修宗谱抄本；第三种为1999年鱼石尹氏十二修宗谱。通过对各个版本族谱的梳理，建邑尹氏族谱主要有如下特点：

其一，重新拟定排行。同治七年尹氏族谱记载了湖南衡山县七里滩鱼石两次编改的排行：前一次为"洪祖肇书香，源远自流长，奕世垂功德，作述卜隆昌"；后一次为"洪祖肇书香，本深发自光，运（荣注：犯上）名垂奕时（世注：犯上），继绪维德昌"。该族谱在记载湖南始迁地排行的同时，依据九修通谱排行"尚大成希兆，洪祖肇书香，文明定发祥，光辉垂远达，相继佐朝纲"。删去第一句，确立了建始白鹤塘祠堂新的排行序列"洪祖肇书香，文明定发祥，光辉垂远达（大注：犯上），相继佐朝纲"。排行的重新修订不仅起到辨世系、别尊卑的作用，还在更大程度上强化了尹氏宗族组织凝聚力，加快了建始长梁尹氏宗族的本地化过程。

其二，制定族训、族规。族谱通过排行来界定宗族成员的血缘和身份组织关系；通过制定祖训、族规来管理、教化宗族成员。清人龚自珍在《〈怀宁王氏族谱〉序》中有："家训，如王者之有条教号令之意；家训，以训子孙之贤而智者。"建始尹氏族训与大多数宗族家谱一样，几乎照搬雍正年间国家颁布的"上谕十六条"的内容，笔者在田野调查的过程中发现，大部分宗族均将"上谕十六条"或《圣谕广训》摘录于族谱之中，民众将族谱中族训作为日常行为的准则，从中我们不难发现国家通过各种途径的宣导，将国家权力渗透到民间基层社会中去，从而实现有效的社会整合与治理。

族训以国家、社会处世道理为主，族规则主要是根据宗族组织内部的实际情况所做出的行为准则。现将尹氏部分族规摘录其下：

（1）族中子弟不孝父母者，准其父兄族人投祠议惩。

（2）族中子弟必遵派行依次取名，不得擅自更取。

（3）谱内有本夫已故，而其妇遂适他者，已非吾家妇矣。兹于其实录位下书再醮，明其不能守节也。

（4）同姓不婚。

（5）族中子弟取名应派行为准。如有同者，改其字而适祖适宗，不得犯讳。

族规的内容较族训而言更加实际，其规定涉及日常生活的方方面面。宗族组织通过族规约束宗族成员，细化宗族成员的生活规范。

2. 选族长

按照族规规定，担任族长须具备以下几个条件：德高望重、家道殷实、热心族内事务、品行端正、学识渊博。族长掌管着全族的大小事务，具有统筹全局的作用。举凡祭祀、续修族谱、立族产、定族规、调节族内外刑事、民事纠纷都由族长召集各房房长商议处理。对于违反族规的宗族成员，族长有权对违反者实行处罚。

3. 建祠堂

在宗族组织内族谱、祠堂、族产是维系宗族联系的主要因素。祠堂作为宗族成员祭祀祖先以及处理族内事务的重要场所，上古时也称宗庙、宗祠，只有有官爵者才能建立，对于民间宗祠多有限制。明以降，国家开始解除官民祭祖代数的限制，民间开始建祠堂追祭远年祖先，即"自始祖以下皆立主而祀之"。[3] "文革"过后，目前已经无法再看到尹氏祠堂的样貌，我们只能从族谱的记载和族内见证者的口述史方面来了解祠堂的历史。根据同治年间尹氏族谱的记载，建始尹公祠初址设在进山公希知公墓前，因与邻居刘家械斗，败了官司，将祠堂迁至汪家漕。① 祠堂供奉始祖和历代祖先神主，各个宗族都力图达到追本报远、敬宗睦族的目的，宗族"一本"观念也得到了强化。正如，迈克尔·米特罗尔和雷因哈德·西德尔在《欧洲家庭史》中所言："祖先崇拜通常在培养家系观念中起决定性作用"，"通过祖先崇拜家系将活着的人和死去的人联系在一个共同体中。"[4] 通过族谱记载及谱书中所刻印的祠堂画像，可以清楚地看到祠堂内供奉有少昊金天氏支子徽、太师吉甫、伯奇等先祖牌位以及近世祖先牌位，祠堂供奉历代祖先牌位，其目的在于"受佑先灵"，开展各种宗族活动，期以达到敬宗收族的效果。作为宗族祭祀的重要场所，每逢清明、月半②、冬至等重大节日，均由族长主持，各房参加祭典。祭祀时间一般也持续几天，

---

① 五阳白鹤塘《尹氏族谱》同治七年抄本。讲述人：尹定生，建始县长梁乡桂花村会计。
② 月半，即"中元节"。在恩施民间社会地方性知识中素有"年小月半大"的说法。

祭祀程序也十分复杂，在祭祀前要准备祭祀器具、香案、食案，挑选执事者，祭祀中也有众多仪式，限于篇幅，此处不再赘言。作为处理族内大小事务的主要场所，推选族长、续修谱书、拟定族规、协调处理各类纠纷等事务均在祠堂里举行。祠堂无疑成为宗族成员生活的中心，是连接族内各房支系成员的重要纽带。

清人李元度在论及祖宗与后裔的关系时说："人生以气不以形，祖宗之死者，死其形耳，气则发扬于上为昭明，未尝亡也……祖宗之生为人，人以形治形不能无所隔；其死也为神，神以气治气，则无所不通，一念之起，无所不知。"[5]李元度所言说明人重要的不在于形体，而在于气，气是一脉相承的，故祖先与后裔统一于一气，族人之间也是统一于一气。建始尹氏宗族用编修族谱、建立祠堂、族长统筹管理的方式来维系宗族组织，通过祖先与后裔在气上面的联系来强化宗族的亲属认同和血缘认同，期以达到敬宗收族的目的。

三、宗族组织的现代变迁

作为民族边缘地区的宗族组织，在历经社会文化转型后，宗族组织也发生了变化。笔者经过调查后，宗族组织现代转向主要体现以下几个层面。

1. 宗族意识淡化

在田野调查，笔者发现现今很多年轻人不知道自己宗族的历史，亦不知道其排行序列，在访谈中也表现出对宗族的漠不关心。前文已经提及族谱、祠堂、族产是维系宗族联系的主要因子，在历经一系列事件后，原有的族谱被认为是封建残余，予以烧毁，族谱中的族规对宗族成员失去约束力；原有的祠堂也因"破四旧"而遭到销毁；原有的族产已没收归国家或集体所有；维系宗族的几个主要条件均遭到破坏。对族谱、祠堂、族产的破坏，使宗族成员失去了联系的纽带，加之现代社会人口流动性较大，宗族组织很难达到敬宗收族的目的，宗族意识也开始淡化。

2. 新一轮续修族谱

在沉寂了几十年后，由于国家政策和相关条件的成熟，自20世纪90年代开始，各地新一轮续修族谱的浪潮开始到来。在田野调查中，笔者发现恩施地区很多宗族开始续修族谱，在续修族谱的过程中，不乏众多热心的族内人士，但大多数人则对此反应冷淡，甚至有人认为续修族谱有骗钱之嫌。宗族成员对续修族谱的关注度不够，新一轮续修仅限于续谱和联宗而已，传统的宗族组织已不复存在。

3. 族谱内容的变化

对照同治七年《五阳白鹤塘尹氏族谱》和1999年《鱼石尹氏十二修族谱》，笔者发现新修族谱很多内容也发生了变化。

（1）族训的变化。以族训为例：同治版族谱中族训基本为"上谕十六条"的内容，而1999年十二修族谱已经将"上谕十六条"的内容删去。同治版族谱中族规多达几十条，而1999年十二修族谱中族规则只有几条，其内容主要以拥护宪法、晚婚晚育、尊老爱幼、和邻睦族为主。

（2）男女并书。中国传统族谱都是以记录男性宗族成员为主，作为宗族女性子嗣，多数被认为是"女则以夫为家者也"，族女出嫁后就是婆家宗族的人，不再是娘家宗族的人，因此对于族女是否上谱，各个宗族有不同的做法。多数族谱以其为嫁出去的外人而不上谱，即便有上谱的，也仅以"适于某村某人"做简单交代。在翻阅20世纪90年代各个宗族新修的族谱中，笔者发现大多新修族谱依然是男系制，但是新修族谱已出现男女并重，含有族女世系的内容。此举不但给嫁出去的族女及其夫婿、子女相应的地位和权利，而且还突破了传统父系族谱的规范和内容，完整反映了宗族成员的血缘世系与亲等关系。

（3）同姓为婚。长期以来，同姓不婚就是一个传统禁忌。自周朝开始就有"系之以姓而弗别，缀之以食而弗殊，虽百世而婚姻不通者，周道然也。"[6]"取（娶）妻不取同姓，故买妾不知其姓则卜之"。[7]在中国古代伦理体系中，同姓不婚被认为是男女婚姻的头等大事，它决定着夫妻关系的缔结。在鄂西南地区原生文化中就有同姓不同宗，同宗出五服而通婚的习俗，后因改土归流，国家颁布禁令，同姓为婚的人大大减少。检索尹氏宗族三个版本的族谱，前两个版本均有同姓不婚的明确规定，但在1999年十二修族谱中，笔者发现族谱中将同姓为婚专列一项，允许同姓为婚，并援引《婚姻法》的相关法条予以说明。

随着社会的发展和社会环境的变化，宗族组织新修族谱已变成一项单纯的文化活动。新修族谱的宗旨也由敬宗收族转变为溯本追源，整理、保存家族历史。当代宗族组织逐渐放弃对族人的政治、经济、文化等各个方面的控制，转而提倡建立新型宗族伦理观念，以此适应社会精神文明建设，这不但体现了新的社会环境下宗族组织新的文化价值取向和新的文化功能，而且还体现了宗族组织根据社会环境和自身组织体系所做出的调整。对于各个宗族组织中的成员来说，他们已经摆脱过去宗族组织的种种束缚，获得了权利与自由，然而这并不意味着宗族组织的消亡，在当下社会中，血缘纽带仍是宗族文化认同的基础，而宗族组织在增强族人间的亲情感、增进宗亲联谊方面仍发挥着巨大的作用。

参考文献：

[1]雷翔．还神坛［M］．北京：中央民族大学出版社，1999．

［2］明世宗实录（卷一一五）［M］.台北:"中研院"语言研究所,1962.

［3］皇朝经世文编（卷五八）［M］.北京:中华书局,1992.

［4］［奥地利］迈克尔·米特罗尔,雷因哈德·西德尔.欧洲家庭史［M］.赵世玲,等译.北京:华夏出版社,1987.

［5］皇朝经世文续编（卷七十三）［M］.上海:上海书局,1898.

［6］礼记·大传［M］.上海:上海古籍出版社,2008.

［7］礼记·曲礼［M］.上海:上海古籍出版社,2008.

因地制宜　绿色发展
——荆州市渔业发展近况

吴亚平

　　党的十八大以来，以习近平同志为核心的党中央高度重视并推进生态文明建设，把生态文明建设纳入"五位一体"的总体布局，提出建设美丽中国的目标，并分别部署生态文明体制改革、生态文明法律制度、绿色发展的战略的目标任务。绿色发展的要义就是要建构和维护人类与自然和谐共生的关系，人类在开发和利用自然资源的过程中，要以保护生态环境为前提，实现自然资源利用的永续性和人类发展的可持续性。在生态环境中，水，特别是淡水，是最为珍贵的自然资源和生态因子，无论是人类的生活和生产，还是气候调节和生态平衡的维护都离不开水。对水资源的保护是生态文明建设的重要内容，对水资源的合理开发和利用是绿色发展的重要环节。渔业，特别是淡水养殖业，是直接以水为载体的生产经营活动，在水资源保护方面肩负着特殊的责任，充分而合理地利用水资源是其实现绿色发展的关键。

荆州市地处江汉平原腹地，长江中下游，有"鱼米之乡"的美誉，是全国重要的淡水养殖基地。全市水域面积3540平方千米，长江岸线483公里，是全国重要的淡水生物种质资源库之一，发展淡水渔业具有得天独厚的自然条件。近年来，在荆州市委、市政府的坚强领导下、在市农业农村局等各部门的大力支持下和在广大水产养殖户的努力下，全市渔业走上了一条生产与生态良性互动的绿色发展的道路。从这条发展道路，我们可以得到许多的关于生态文明建设的启示。

一、立足本地渔业基础优势，打造完备淡水养殖产业体系

荆州市属亚热带季风气候区，土地肥沃，河道纵横、湖泊众多，水源充沛，水生生物资源丰富，全市共有浮游动植物399种左右，水生高等植物182种，鱼类109种，具有良好的水产动物栖息、生长、繁育的地理条件、气候条件和饵料来源，为荆州市渔业产业发展提供了宝贵的优势条件。荆州市渔业充分抓住这些优势，展开生产，积极打造以淡水养殖为中心的产业链，并且取得显著成效。

（一）渔业成就显著

2020年，全市渔业产值241亿元，占全国淡水渔业产值3.7%；水产品总产量113万吨，占全国淡水产品产量的3.5%，稳居全国地市州之首。其中，全市小龙虾养殖面积2 300平方千米（含虾稻约1 806.67平方千米）、产量42万吨，其中监利市约806.67平方千米、15.4万吨，洪湖市约706.67平方千米、12万吨，公安县300平方千米、4.5万吨；河蟹养殖面积约657.33平方千米、产量10.6万吨，其中洪湖市约329.33平方千米、6.5万吨，监利市约266.67平方千米、4万吨。龟鳖产量2.6万吨，其中公

安县0.99万吨、监利市0.4万吨、洪湖市0.26万吨。鳝鳅产量4.7万吨，其中监利市2.2万吨、公安县1.5万吨、洪湖市0.56万吨。黄颡鱼产量4.2万吨，其中公安县1.3万吨、荆州区0.9万吨、沙市区0.6万吨。鳜鱼产量2万吨，其中监利市0.86万吨、洪湖市0.54万吨、石首0.5万吨；四大家鱼产量34.5万吨，其中洪湖市15.8万吨、荆州区6万吨、公安县4万吨。小龙虾、河蟹、龟鳖、鳝鳅、黄颡鱼、鳜鱼产量分别占全国22%、13%、7%、20%、10%、8%。

（二）渔业的种业体系逐步走向完善

全市大宗淡水产品种苗繁育得到快速发展，名特水产苗种繁育取得突破进展。全市建有洪湖市六合水产开发有限公司等4个全国现代渔业种业示范场；拥有国家级原良种场4个、省级原良种场17个，苗种繁育能力超过250亿尾。初步形成了四大家鱼、小龙虾苗种繁育全面发展，河蟹、龟鳖、鳜鱼、鳝鳅、鲈鱼等特色苗种繁育快速提升的良好格局。

（三）经营主体快速发展

全市渔业合作社超过1 300家，养殖面积706平方千米，涵盖了全市所有养殖水域类型、养殖品种和养殖模式；加工企业发展到50家，其中上规模企业36家，全年用于加工的水产品67.7万吨，加工成品40.3万吨，加工产值187亿元，占全市农产品加工产值近20%，占全省水产品加工产值44%，占全国水产品加工产值4%。用于加工水产品原料占水产品产量60%，水产品加工产值与渔业的产值比为0.78∶1。洪湖新宏业淡水鱼糜产量连续8年位居全国行业第一,小龙虾产量位居全国行业第二；公安海瑞小龙虾、鱼糜、冻鱼片、休闲鱼制品四大系列产品远销欧美和东南亚等地；瑞邦生物生产的水产品活性肽系列制品广泛应用于食品、医药等领域。

（四）流通环节不断加强

国家级荆州淡水产品批发市场已建成投入使用，极大地带动了渔业产业融合快速发展。中国荆州小龙虾交易服务平台建设正在快速推进，已具有小龙虾线上交易、产品溯源认证、云虾会展会举办、价格信息发布、养殖技术讲座和金融服务等多项功能。冷链物流体系建设正在不断加强，全市建设了各种冷藏冷冻设施552座，库容积132万立方米，其中冷藏库303座，冷冻库225座，气调库24座，配套有冷藏（冻）车237辆。

（五）品牌建设步伐加快

全市注册了水产商标1124个，无公害水产品认证和产地认定266个，获得绿色食品证书9个、有机食品证书15个、中国驰名商标4个、中国名牌1个、湖北著名商标16个、荆州知名商标15个、国家地理标志产品13个。成立了荆州市小龙虾协会和荆州市鱼糕加工产业协会，荆州小龙虾获得"最受市场欢迎名优农产品"称号，荆州鱼糕有幸入选了中国农业品牌目录2019农产品区域公用品牌，目前，两大区域公用品牌正在申报国家地理标志产品。洪湖市、监利市和公安县位列2020年度中国小龙虾产业十强县市，洪湖市新宏业食品有限公司和监利市鑫满堂红食品有限公司在中国小龙虾产业十强加工企业榜上有名；监利市被授予"中国小龙虾第一县"称号，洪湖市被授予"中国小龙虾第一名城"称号，"闸口小龙虾"被认定为国家地理标志产品；新宏业、金鲤鱼、满堂红、好味源等企业品牌快速发展；小龙虾、河蟹等产品品牌畅销全国；荆州小龙虾节、洪湖清水河蟹节等地方特色渔业节会品牌广受好评。

荆州市的渔业综合发展指标，连续26年来位居全国地市级首位。

二、环保优先，健康养殖，着力打造生态渔业

荆州市的渔业发展得益于独特的地理条件和良好的生态环境，维护好这种生态环境成为本地渔业可持续发展的先决条件。近年来，当地政府和渔业主管部门从两个方向上着手对渔业生态进行维护，一是对受污染的水环境进行整治和修复；二是对水产养殖方式进行升级改造，减少和消除养殖本身所造成的污染。

（一）对水环境的整治和修复

首先是对大型水体的整治。在荆州市境内，包括长江、洪湖、长湖在内的大江大湖都是曾经是天然的渔场，由于长期过度捕捞、采砂，生产和生活污水排放，这些水域的生态环境急剧退化，水体污染严重、鱼类资源几近枯竭、许多物种濒临灭绝。对整个长江及相关联的水域进行生态治理刻不容缓，为此，全国人大专门制定了《长江保护法》，并于2021年3月1日生效。荆州市政府及其职能部门积极落实国家关于长江大保护的战略，严格执行"人退渔禁"的法令，对长江临岸的居民、工厂、商铺、仓库进行整体撤离、搬迁；禁止在长江及通江湖泊、支流、河口等水域进行天然渔业资源的生产性捕捞；禁止在长江流域的开放水域进行养殖。对与长江相关联的湖泊合理划定禁养区、限养区和养殖区，强化对水产养殖投入品的管理。

其次是对中小型水体的治理和生态修复。在荆州市域内有众多的池塘、沟渠和河道，由于历史的原因，被化肥、农药、工业废水和生活污水等长期污染，几乎失去了生态活性，这种状况不仅严重制约农渔业生产，而且严重影响了人们的生活环境。对此，政府及其职能部门从两个方面入手进行治理和修复。一是调整产业结构、优化产业布局，对高污染高排放的产

业实行关停并转；严禁生活污水的任意排放，减少污染源。二是对已受污染的水体进行生态修复，对在水产养殖中排放的尾水进行生化处理。这其中采取的主要方式是建设循环水流道。这种方式是运用高效的生物分解技术，对不同的受污染的水环境进行有针对性的治理，并通过养殖结构的布局，用人工湿地、循环生态养殖、净化池、生态塘，池沟塘联通构建起一个微生态系统，实现污水、养殖的污染物的自动净化处理和水资源的循环再利用。目前，全市建设循环水流道已有48个。

（二）对水产养殖方式进行升级改造

传统的水产养殖通常是开放的、散养模式，这种模式普遍存在着水环境污染问题，其中最主要的问题是尾水污染。水产养殖需要向水体中投入大量的各种饵料，饵料被吸收后，剩下的尾水中含有氮、磷、氨等残留物，这些残留物的浓度超标，不经处理直接排放，会导致水体富营养化，进而导致大量藻类生成，使水体失去活性，水生态功能退化。此外，家禽牲畜的粪便过去也常作为饵料直接投入鱼池，而粪肥在水中容易腐烂分解，消耗水中的氧气，并产生硫化氢、氨气、二氧化碳等有毒气体，还会带入大量致病菌和寄生虫卵，严重影响水质和鱼类生长。由此可见，传统养殖模式是不可取的，不仅影响生态环境，也制约水产业发展的可持续性。

针对传统养殖的弊端，荆州市的渔业主管部门一方面制定并实施了《淡水池塘水产养殖尾水排放标准》等多个地方法规对水产业加以管控；另一方面，大力推行健康、生态的养殖模式，以替代传统模式。这其中主要有两种模式：一是精养鱼池的改造；二是稻渔种养模式的推广。

所谓精养鱼池的改造，就是把传统的、尾水直排的、开放式的散养模式转化为集约化的、生态的健康圈养模式，包括对养殖加大投入，添置增氧机、投饵机；对鱼池进行精心管理，合理调整养殖结构、养殖密度；合理投饵，把粪肥改造为无公害的生物有机肥加以利用，减少化肥、农药的使用；使水体透明度适中、浮游生物量丰富、适宜；使水质呈现有规律的变化，在不同时段有不同的质感和成色，即让鱼池的水质变得"肥、活、爽"。对养殖尾水通过建立循环水流道加以处理。这种养殖方式不仅大大提高了水产品的产量和质量，产生了较高的经济效益，而且大大降低了污染，改善了水质，使水资源得到循环利用。近年来，荆州市进行精养鱼池改造升级约773.33平方千米，全市精养池塘面积达到1 300平方千米，其中荆州区70平方千米、沙市区约22.67平方千米、江陵县约44.67平方千米、松滋市约71.33平方千米、公安县126平方千米、石首市72平方千米、监利市约316.67平方千米、洪湖市约574.67平方千米。发展池塘生态健康养殖面积280平方千米；创建洪湖市、公安县、松滋市3个全国水产健康养殖示范县。

结合当地农业生产有广袤的水稻种植，荆州市农渔业部门还极力推广一种综合生态农业模式——稻渔种养，它是将普通稻田单一的种植模式提升为立体、生态的、种养相结合的集约模式，即在水稻种植期间，在稻田同时养殖鱼类或者克氏原螯虾（俗称小龙虾）。这种模式以水稻种植为主，以稻田养鱼或虾为辅，充分发掘稻田的生产潜力，实现一地两用，一水两收。它有效提高了单位面积的经济效益，在一定程度上也缓解了农村人均土地资源不足的状况，而且增加了农民的收入。

稻渔种养模式不仅经济效益显著，而且生态效益也十分可观。稻田中的杂草、水稻上的害虫可以被鱼、虾吃掉，鱼虾排放的粪便又给水稻以充足的养料，鱼虾翻动泥土，促进肥料加速分解，利于水稻快速吸收，促进水稻生长。这种模式能够变废为宝，农业生产中的部分代谢物加以循环利用，减少了农业面源污染和水产养殖尾水污染，有效降低了农药、化肥、家禽和牲畜排泄物对土壤、水体的污染程度。这种模式不仅极大改善了农渔业生产的水土环境和农民的居住环境，同时还为城市的消费者提供了纯天然、无公害的绿色农产品，保证了食品安全。

截至本次调研为止，荆州市推广稻渔生态种养模式约1 826.67平方千米，其中虾稻共作面积约1 806.67平方千米，同时还在积极探索以虾稻共作为主的稻渔综合种养高产、高效、健康养殖模式和标准化养殖模式，大力推广"一稻两虾""虾—稻—鳖混养""七钱虾"和"虾—稻—鳢"等高效生态健康养殖模式，重点建设10个以上标准化高效健康养殖示范基地，每个基地面积约3.33平方千米以上，创建1～2个国家级稻渔综合种养示范区。加快推进池塘健康养殖模式，重点推广虾蟹混养、虾与水生蔬菜共生、套养滤食性鱼类等生态健康养殖模式；推广泥鳅大规格苗种丰产技术等高效养殖模式39个，推广面积达到200平方千米。

目前，荆州市政府及其职能部门又在积极推进渔旅融合发展，加快建设以标准化示范模式为主的农旅结合示范基地。结合美丽乡村和特色小镇建设，将创意、文化、体验等元素融入渔业示范基地建设，每个县（市、区）打造一个集餐饮、休闲、旅游、观光、体验于一体的农旅结合示范基地。结合长江大保护和生物多样性保护建设，推动以中华鲟、江豚等珍稀濒危水生野生动物为主的长江生物多样性保护示范基地建设。

通过综合的生态治理，荆州市的水环境得到了极大改善，在长江沿岸的许多地段，原来的居民、工厂、商铺、仓库撤离、搬迁后，现在被打造成绿道、公园，为市民提供了健身、休闲的场所；许多原来污水横流、蚊蝇肆虐的沟渠河塘被改造成水清草肥的生态园，为人们提供了踏青、郊游的去处。通过对养殖户的精养鱼池、稻渔种养等健康模式的改造升级，荆州市的渔业实现了生产和环境保护的良性互动，实现了对水环境的利用和保护的有机结合，实现了生产的经济效益、生态效益和社会效益的协同增长。

三、结语

荆州市近年来的渔业发展成就生动诠释了"绿水青山就是金山银山"这一生态观的内涵，即自然界是人类生存之根，大地是"财富之母"；良好的生态环境是人类生存的保障，是物质财富的最终来源；人类如果善待自然，自然也会回馈人类，人类危害自然，也一定会伤及自身。人类与自然组成了相互依存的生命共同体，与自然和谐相处、实现绿色发展才是人类生存和发展的正道。

荆州市的渔业发展模式也是实施绿色发展战略的一个范例或缩影，各个地方、各个行业都可以根据自己地理优势、行业特点，依靠现代科技，找到一条绿色发展的道路，实现经济、社会和生态的协同发展。绿色发展就是把经济社会的发展引导到生态文明的轨道上来，环保是其前提，生态效益必须置于发展的优先地位，眼前利益、局部利益必须从属于长远利益和整体利益。绿色发展拒绝"先污染、后治理"，更反对"杀鸡取卵""竭泽而渔"。

生态文明建设是一项复杂的系统工程，它不仅需要新发展理念统领我们的各种经济、生产活动，也需要我们每个人以新的生态观主导自己的日常生活，节约、低碳、环保应成为人们普遍自觉的生活方式，绿色生活应成为个人的生活常态。美丽的中国，需要每个人的努力去打造，中国的美丽需要每个人的努力去呵护！有理由相信，在习近平新时代中国特色社会主义思想的生态文明观的引领下，全国人民贯彻绿色发展理念的自觉性、主动性会日益增强。

（备注：文中统计数据多为本人走访荆州市农业农村局相关部门收集所得）

周老嘴镇产业发展状况调研
——以周老社区与飞虎队村为例

王 益

美丽乡村建设，农业产业发展是基础。监利市是全国产粮重镇，1988年3月，湖北省荆州地区土地管理局、监利县（现监利市）人民政府批准，在周老嘴镇划定了3个保护区块、105个保护片，共计约25.19平方千米的基本农田，这是我国第一个划定基本农田保护区的基层实践。2009年，国土资源部、农业部、湖北省人民政府，将周老嘴命名为全国基本农田保护发祥地。周老嘴镇共有农田约106.67平方千米（其中水田约98.67平方千米、旱地8平方千米），虾稻连作面积约49.33平方千米，粮食总产量104 000吨、虾产量8 140吨，农业总产值7.5亿元。近年来，周老嘴镇全面普及农业机械插秧，全镇集中育秧点遍地开花，机械插秧面积突破约66.67平方千米。近年来，该镇充分发挥资源优势作用，大力发展旅游产业，全镇"双水双绿"面积达36平方千米；与此同时，加大培育新型农业经营主体，全镇新型农业经营主体达374家，以再富米业和佳丰农业为龙头，形成"企业+基地+合作社+家庭农场+农户"的产业模式和生产、收购、加工、冷藏、销售等多方对接的利益共享机制。下一步周老嘴镇计划大力开展以高端制造业、旅游开发业和农业观光业等为主的招商,推动形成工业产业新支撑、农业产业新亮点、全域旅游新格局,全力发展观光农业、休闲农业和生态农业。

监利市对各乡镇农业农村产业进行考核,要求立足农业产业化、现代化,形成相对完整的产业链、供应链、价值链,完善农业产业带贫或减贫机制,让更多农民参与产业、分享价值,实现农村经济更好发展。周老嘴镇号召全镇积极落实湖北省"上市公司倍增计划",鼓励农业龙头企业从资本市场直接融资,积极推进涉农"金种子公司"上市,并出台了农业产业化龙头企业发展意见,以期能加强促进农业产业化发展新格局。同时,镇政府支持扶贫产品开展地理标志和质量安全品牌认定,进而提升了扶贫产品的市场认可度,建立常态化消费扶贫工作机制,新增消费扶贫专柜、专馆、专区建设,积极拓展扶贫产品销售渠道,帮助销售扶贫产品。

一、周老社区农村产业发展情况

(一)周老社区基本农村产业发展现状

周老社区的土地有 0.4 平方千米集中流转给虾稻共养合作社,其余土地村民在村内自发流转或种植,主要作物为水稻、油菜、小麦等,村民的主要收入源于外出务工。目前,周老社区集体经济主要是原农业村新桥村的集体经济,每年收入共 5.5 万元,主要包括外包约 0.03 平方千米的鱼塘,每年收入 2.5 万元;原村小学外租为液化气站,每年收入 1.5 万元;土地流转协调费每年 1.5 万元。但是由于某些原因,目前村集体经济实质上并没有收入进账。

周老社区的居民种植的农作物以水稻为主。村内大多数村民每年种植两季水稻，中稻每年/亩（约667平方米）地2400斤，收入大约为每亩（约667平方米）地1 800元；水稻收割之后，继续再种植再生稻，收割之后用于自家口粮，村民种植农作物的收入基本只能保证村民的生存需求。调研过程中发现，周老社区60岁以上的老人仍然算作精壮劳力，70岁以上老人仍在从事农业生产，可以种植约6 667平方米水稻，这一方面与农业机械化的发展密不可分。据了解，目前水稻种植的整个环节，从种植到撒药到收割均已实现了机械化操作，无人机撒药/亩（约667平方米）收费110元（包括农药钱，承诺庄稼不生虫）。未来全面实现农业种植的机械化操作是必然趋势，在村里可以看到农机公司招收无人机操作学员的广告。另一方面也与农业生产效益低，缺乏中青年劳动力有关。

图19-1　农机公司招收无人机操作学员的广告

周老社区共有20～30户小龙虾养殖户，包括单独养殖小龙虾和虾稻共养两种模式。虾稻共养于环形田中，环形田前期主要用于养殖小龙虾，待小龙虾售卖之后，每年6月开始种植水稻，收成一季晚稻。晚稻于每年10月收割，每亩（约667平方米）收益可达1 800元。养殖户可以自己培育虾苗或者购买虾苗，虾苗的培育时间为每年的10—11月，虾苗的培育对水质有要求，即必须是有大量微生物的流动性河水，期间主要靠饲料喂养，次年的3—5月为养殖期。小龙虾的养殖成本主要包括虾苗、饲料、消毒、抽水电费、土地租金等，6月小龙虾便已普遍进入市场售卖，其主要售卖给本村或者本镇的虾贩。据村民普遍反映，小龙虾的售价会受市场价格波动影响，售价差价较大，在3月和4月小龙虾售价较高，有时可以达到每斤二十几元，而到5月和6月，小龙虾的价格却只有4元/斤或者5元/斤，受技术和水质等多方面因素影响，周老社区龙虾的成熟期普遍是在5月或6月，因此，近些年，该村实际挣钱的小龙虾养殖户并不多，据统计，仅有20%的养殖户赚钱，50%的养殖户不赚不赔，还有30%的养殖户亏损。

如是，近几年农贸市场和终端饭店当中小龙虾的价格虽然逐年升高，但利润没有进入养殖小龙虾的农户手中，养殖户并没有营利。在调查中了解到，影响周老社区虾稻共养养殖户营利的主要原因养殖户比较分散，养殖规模小，养殖规模的扩大又受到土地、技术、水源等因素的限制。其一，周老社区土地不平整，以小块地为主，这一方面会影响土地大规模流转，另一方面土地高低不平不利于水的流动和控制，难以形成整片规模化养殖。其二，小龙虾的养殖需要流动的河水，河流里面含有的大量微生物利于龙虾的生长，但是周老社区的泵站较小，养殖户很难及时大量抽取河水，养殖户只能用没有营养的井水养殖小龙虾，井水水质不高，这就导致在早期市场上小龙虾新鲜上市售价高时，周老社区养殖户的小龙虾未成熟，错过最佳的售卖时期。

该村主要农业产业是水稻种植和虾稻共养，优质、丰沛的水源是核心。据村支书反映，基于这种情况，经过村委会多次到各部门争取，目前村里正在新修夏家桥泵站，新修成的泵站将惠及本村五个小组的农业灌溉，这将在一定程度上缓解养殖户的用水困难，有利于优质小龙虾的养殖，从而更好地促进村民增收。

（二）周老社区红色旅游产业发展情况

2020年8月，由周老嘴镇政府牵头研究和制定的周老社区美丽村庄红色旅游美丽乡村建设项目正式开始施工。整个项目初步预算1 434万元，其中中央和省级财政资金300万元，其他财政资金770万元，社会资金364万元。该项目具体将着手"生态人居""生态环境""生态经济""生态文化"四大工程展开建设，希望能够通过红色美丽村庄规划建设，促进周老社区经济、政治、文化、社会和生态文明的协调发展，将周老社区打造成集红色效益、经济效益、生态效益和示范效应于一体的美丽乡村建设示范点。（具体项目见表19-1）

表 19-1 主要建设提质项目规划思路

	项目名称	建设规模及工程特性	规划设计创意
基础建设	人行步道	长 800 米宽 1 米的人行步道	采用健康步道、生态休闲步道设计，辅以景观和绿化
	竹篱笆	离地高 0.9 米	竹、木篱笆结构、因地制宜
	吕家沟渠疏挖	疏挖整形、护坡、池塘疏挖	因地制宜、注重生态
		绿化美化	芦苇、荷花、油菜花、向日葵、柳树、睡莲等
	吕家湾三角带改造	建设成小游园	建议进行居民房背景美化，精心打造红色历史文化主题雕塑小景
		标志文化景观	绿化以矮秆花卉长青花木为主
	红军亭	赤湖旁	打造红军渡、将军渡、古南蛮国渡、州国渡、容城国渡及文化
	红色阵地亮点打造	红色文化宣传、景观	打造红色文化长廊，红色文化墙绘
	人行道砖拱桥	老沟中间	因地制宜、注重和谐统一
	湾子林改造	围绕 78 组湾子林改造	植入"千年古镇、红色周老"文化，拆通透
	赤湖	拓宽疏挖、池边填土绿化	因地制宜
环境整治	村内	保洁设施、增设垃圾桶等	布局合理、功能配套、实用节约、注重管理
	老监汉路	整治、危房拆除、土地平整	依法依规、科学规划、文明拆除、认真协调
环境绿化	沿监汉线	绿化、环境整治	整齐规范
	老监汉公路	绿化、环境整治	
	亮化工程	单边路灯 50 个，太阳能路灯 40 个	
	社会发展	健身器材，篮球场建设，文化长廊	多方协调建设
	红色文化长廊	村庄宣誓墙，村社史馆	符合红色历史文化风格，强调设计创意、注重文化内涵

图 19-2　改造前

图 19-3　改造后

图 19-4　监理市周老镇老社区红色美丽乡村总体规划平面图

第一，红色效益。通过充分挖掘湘鄂西革命根据地红色首府红色教育资源，将周老社区打造成为爱国主义教育、党史教育和廉政教育的红色阵地，成为党员干部、青年团员以及普通群众精神补钙的讲堂。第二，经济效益。通过红旅、农旅、文旅融合发展，推动周老社区的集体经济的发展，通过红色旅游配套服务和社区特色农产品销售等方式，有效增加农民收入。第三，生态效益。通过对村湾道路、公共设施、沟渠河流等进行整治，保护山水林田湖资源，有效改善农村人居环境，将周老社区建设成为生态美丽乡村。第四，示范效应。充分整合乡村红色、生态和农业资源，打造周老社区"红色旅游、绿色发展"示范点，让红色资源和生态优势转化为经济优势、发展优势，共建农民安居乐业的美丽家园。

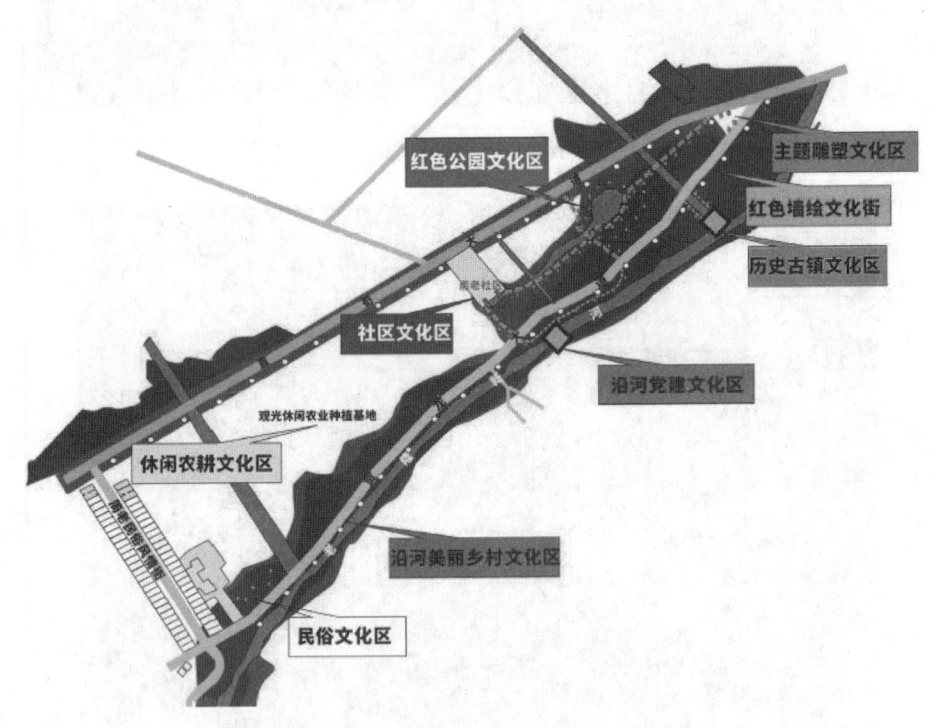

图 19-5 周老社区红色美丽乡村文化规划图

二、飞虎队村农村产业发展情况

（一）飞虎队村已有农村产业发展现状

飞虎队村是周老嘴镇农村产业发展的龙头村，该村有发展成熟的企业和养殖合作社。再富米业股份有限公司为该村的龙头企业，也是荆州市的龙头企业，曾多次被央视新闻联播、新闻频道、财经频道、中文国际频道以及省、市电视台采访报道，村党支部书记裴再富是该企业董事长。企业主要经营粮食收购，大米加工和销售，初级农产品、预包装产品、散装食品、水产品销售等，采取线下和线上两种销售方式，生产的大米等产品主要运往广州、武汉、上海等各大批发市场，或者是委托其他线上（京东、淘宝等）电商代理销售。此外，该企业还建立了"周老嘴商城"平台（当地镇上的店），售卖周老嘴镇特色农产品，包括周老嘴再生香米、周老嘴虾稻香米、荷叶茶、小龙虾、藕粉、土鸡蛋等。在周老嘴镇设立特色农产品展区和数字平台基地，每年营业额约300万，占总营业额的十分之一。村支书反映目前该平台知名度仍需进一步提高，具体运营仍然不够成熟，需要通过红色文旅等项目来助力推广。

同时，该企业申请了"周老嘴香米""富金源"商标，涵盖再生香米、虾稻香米等产品。再富米业每年营业额6 000万元，净利润100万元左右，共有员工16人，主要是本村和附近村的贫困户村民，每人每年可以收入2~3万元。村里其他农户主要是虾稻共养户，或是种植水稻、大棚蔬菜、棉花、玉米、芝麻等作物，流转土地情况较多，平均每户流转土地10亩地，个别种田大户流转土地达百余亩。

图 19-6　再富米业股份有限公司

目前飞虎队村没有集体经济，但准备将村内养殖合作社、种植合作社、家庭农场、种田能手等进行整合，发展合作联社，将收益用于村内建设。目前村委会一方面打算引进大型企业进驻投资农业产业，收益用于发展村集体经济、促进乡村建设和振兴；另一方面以村集体的名义流转部分土地，建厂发展养殖业或其他产业，创办规范化专业化且符合环保要求的村企业，鼓励村民自愿以土地形式入股，享受利润分红，以此来吸收就业人群和年轻人返乡，壮大村集体经济。据了解，目前村中共有 10 户左右从事大型养殖业（主要养殖鸡鸭），这些养殖户主要与温氏集团合作，温氏集团提供鸡鸭苗、技术指导，鸡鸭成熟后由企业统一收购，养殖户只负责养殖，平均每户收入每年约 4 万元。村中有部分种田能手、养殖能手，其种植和养殖规模较大，有的农户流转土地近 500 亩，种植合作社流转土地近 1300 亩。

壮大合作社经济，发展合作联社。目前飞虎队村的最大规模的合作社是直山院合作社，是监利市市级示范合作社，由5户合伙，共流转1100亩土地，年纯收入50万元左右。合作社内拥有水稻种植和小龙虾养殖的全部农机，包括插秧机、簸谷机、收割等机械，均由合作社合伙人自己操作，无须请人操作，这主要出于对因雇人而出现的安全事故考虑。直山院合作社主要采取资源共享、信息共享、技术共享、互相帮助、彼此监督的合作方式。一方面，工作互帮互助，一旦出现受灾、排水等情况，合作社成员便互相出力，保证及时解决问题。资源共享是指合作社内每户分别拥有簸谷机、插秧机、收割机等，在农用时，合作社内部互相使用，只需支付使用费用，基于合作社成员可略低于市场价格使用，成员之间仍算是互帮互助的利益关系。信息共享是指合作社每月开一次例会，分享种植情况、种植阶段和计划，如何提高收益，等等。同时，合作社内彼此监督，不可做违法违规的事情，如互相监督使用的农药是否合格，若出现制假售假则联合举报。合作社采取自负盈亏的合作模式，合作农户自己种植、收获，负责自家土地的营收，合作社没有统一的账目，彼此财务独立，没有经济互牵；但合作社内有统一的基金库，金额约4万元，包括政府给予的2万元市级示范合作社补贴，用来处理抗旱、排积水等紧急的共同事务。内部的维系主要靠个人自觉，内部自我协调，田亩较多、田间事务较多的农户自觉承担更多义务。该合作社主要负责人表示，未来希望有更多的农户加入，为了更好地帮助合作社各成员，50亩以上本村农户便可加入合作社，不限种植物种，期望能有更多的不同的种植户进行技术交流，一起探索新的种植作物和农业模式，更好地提高本村的农业收益。

飞虎队村共8家合作社，鉴于农村的实际情况，目前正在着手创办以直山院（各合作社账目独立，仅扩大规模，进行资源、资金、信息共享合作）

为模板的合作联社，合作联社规模扩大，可以充分利用资源，开发新产业试点，积极探索增产增收的新出路。

（二）飞虎队村未来农村产业规划情况

丰富农产品类型，开发中药材种植，提高产品价值。为丰富农产品品种、更好地促进村农产品升级，在充分了解天冬的特性和药用价值后，再富米业股份公司拟与贵州中药材厂商合作，合作模式为对方承包种子、技术、回收和销售环节，自己承担土地、肥料和人力成本，3年为一个合作周期，将1000亩自流转地试种中药材天冬，作为示范和试点，经过详细调查和推算，预估三年每亩地毛利润可达10万元。村支书期望待企业有明显效益之后，再推广至村集体和村民，带动村民共同致富。

图19-7 再富米业股份有限公司标准化生产基地

整合文化产业资源，打造特色农业，扩展产品市场。周老嘴镇有丰富的红色文化资源，飞虎队村拟依托文化旅游，打造特色品牌，扩大品牌影响力，拓展产品销路，在建立现代生态农业基地的基础上，通过建立红色旅游及旅游休闲服务中心、红色记忆影视基地、飞虎队纪念馆等红色旅游项目，运用红色教育培训基地、数字农业生态产业园建设，助力特色农产品销售实现增产增收，整合红色旅游、生态循环科技、全链溯源认养体验农业、新型城镇农业康养、商业流通的模式，打造"红色旅游 + 现代生态科技农业 + 全域农事体验休闲旅游"的特色小镇。该村拟利用原有的村民关系资源，积极寻求与国企、央企、各大科研院校的合作机会，进行资金入股和技术入股，推动发展红色文旅项目、进而促进农业产业和特色农产品提档升级，助力乡村振兴和美丽乡村建设，提高农民收入，更好地满足农民对美好生活的需求。

开发数字化智能化农业。飞虎队村目前制定了《周老嘴数字农业物联网云平台暨数字农旅生态产业园建设方案》，拟利用大数据、互联网、智能科技，实现农业生产、加工、销售、物流 + 一二三产业融合发展，引领和带动农业产业发展迈向新的台阶。

三、反思与建议：坚持绿色发展理念，夯实美丽乡村产业基础

习近平总书记强调"产业兴旺，是解决农村一切问题的前提"[①]，美丽乡村建设首先是要求农村产业发展兴旺，确保村民的物质生活富裕，才能实现从消极自由向积极自由迈进，与此同时，农村产业想要健康持续发展，需要深刻把握"绿水青山就是金山银山"的科学内涵，坚持以绿色发展理念引领产业发展，利用好农村的环境优势，夯实物质基础。

---

① 《习近平谈治国理政》（第三卷）[M]．北京：外文出版社，2020：258．

在访谈过程中，我们发现，周老社区和飞虎队村的经济发展存在以下几个方面的问题：

1. 农业自然资源匮乏和基础设施落后

一是农村人口多，土地面积少，在计划退耕还湖后，耕地面积将更少。二是生产路、电、泵站等农村基础设施落后，无法适应农业机械化发展的要求。据了解，镇政府修生产路的指标每年只有20公里，容易导致分配不均的问题，无法满足各村的现实需求。生产用电无法满足，村民只能自架简单线路用于生产，无法满足大功率和大空间大用电需求。原有的旧泵站无法满足农田灌溉和龙虾养殖对水的需求，严重阻碍当地龙虾养殖业的发展。

2. 农业技术落后、产业链不完整、销售渠道单一

周老社区和飞虎队村的主要产业之一是虾稻共养，其养殖比较分散、规模较小、技术相对落后，监利市政府和周老嘴镇政府虽然多次组织相关的养殖技术培训，但是培训讲授的技术对农业基础设施（尤其水质要求）和技术要求较高，绝大多数的小养殖户很难达到技术要求，故而成效甚微。同时，两村龙虾养殖并未形成完整的产业链，从虾苗培育＋养殖＋加工＋销售，其中间环节过多，流通成本过高，养殖户亏损现象较多。飞虎队村正在计划筹建自己的冷链库，争取做到统一培育、统一管理、统一销售，从而更好地适应市场行情需求变化。随着时代的快速发展，线上购物是一种主要趋势，飞虎队村的大米销售之前主要是线下实体销售，受制于人才和技术等因素，对线上销售的宣传、开发较少，在一定程度上影响了飞虎队村优质大米的线下销售。

3. 上级政府扶植政策要求较高，基层政府难以放手探索新的产业发展模式，限制了农业产业规模的进一步扩大发展

省级和市级政府出台了村集体经济的扶持计划和政策，目的是发展和壮大集体经济，增加农业产业的效益和农民收入，政府拨款要求扶持的项目和合作社不能出现亏损，在扶持当年要有明显的效益，镇政府便只能选择扶持原本已经建立的合作社，由政府资金入股，参与年底分红。受政策规定限制，镇政府选择的自主性受限，不利于创新探索新的产业发展。

基于以上分析，本调查报告认为周老嘴镇和周老社区以及飞虎队村可以从以下几个方面着手进一步加强村农业产业发展：其一，加强基础设施资金投入，加大农业基础设计建设。农村产业基础设施是产业发展的重要元素，政府机构要扩大农村基础设施资金投入途径，制定和完善相关的基础设施的管理制度。其二，加强产业扶持政策的真正落实，实现农村多产业融合。产业扶持政策的制定一定要与实际的产业发展规律相适应，要用长远的战略眼光看待产业扶持问题，要考虑到发展过程中的弹性空间，及时调整政策，不能急于求成，而忽视了产业发展自身的规律；尤其是要注重扶持发展本地特色产业，在原有虾稻产业的基础上，发展特色旅游业和特色文化活动，推动实现一二三产业融合。其三，培育龙头企业，以龙头企业为载体，扩大企业规模。两村居民分散的养殖模式，一方面不利于技术以及设备的更新，同时也只能形成内部的销售内卷，无法与外部销售市场有效衔接，更不能形成自身的农产品品牌。以周老社区为典型，急需发展自身的龙头企业，以"企业+农户"的模式推动本村产业的联合发展。其四，培育人才发展机制，加强对外技术交流合作。产业发展需要有专门的技术人才以及科技技术的指导，各级政府一方面要有人才长效机制，留

住已有人才；同时创造条件，号召在外年轻人回村创业发展，加大新型农民培训力度，创立人才培养机制，加强与科研机构和院校的交流，实现人才与产业的同步协调发展。

城市社区视域下大学推进优秀传统道德文化教育思考

吴雅思

中国共产党十九大报告提出了"新时代中国特色社会主义思想",明确指出:"中国特色社会主义文化,源自于中华民族五千多年文明历史所孕育的中华优秀传统文化,熔铸于党领导人民在革命、建设、改革中创造的革命文化和社会主义先进文化,植根于中国特色社会主义伟大实践。发展中国特色社会主义文化,就是以马克思主义为指导,坚守中华文化立场,立足当代中国现实,结合当今时代条件,发展面向现代化、面向世界、面向未来的,民族的科学的大众的社会主义文化。"习近平总书记曾在山东曲阜孔子研究院指出:"中华优秀传统文化的丰富哲学思想、人文精神、教化思想、道德理念等,可以为人们认识和改造世界提供有益启迪……可以为治国理政提供有益启示,也可以为道德建设提供有益启发。"这是20世纪以来党和国家最高领导人,首次在儒家文化发源地发出弘扬中华传统文化的号召。儒家文化是中华传统文化的重要组成部分,千百年来传统儒家道德文化深入中华民族日常生活之中，成为日用而不知的行为准则。推进以儒家道德文化为代表的中华优秀传统道德文化之传承与创新，顺应了时代要求。

21世纪初，中国加快建设学习型社会步伐，要求大学能够积极自觉承担服务社会的责任，强化大学教育改革。在当今中国，大学的分布基本集中在城市及其近郊，大学与城市社区在地理位置上具有紧密相连的优势，为大学能够积极参与社区教育及治理工作提供便利。在对此类社区调研中看到，运用社区平台推进中华优秀传统道德文化的传承与创新，能够发挥大学思想道德教育教学的优势，是大学积极参与社区治理的重要领域，更是大学承担社会责任的有力显现。

一、中华优秀传统道德文化及其传承创新

中华优秀传统道德文化兼具时代性和民族性特点，是中华民族在历史长河中关于物质财富生产、自我道德修养和社会治理理想的实践总结，是历史传统、民族精神和文化形式的集中表达。同时，中华优秀传统道德文化也蕴含着高度的集体身份认同感，既是中国精神、爱国情怀和集体意识的重要来源，也是中国人在世界民族之林实现中华民族伟大复兴、践行文化自信的精神来源。因而，在新时代要推动中华优秀传统道德文化创造性转化、创新性发展，激活其生命力，让中华文明同各国文明一道，为人类提供正确精神指引。

在中国传统文化中，儒家思想曾经长期主导着中国传统思想文化领域，并与其他思想共同塑造了中国传统文化共存发展、借鉴交融的"多元一体"格局。因而，在大学推进中华优秀传统道德文化传承创新的过程中，儒家道德文化是其关注的主要领域。在这个"多元一体"的文化格局中，"一体"主要表现为传统儒家道德文化实现了关爱自然、修身养性与家国情怀的辩证统一，把个人修养、社会教化和国家治理紧密结合起来，达到了个人、社会和国家相互促进、相辅相成的境界。"多元"则不仅表现为多种思想共存的局面，还表现为儒家和其他思想都是与时俱进、发展创新的特点。

基于此理解，中华优秀传统道德文化的传承与创新，应该结合新时代中华民族伟大复兴的时代背景，在剖析传统道德文化，尤其是传统儒家道德文化内涵的基础上，结合现状，根据其适用范围来进行推进工作。

现今中国处于社会蓬勃发展时期，许多新问题亟须寻求理论指导。当前，各种不同的价值理念冲击着社会，导致思想迷茫、行为失范的现象存在。在多元环境里积极挖掘各类相关资源，对中华优秀传统道德文化进行传承创新，不仅能够分梳并解决社会转型过程中凸显的问题，更是树立文化自信、推动文化传承的有力保障。此外，全球化的潮流，文化的交流碰撞，新媒体技术的广泛运用，都有利地推动了中华优秀传统道德文化的发展。在此过程中，优秀传统道德文化的传承创新，不仅能够发出属于中国的声音，体现中国传统文化精神，更是在国际上捍卫了中国的文化话语权。

中华优秀传统道德文化的传承创新，实质是将传统文化与现代社会相契合，以使得传统思想表达时代特征，解决时代问题。从该文化的内涵上看，中华优秀传统道德文化中的习俗、惯例、准则和规范等，不仅是中华民族独特的身份认同印记，更是推动中国现代社会变迁和中华文明复兴的重要力量。传统道德文化倡导修德，有自修之德、自处之德、治人之德、待人之德。在漫长的历史沿革中，传统儒家道德文化也同道家思想、法家思想以及佛教思想等其他各类文化成果相互映射吸收，从而形成了中华民族独特的传统道德文化体系。概括而言，中华优秀传统道德文化的各类德目可以分属个人品德、家庭美德、职业道德、社会公德。这是一个多维度的复合体系，既指涉思想价值观念，也涉及语言、知识、日常习俗、生活惯例和价值取向等内容。然而，同西方道德哲学根本性的区别在于，中华优秀传统道德文化强调道德修养的载体不是个体心灵的皈依，也不是一种永恒秩序的从属，而是一种表达着伦理意涵的人际关系结构。例如儒家的道德规范之三纲五常和三纲领八条目等，皆是在人际关系结构中实践的成果。

可以说，中华优秀传统道德文化是一种实践精神。它是沟通行动、秩序和价值的桥梁，能够起到道德认识功能和道德调节功能，为建立公序良俗保驾护航。以其主流代表儒家为例，自孔子以来先贤大儒们提出了许多德目，如孝、悌、忠、恕、仁、义、礼、智、信、温、良、恭、俭、让等，致力于内圣而外王，修身齐家而治国平天下的道德路径。几千年来，传统儒家道德文化始终坚持知行合一的态度，以实现理想社会为最终目标，因而人生价值在社会实践中得以彰显。具体而言，传统儒家道德文化关注了人与自然、自我、他人和社会的关系。在这其中，"人"成为理论内容的主体。在历代儒家各派道德思想中，无论是人性论、义利观或是修养论的具体观点，都主张在实践中发挥人的主体能动性。因而，实践成为与"人"紧密相连的概念，"知行合一"是中华传统道德文化非常鲜明的旗帜，也是其文化能够具有长久生命力，能够不断传承创新的根本原因。

然而，中华优秀传统道德文化的传承创新现状仍然值得社会各界深刻关注。在深入社区调研访谈后，究其现状而言，该文化的传承创新依旧面临一些挑战。

就传承方面来看，其过程具有复杂性。中华优秀传统道德文化涉及了人与自然、自我、他人、社会之间的互动关联。这些关联内容本身就是一个复杂的思想体系，在当代社会新旧媒体的使用则加剧其复杂程度。一方面，信息传播能够突破时空限制，使得信息发布与接收达到极速。获取信息的即时性和便捷性彻底打破了时空的局限，因而为传承创新增添复杂不定的因素。另一方面，由于科技日新月异的发展，形成多向度的互动交流。个体凭借新媒体成果，不但能够自主发表想法，也能够积极回应、评价他人观点，随意性不断增强。当海量信息蜂拥而至时，个体难以正确筛选分辨，更无法条分缕析问题实质，从而增加了传承工作的复杂性。这些都是大学在此传承过程中需要注意的重点问题，其中很多方面都需要配合教学改革来完成。

就创新方面来看，其过程具有呼应性。中华优秀传统道德文化需要灵敏地呼应时代要求。一方面，这一呼应性表现为文化创新既能够承载历史既有的思想体系，同时还能够满足现今社会主体的需求。也就是说，中华优秀传统道德文化的创新要用经典理念诠释、解决现代社会中人类的困境。另一方面，当今社会的全球化多元化发展显著，中华优秀传统道德文化的创新不仅要能够适应本土文明的生存空间，同时还能够适应异质文明的生存空间，还要适应现代新型科技文明的生存空间。这要求传统思想要跟随现代社会变迁程度而动态变化。因而大学在此创新过程中，教学需要科研成果的支持，要深入现代社会实践进行创新发展。

中华优秀传统道德文化传承创新的理论发展，经历了变迁沿革的过程。从概念上看，相类似的提法早在20世纪就出现过，张岱年提出"综合创新论"，方克立继而提出"综合创新"，贺麟提出"思想的新开展"，林毓生提出"创造的转化"，傅伟勋提出"创造的发展"，李泽厚提出"转换型创造"。在21世纪初，中国领导人提出了"创造性转化和创新性发展"的要求，进一步完善了对待传统文化传承创新的方针。在新时代，对中华优秀传统道德文化进行传承创新，需要发挥大学教育教学改革优势，以城市社区为平台，在社会生活实践中推进该项工作稳步发展。

二、中华优秀传统道德文化传承创新中的大学与社区

"社区"一词源自拉丁语，由德国社会学家滕尼斯提出，后由中国社会学家吴文藻引入，并由社会学家费孝通翻译，提出社区是由一定地域范围内人群组成的、具有相关利益和互动关系的社会生活共同体。在社区范围的界定上，国内外不同学者的观点有所差异，提出宗族、村落、乡镇、市区、城市等都可看作社区的范围。

近年来，中国城市发展进程加快，社区被作为社会治理的行政区域，基本按照所辖地区家庭人户数量为依据划分。本报告所研究的社区指大学所在的、以社会治理为划分依据的城市社区。在中国部分城市中，如北京、上海、武汉、南京、西安、广州、成都等城市市内及其近郊，数量显著的大学被划分到各个社区内，甚至某些社区内涵盖不止一所大学。例如调研的北京海淀区、上海松江区、武汉洪山区等地的社区中，有为数较多的大学存在其间。这为大学推动中华优秀传统道德文化传承创新提供有利环境。费孝通曾经也提出过将中华优秀传统文化看作社区治理的软性有效支撑，建立知礼立德的现代文明社区。在此，社区成为以地缘纽带形成的道德利益群体，取代了传统的血缘纽带形成的宗亲群体，这也对中华优秀传统道德文化的传承创新提出了更高的要求。

以城市社区为平台，大学推进优秀传统道德文化传承创新，是大学教学科研工作在社会生活实践领域的延伸，对社区和大学都具有非凡意义和挑战。通过调研可以看到，大学对社区文化起着引领规范的作用，社区对大学起着促进发展的作用。

从社区层面上看，社区是城市治理的基本单元，大学能够为社区提供维护稳定，倡导公序良俗的智力支持。在调研访谈的城市社区中，人员结

构复杂，既有常住人员也有大量流动居民，既有退休人员也有各类职场人员，既有高学历人群也有各类其他教育学历人群。同时，在社区工作者中，性别、年龄、文化程度、政治面貌及职位收入也各异，这为社区开展各项工作、建设现代文明单位增加了难度，也正是中华优秀传统道德文化发挥作用的用武之地。在调研不同城市社区过程中了解到，大学所在社区的居民群众、社区工作人员对于社区生活工作的熟悉、参与及满意程度有所不同，其生活工作中的人际关系处理方式及结果也各异。具体表现为常住居民、较高学历人群、退休人员的熟悉、参与、满意度更高，这与他们自身的居住年限、受教育程度和业余时间多少密切相关。流动群体、在职人员因为时间安排及生活因素等原因，其熟悉、参与和满意程度相对较低。社区工作人员也存在差异，其中社区固定工作人员、社区外聘临聘工作人员、本社区党员以及下沉该社区的党员干部对于社区建设的参与度、积极度、满意度和适应性也有所差异。具体而言，不同的社区工作人员，其工作量、社会认同度、职业身份、职业素养、工作压力、工作方式都呈现不同水平。因而在此情形下，建立守望相助、尊老护幼、知礼立德的现代文明社区，还是需要发挥传统道德文化的教化作用。通过大学的德育合作，在不断的传承创新中，加强现代文明社区建设。

  从大学层面上看，推进优秀传统道德文化传承创新，要紧贴道德的实践特质，改革创新教学方法和思维，从象牙塔走向生活实际。其一，社区物质条件是大学推进道德教育教学的有利支撑。调研社区内的博物馆、文化宫、历史古迹、文化纪念场所、影剧院等，都是推进中华优秀传统道德文化传承创新的载体，是个体精神价值和行为规范的实践场所。这些场所不仅可供社区居民使用，更可为在校大学生提供社会实践基地。其二，社区范围内的企业及其他职业职工，可以成为大学道德教育教学的校外智力支持，为大学推进中华传统优秀道德文化提供各类辅助，推动加强现代文明社区建设。其三，大学通过服务社区来发展、研究学术思想，体现其社会价值。大学德育教学工作需要从社会生活实践中汲取灵感养分，并加以验证推广。而社区正是大学推进优秀传统道德文化传承创新的良好场所。在不断承担社区德育责任的过程中，大学需要善于调配其教育教学资源，积极推动知识的创新和传播，主动地参与到社区道德建设中，将学术思想应用到解决社区实际问题中，才能最终促进社会发展。

总之，大学能够为社区文明建设及治理工作提供良好的精神理论支撑，社区则是大学推进中华优秀传统道德文化传承创新的实践平台，是大学实现其社会责任与价值的基础。通过调研走访代表性社区，对大学和社区的角色定位有了更深切的认识。

三、大学推进优秀传统道德文化传承创新之内容与展望

社会存在决定社会意识，而社会意识对社会存在具有能动的反作用。也就是说，要看到社会意识的相对独立性，倡导先进、积极、科学的社会意识，促进社会存在的发展进步。因而，中华优秀传统道德文化作为一种社会意识，经过传承创新后，能够在社会生活实践中发挥积极的能动作用。结合传统道德文化的体系特点来看，其理论贴近日用伦常，其生存处世方略和生活智慧准则具有超越时空的价值和意义。虽然它生发于古代农业社会，"传统农业社会的社会架构和政治体制已经消失，但并不意味与之相结合过的价值观念、道德意识、思想与行为方式都失去了存在的合理性"[1]，尤其是古代儒家修养教化思想，能够在现代社会生

---

[1] 荆雨. 中国哲学的创造性转化——访郭齐勇教授［J］. 哲学动态，2003（8）：3-7.

活实践中，经过传承创新发挥一定作用。

近年来，海内外再次掀起了国学热、儒学热，弘扬中华优秀传统文化也成为国家层面的基本共识，在中国大陆和港澳地区也举办了较多民间自发的学术交流活动。透过广大城乡地区的家庭、学校、小区、企业、机关等现代社会的组织形式，青少年国学教育、城市社区儒学普及、企业伦理培训获得了可喜发展效果。[①] 这些都是中华优秀传统道德文化走出校园书斋，走向社会生活实践的成功探索，表明它能够透过日用伦常提升个体道德素养，成为国家文化软实力建设的重要助力。

然而值得注意的是，在中华优秀传统道德文化成为关注热点时，并不意味着它会被归结为角色伦理思想或者关系主义思想。尤其是应该考虑到传统儒家伦理思想的公共影响力，重视其构建和谐社群秩序和理想社会的理念。质言之，传统儒家伦理思想不仅在私德领域能够发挥作用，同时在公德领域也有着不容小觑的生命力。经过社区调研访谈可以总结出，中华优秀传统道德文化在传承创新基础上，能够在社会公共领域、职业工作领域、家庭生活领域和个人修养领域显现出借鉴意义，对现代社会城市社区建设有着指导价值。因此，在大学进行文化教育的过程中，需要结合社区实际，改革传统教学模式和方法，注重教学内容的实践性，发挥大学的文教力量。

首先，中华优秀传统道德文化在城市社区的社会公德领域发挥作用。社会公德是人们在社会交往和公共生活中应该遵守的行为准则，用以调节

---

① 郭齐勇. 论儒学的现代转化——兼谈大众儒学的复兴[J]. 华中国学，2014（2）：1-8. 该文列举案例如四川大学"西贵堂"，郑州市天明路本源小区书院，信德图书馆尼山圣源书院，海南省琼海市大园古村青少年蒙学教育基地，武汉市问津国学讲坛（市政府与武大国学院合办）、贵阳孔学堂等。

公共生活中个体的人际关系，保障社会秩序和谐稳定。社会公德适用于包括买卖、饮食、娱乐、旅游、运动、学习等户内外公共场所的活动，在长期的社会生活实践中逐步积累形成，受到适用范围人群的共同认可和接受，常与国家、社会、团体、集体、组织等有关，是衡量社会进步程度的标志之一。在我国现代社会中，社会公德主要包括文明礼貌、助人为乐、爱护公物、保护环境和遵纪守法。中华优秀传统道德文化经过传承创新，可以促进城市社区社会公德发展。如儒家"贵和尚中"的传统，主张了人与人之间的和谐相处，经过传承创新，可以减少社区公共环境中言语不当、无视规则的不良行为，倡导举止有度、礼让谦敬的社区氛围，在实践中对于创建文明社区有着指导感召作用。又如传统仁爱思想，可以在实践中消融现代社会社区邻里之间的疏离感，培养人与人之间更广范围的同情同感、扶危助困的精神，提高社会整体团结友爱的氛围。对于开展社区治理、关爱弱势群体、开展慈善帮扶活动有着实际的指导意义。

其次，中华优秀传统道德文化在城市社区的职业道德领域发挥作用。职业道德是指从业人员在进行职业活动过程中应该遵循的行为准则，用以调节职业者、服务对象、职业团体、国家等主体的关系。职业道德主要依靠内心信念和文化习惯来维系，不仅对从业者具有引导力和约束力，更是实现社会健康有序发展的重要力量。在我国现代社会中，职业道德主要包括爱岗敬业、诚实守信、办事公道、热情服务、奉献社会。近年来，城市社区内包含了不少企业公司及事业单位，从业人员数量显著提升，从事职业活动不再受到年龄和性别制约，甚至有所谓"斜杠青年"兼职多个不同职业岗位。职业成为从业者获取生活资料、维系社会关系、实现人生价值的重要渠道，职业道德也成为城市社区精神建设的重要领域。在中华优秀传统道德文化中，孔子所言"先难后获"的精神理念，明清儒者推崇的"非力不食"的观点,倡导民本民贵等理念,经过传承创新,可以为现代社会纠正不劳而获的享乐主义风气,倡导干一行爱一行的敬职敬业情怀,发扬为人民服务的精神。

再次,中华优秀传统道德文化在城市社区的家庭美德领域发挥作用。家庭美德是指在家庭生活中用以调节家庭成员关系,处理家庭邻里关系的道德规范。它能够调节人与人之间包括夫妻关系、长辈与晚辈关系、兄弟姐妹关系以及邻里街坊等关系,是处理个体在恋爱、婚姻、家庭、邻里之间交往行为的准则,其主要内容包括尊老爱幼、男女平等、夫妻和睦、勤俭持家、邻里互助。家庭美德建设是社区精神文明的关键领域。在中华优秀传统道德文化中,尤其是先秦儒家勤俭、和睦、孝悌、尊亲的道德理念,立己立人的道德境界,经过传承创新,能够倡导人们珍惜劳动果实,量入为出,避免攀比浪费的习气,提倡形成和谐融洽,各司其职,相互扶助的美好氛围,建设社区文明家庭。

最后,中华优秀传统道德文化在城市社区的个人品德领域发挥作用。传统道德历来重视个人品德修养,强调修齐治平的传统修身功夫,将个人价值同社会国家命运相连,倡导成德为圣的成己之学。这样的传统延续数千年,在《新时代公民道德建设实施纲要》中鼓励个人在日常生活中养成良好的品行,其具体要求包括爱国奉献、明礼遵规、勤劳善良、宽厚正直、自强自律,为个人道德发展指出方向,起到了垂范社会的作用。个人是社区的基本组成单位,培育个人的良好品性是社区文明建设的基石。中华优秀传统道德文化,尤其是传统儒家道德文化,注重社群公义、礼仪法度、自强仁爱、忠恕有道、重理轻欲的道德理念,通过传承创新,能够为培育个人品德提供借鉴参考,有利于克服自私自利、轻视整体利益、无视规则秩序、好逸恶劳、坑蒙拐骗等道德缺失现象,约束规范言行举止,提升个体道德水平，加强社区道德文明建设。

当然，在城市社区视域下，大学推进优秀传统道德文化传承创新工作，需要相关因素的大力支持。一方面，需要完善健全大学与社区互动的政策组织，如疫情后倡导党员干部下沉居住地社区或工作地社区的志愿行动，大学学生志愿者社团组织的完善，以及大学教学改革的相关制度、经费的投入，都是重要支持力量。另一方面，需要积极转变大学和社区相关人员的工作理念。让大学各部门和社区工作人员、社区居民都能够积极认识大学与社区的角色定位，减少思维定式，积极推动理论与实践的融合。在这个层面上，大学教学仍然有很大的改革空间，其教学要保持文教的引导力，提高知行的统一度，以推进优秀传统道德文化传承创新，为中华民族的伟大复兴提供强大智力支持。

湘南红色革命遗迹考察报告

邓国元

　　湘南，地处湖南南部，其主要区域范围是郴州市，它包括宜章县、汝城县、临武县、桂东县、桂阳县、嘉禾县、资兴市等市县。这里诞生了邓中夏、邓力群、曾希圣、曾志、萧克等老一辈无产阶级革命家；这里是北伐战争的主要通道，大革命时期农民运动高涨之地，是湘南暴动的策源地及主战场。朱德、陈毅等老一辈革命家在湘南暴动成功之后又率领湘南农军向井冈山进发与毛泽东会师，极大地壮大了革命力量。许多湘南子弟投身中国共产党领导的革命并献出宝贵的生命，湘南是一块用烈士鲜血染红的革命老区。这里也是红军长征经过的地方，是半条被子故事发生地之所在。众多的革命遗迹昭示后代，中国革命的成功来之不易。

　　为了更好地不忘初心，牢记使命，传承好红色基因，本人怀着崇敬的心情于2021年10月30日至31日，11月3日至13日，11月23日至11月28日，12月1日至12月5日，先后参访了邓中夏故居、湘南暴动纪念馆、半条被子故事发生地旧址等地。通过参访，了解了更多内容，思想上再次受到洗礼。

1. 参观邓中夏故居——中共早期领导人的诞生地

邓中夏故居,位于湖南省宜章县太平里乡邓家湾村,距县城约15公里。故居坐东南朝西北,主体建筑采用湘南民间四房三间两层砖木结构制式,青砖墙体,青瓦屋面,木板楼阁,建筑面积132.9平方米。1894年10月5日,中国共产党重要的创建人之一,卓越的无产阶级革命家、政治家、理论家,中国工人运动和学生运动的杰出领袖邓中夏诞生于此,并度过了青少年时代。

故居始建于晚清,1944年被侵华日军烧毁,仅剩墙基。1983年,地、县两级拨出专款将故居按原貌修复。1994年,在邓中夏诞生一百周年之际,湖南省文物局又拨出专款对故居进行全面修缮。故居从此成为邓中夏同志生平事迹永久展出之地。1996年1月4日,故居由湖南省人民政府公布为省级文物保护单位。邓中夏同志生平事迹主要由以下几部分组成:少年不凡,志在千里;五四先锋,热血救国;传播真理,建党功臣;工人领袖,指路明灯;投身武装,驰骋湘鄂;宁折不弯;献身真理;青山不老,精神永驻!

2. 参观湘南暴动指挥部旧址纪念馆

纪念馆位于宜章县城关镇,原为宜章女子学校。1928年1月,朱德、陈毅等率领南昌起义保留下来的一部分队伍,由广东进入湖南,在此举行了"年关暴动",建立了湘南第一个红色政权——宜章苏维埃政府,并把部队改编,正式组成了中国工农革命军第一师。旧址为四栋两层建筑物的四合院,中厅是起义指挥部及朱德、陈毅等的住房,两侧为红军战士营房。1979年对旧址进行了全面维修,按原貌做了复制陈列,辟为爱国主义教育基地。1996年被国务院公布为全国重点文物保护单位。湘南是大革命时期农民运动蓬勃发展的地区。

大革命失败后，湘南地区的共产党员和革命群众在白色恐怖的威胁下仍然继续坚持斗争。1927年冬，中共湘南特委根据中共中央和中共湖南省委的指示，在湘南各县城镇和乡村中恢复和建立了工会、农会及起义队、赤卫队等组织，为湘南暴动创造了条件。1928年1月中旬，朱德、陈毅率领南昌起义军余部2千多人，从粤北转至湘南宜章县境。此前，中共湘南特委已制定《湘南暴动计划》，于是，湘南特委所属宜章县委即向朱德、陈毅等汇报了宜章敌情。朱德了解到宜章县城敌人力量空虚，就提出了智取宜章的方案。由地方游击队领导下的胡少海（共产党员，出身豪门，身份没有暴露）以国民革命军第16军140团团副的名义，率领一支先遣队进驻宜章，在稳住宜章的上层统治者后，大部队随即跟进。为了不让反动头目逃脱，胡少海以"宴请桑梓父老"为名，对准备捉拿的人都送去请柬，并在宴前设下埋伏。1月21日下午，胡少海带领先遣队开进宜章县城，宴会在县参议会的明伦堂举行。酒过三巡，朱德落杯为号，起义军一拥而上，枪口对准县长、官员、士绅。与此同时，陈毅、王尔琢指挥起义军，以迅雷不及掩耳之势解决了驻扎在东山养正书院的团防局和警局，俘虏了400多人。紧接着，朱德下令打开监狱，放出被捕的革命者和无辜群众，打开仓库，把粮食分给贫苦的工农群众。许多青年踊跃参加起义军。智取宜章的胜利点燃了湘南暴动的烈火。湘南其他市县的农民也纷纷举行起义，起义军占领湘南十多个县，建立革命政权。工农革命军很快发展到1万余人。同年三、四月间，在国民党军队重兵进攻下，朱德、陈毅率起义部队撤离湘南地区，向井冈山转移，与毛泽东率领的秋收起义部队会师，创建了井冈山革命根据地，壮大了中国革命力量。

纪念馆陈列的史料集中反映了朱德、陈毅在南昌起义之后，率部分起义军进抵湘南策划智取宜章，以及相继组织郴县（现郴州市）、耒阳（现耒阳市）、永兴、安仁、资兴（现资兴市）等六个县的武装暴动，建立苏维埃政府，组建工农革命军和开展土地革命运动，一直到同毛泽东领导的秋收起义部队在井冈山会师的全部史料，展示图片325幅，实物186件，珍贵文献资料13件。

3. 参观汝城半条被子故事发生地旧址

半条被子故事发生地旧址位于湖南郴州市汝城县文明瑶族乡沙洲村，这是一栋面阔三开间两层砖木结构楼房，为汝城县乡土建筑典型代表，属湘南民居建筑风格。1934年11月上旬，中央红军突破第二道封锁线后，到文明司休整，卫生部驻沙洲村。三位女红军借宿徐解秀中，临走时，看见徐解秀家里连一条像样的被子也没有，就把自己仅有的一条被子送给徐解秀。徐解秀不肯收，女红军就把被子剪成两半，一半送给徐解秀。徐解秀说，"什么是共产党，共产党就是自己有一条被子，也要剪下半条给老百姓的人。"2016年10月21日，习近平总书记在纪念红军长征80周年大会上，饱含深情地讲述了汝城县沙洲村"半条被子的故事"。从此，沙洲村名扬四海，成为红色旅游纪念地。它体现的是军民鱼水情，彰显的是为民情怀。

参观完后，感慨万千。遂赋诗一首记之：半条被子，一片真情。长征路上，心系人民。军民互助，鱼水情深。立党为公，执政为民。百姓幸福，民族复兴！

传承红色基因，弘扬时代精神——关于2021年赴贵州学习考察的调研报告

张星萍

为深入贯彻学习党的十九届四中、五中全会和习近平总书记系列重要讲话精神，对进入新时代、贯彻新理念、融入新格局有更深刻的理解，我于2021年7月18日至22日赴贵州进行为期四天的考察学习。这不仅使我形成了对贵州历史文化和社会发展的基本认识，为今后思政课的讲授积累了丰富素材，而且在亲历贵州蓬勃发展的景象之时极大地增强了民族自信心和认同感。现将考察情况汇报如下：

1. 充分利用红色文化资源，助推地方经济社会发展

作为中国工农红军长征停留时间最久、留下遗迹最多的省份，贵州省的遵义、黎平、瓮安、赤水等地都有红军的足迹，而这一处处红色地标就是一个个生动的党史学习教育课堂，它们见证着中国共产党波澜壮阔的革命史、艰苦卓绝的奋斗史和可歌可泣的英雄史，向人们生动而直观地回答了中国共产党为什么"能"，展现着中国共产党为人民谋幸福、为民族谋

复兴的初心使命。在赤水河畔、险峻的天堑、震耳欲聋的险滩激流，追昔抚今，让人记起革命先烈的浴血奋战、艰苦奋斗，才有今天的繁荣昌盛；在遵义会议旧址，重温起我党走过的那一段艰难曲折的经历，"不忘初心，牢记使命"言犹在耳，沉重的历史责任感使人深感重担在肩。其中重点参访了遵义会议旧址，陈列馆内展示的大量文物、历史图片、文献资料等，生动地再现了红军长征的艰辛历程。据《红军长征史》记载："遵义会议一共开了三天，气氛紧张激烈，发言的声音很高，每天总是开到半夜才休会。"正是在这栋古朴庄重的两层青瓦楼里，毛泽东、张闻天、周恩来、朱德等革命者总结了第五次反"围剿"失败和长征初期失利的教训，纠正了以王明为代表的"左"倾冒险主义错误，从而挽救了中国工农红军和中国革命的危机，这也是中国共产党从幼稚走向成熟的标志。在陈列馆外面的小广场墙上赫然印刻着毛泽东同志的诗歌《七律·长征》，我同其他参观者一样静静站在前面在心中默念了一遍，一方面感受到"红军不怕远征难"的革命乐观主义精神，另一方面也体悟到红军克服长征路途中的艰难险阻后"尽开颜"的喜悦之情。沧海桑田，曾经横亘在红军面前的穷山恶水，在党的领导下，在人民群众的不懈努力下，既变成了"绿水青山"，又由于吸引了海量游客、带动了当地的经济发展，变成了"金山银山"。这表明红色记忆的追寻、红色基因的传承，既有利于弘扬革命先辈艰苦奋斗、勇往直前的大无畏精神，又借助红色旅游+体验的形式为当地经济注入新的活力。

2. 深入践行"两山"理念，坚持走内涵式发展道路

2005年8月，时任浙江省委书记习近平于在浙江湖州安吉考察时提出了"绿水青山就是金山银山"的科学论断。此后，他又在不同地方多次强调必须树立和践行绿水青山就是金山银山的理念，妥善处理经济发展与生

态保护之间的辩证关系，因为"良好生态环境是最普惠的民生福祉"。贵州地处西南边陲，其地多崇山峻岭，茂林修竹，加之奇特的喀斯特地貌，既有流水淙淙的清幽，又有激流险滩的奇崛，当地政府能够因地制宜，打造生态贵州这张名片。在参访这个位于贵州省贵阳市南郊、建于明洪武十年的青岩古镇时，我们发现古镇内不仅保存着大量明清建筑、亭台楼阁、雕梁画栋，而且其小桥流水的别致、鸟语花香的清幽也与周围的自然风景相得益彰。正因为没有破坏原有的建筑群落和生态环境，并以此为依托打造网红小吃、街头艺术、手工制品等特色文化，从而吸引着大江南北的年轻人争先恐后来打卡。除了利用优越的生态资源发展绿色旅游之外，作为遵义怀仁市支柱产业的白酒酿造行业持续推进"煤改电"项目，在酿酒过程中改用电锅炉而非煤锅炉加热水。相较而言，"电酿酒"几乎不产生废气废水且安全性能更高，在不产生废水的同时保证了酒的质量，从而实现经济发展与生态保护之间的良性互动，这生动地体现着贵州近年来坚持践行"两山"理念、推动生态经济的转型发展。在考察调研的过程当中，有两处细节让我印象深刻：一是当地民风淳朴，待人热情，即便是路边的小摊，老板的一包小赠品、一杯免费水，都能使人感受到来自陌生人的温暖和善意，真有宾至如归的感觉；二是当地严格执行疫情防控的各项规定，尽管大部分游客都能配合当地的志愿者，但仍有部分人不遵守规定，志愿者坚持原则，按照规定，不放过任何一个隐患，让我们旅途踏实而安全。我们也真切地感受到贵州的生态之美，虽然有其得天独厚的自然景观和人文景观，但更是由于这些默默付出的劳动者，才让生态贵州"旧貌换新颜"，脱贫致富，共奔"小康之路"。

3. 尊重各少数民族的风俗，不断推进民族团结事业

贵州是中国西南边境省份，同时也是多民族聚居地。其物产的丰富

性、族群的多样性、风土人情的复杂性等，无不体现着贵州"多彩"的特点。在贵州省博物馆参观时了解到其建筑造型脱胎于侗族鼓楼，而"多彩贵州"也在现代技术的支持下变得鲜活起来，风土人情也表现得淋漓尽致。相比于其他地方的博物馆，它的特色在于展示全省境内少数民族族群的多样性——如各少数民族的传统服饰各色各样，其服色亦是"多彩贵州"之体现；同时在展现各少数民族历史和现状的过程中升华为民族大团结的宏大主题。我们注意到在馆内陈列的展品（如劳动工具、婚庆用品）中，许多是同中原地区器物极其相近的，通过文字介绍方才发现系民族融合的产物。一方面，贵州境内少数民族族群在叙述其历史的时候往往会追溯到源头，其祖先往往祖居中原大地，而后跋山涉水、迭经迁徙、定居贵州。以苗族为例，他们在书写其民族历史的时候往往认为其系蚩尤苗裔，被黄帝大败之后逐渐南迁。这表明少数民族高度认同自己作为华夏民族一分子，这样一种的历史书写也让各族人民增加对于中华民族的认同感，从而增强了国家的向心力。另一方面，新中国成立后，中国共产党把坚持民族平等、民族团结和各民族共同繁荣发展作为基本原则，为少数民族制定文字、为其设置民族州县，宽松的民族政策使各少数民族逐渐走出贫穷落后的境地。在清代绘就的民族图像中，称呼少数民族族称时多用蔑称。新中国成立后，这些蔑称统统通过改换文字的方式，给予各少数民族以应有的尊重。政治上提升其地位、经济上提高其收入、文化上予以理解和尊重，西南各少数民族拥护我党的领导，良有以也；西南边境之所以稳如盘磐，良有以也。

恰逢建党100周年，所到之处，庆贺建党百年的红色条幅挂满了大街小巷，让多彩贵州更加绚烂多彩之余，洋溢着节日的欢乐和普天同庆的氛围。如今的贵州，政治清明，经济繁荣，人民安居乐业，是我们祖国繁荣昌盛的体现、更是各民族勠力同心结出的累累硕果。

传承红色基因，弘扬时代精神——关于 2021 年赴贵州学习考察的调研报告

附件：

参观遵义会议会址	《七律·长征》诗碑
青岩古镇的建筑	拾级而上偶遇彩虹
贵州省民族博物馆	环境优美的花溪公园

图 22-1　调研的部分照片

研修报告：云梦县传统文化开发利用现状研究

张学鹏

本人赴湖北省云梦县进行传统文化开发利用与保护课题调研，主题为：传统文化资源开发利用与保护现状研究

调研成果具体如下：

一、传统文化开发利用现状

（1）中国共产党是建设中国特色社会主义事业的领导核心，中共要领导并长期推动传统文化的保护与复兴。党要加强执政能力建设，特别是要不断提高建设社会主义先进文化的能力。党要坚持并完善科学执政方式，健全民主集中制，推动党在推进传统文化的保护与复兴上的决策的科学化和民主化。党要积极制定并颁行有利于推动传统文化保护与复兴的意见和决定。

（2）政府要积极引导传统文化与市场经济制度相适应，加大财政投

入，培养能够传承传统文化的人和民间团体。要制定传统文化的保护、开发与复兴战略，扎实稳步推进战略决策的落实。要加强立法，提到立法的质量，运用法律手段推动传统文化的保护与复兴。要加强宣传、教育，提高行政效率，彻底突破制约传统文化保护与复兴的观念、做法和体制等瓶颈。要坚决打击假借传统文化之名宣传封建、资本主义落后意识的人和组织，及时向人民群众释清保护与复兴传统文化的原因和意义。积极实施"走出去"战略，向海外人民推广中国的传统文化和价值观。

（3）全社会要形成以中国传统文化为荣的观念，坚持了解传统文化，自觉抵制西方落后思想和意识的侵蚀。要积极宣传传统文化，提升传统文化的知名度和认可率。要自觉学习并推广、传播传统文化，坚持用传统文化规范自己的行为，切实做到"立德立功立言"。在市场经济中，积极开发与传统文化相关的产品，提升传统文化产品的市场竞争力。要延长传统文化的产业链条，对传统文化要深加工、细加工，扩大其市场份额。要不断丰富传统文化的内涵，坚持发展创新，坚持与时俱进。

二、各级党委、政府的高度重视是做好民族传统文化传承与保护工作的前提

（1）在开展民族传统文化传承与保护工作中，将民族传统文化保护与传承纳入各级党委、政府的规划之中，经费列入财政预算，职能部门尽职尽责，使文化遗产保护工作得到有组织、有计划、有目的的开展。只有把民族传统文化的传承与保护工作列入重要议事日程，并积极规划实施，才能充分调动各有关部门的工作积极性和主动性，切实认真组织做好民族传统文化的传承与保护工作。实践证明，各级党委、政府的高度重视是做好民族传统文化传承与保护的前提条件。

（2）合理开发利用物质文化遗产，以传承为核心，以产业为纽带，培育一批物质文化遗产产业市场，实现物质文化遗产的振兴价值。通过实施文化经济政策促使民间艺术，特别是手工艺生产企业走向市场，吸引社会资本投资与开发物质文化遗产产业，促进物质文化遗产产业的发展。积极支持开发民族民间特色产品。

三、存在的困难和问题

云梦县的民族传统文化传承与保护工作，虽然取得了一定的成绩，但随着经济全球化趋势和现代化进程的加快，一些新的问题也逐渐产生，如流失严重、后继乏人、投入不足、资金紧缺、人才匮乏，受外来文化的冲击，缺乏保护意识等。当前，民族传统文化传承与保护工作面临着诸多需要解决的困难和问题。

（一）对民族传统文化传承与保护工作的重要性认识有待进一步提高

民族传统文化是不可再生的珍贵资源，是民族智慧的结晶，需要各级党委、政府、各行各业、社会各界的备加关爱和保护。在调查时发现，民族传统文化传承与保护工作中还存在重视不够和工作不到位的问题，许多工作还停留在申报、命名和调查材料的存档上，工作相对滞后，一些珍贵的文化遗产已处于濒临消失的境界，文化生态正在发生巨大变化，文化遗产及其生存环境受到严重威胁。

（二）民族传统文化的抢救、保护、传承形势十分严峻

（1）缺乏整体性的保护规划。民族文化的传承与保护工作，由于涉及的部门多，加之没有统一的规划，造成一定程度上的资源浪费。

（2）非物质文化遗产生存环境急剧恶化，依存于独物时空以口传心

授方式传承各种文化艺人、技艺、民间习俗等文化遗产已在不断消失。

（3）在经济全球化的趋势中，民族传统文化受到了极大的冲击，民族民间文化（如民居、雕塑、民族民间设施、工具、服饰等）有失去原有的文化性和独特风格之趋势。尤其是以旅游业和文化产业发展为导向的文化资源的开发，对传统民族文化的保护产生了不可忽视的负面影响，值得认真关注。

（三）资金投入严重不足

近年来，各级政府虽然对民族传统文化的保护和研究产生了重视，但由于财政困难等诸多因素的制约，对传统文化传承与保护方面的投入严重不足，制约了传统文化发展，特别是一些少数民族民间传统文化挖掘、保护、研究、开发工作无法实施。

（四）缺乏专业技术人才

文化遗产传承与保护工作是一项重大的社会系统工程，它不仅需要政府各职能部门和全社会的关注，更需要一支专业技术精湛的人才队伍。从事民间文化的职业人员，特别是具有一定业务理论水平和工作经验的文化专业人才缺乏，文化遗产保护与传承工作水平有待进一步提高。

（五）宣传力度还不够大

相关媒体对非物质文化遗产的生存状况、搜集整理、保护工作等方面的宣传力度还不够大，特别是对有关文化遗产的保护法规和政策，保护文化遗产的重要意义的宣传，在广度和深度上还不够。人民群众对文化遗产保护与传承工作缺乏应有的共识，从而破坏文化遗产的违法行为时有发生。

四、传统文化传承与保护工作的建议

传统文化是人类文明的瑰宝，是各民族的宝贵财富。人类文明只有代代相传，才能不断丰富发展，只有相互交流，才能文物化成。加强对传统文化的传承与保护，不仅要保护，也要继承发扬和创新。关键在于各级领导及相关部门的认识和重视程度，要实行依法保护，利用现代手段将文化创新与文化产业结合起来，加强民族传统文化的教育，利用各种媒体加大宣传力度，在全社会形成保护传统文化的良好氛围。针对当前在传统文化保护与传承工作中存在的困难和问题，提出如下意见和建议：

（一）建立长效机制，加大工作力度，明确责任，着力解决好传统文化传承与保护中的突出问题

1. 文化保护与传承，立法先行

如何以立法的形式加强对传统文化的保护与传承，把优秀的传统文化逐步纳入法治化管理保护的轨道，这是当前十分紧迫的工作任务。中央、省政府都相继出台了有关文化遗产传承与保护的法律法规。建议县委县政府：一是成立由政府党委分管领导挂帅，相关部门人员为成员的市县文化遗产保护领导小组。定期研究文化遗产保护工作的重大问题，统一协调文化遗产保护工作，加强领导，落实责任。二是抓紧制定和起草与文物保护法等法律法规相配套的地方性保护办法，严格依照保护文化遗产的法律、行政法规办事，依法抵制和制止违反有关法律、行政法规的决定和行为，严厉打击破坏文化遗产的各类违法犯罪行为。

2. 采取切实有效措施，加强对民间艺人的保护，做好传承工作

民间艺人一直是传承民间传统文化的主要载体。建立文化传承人（继承单位）认定和培训机制。通过艺人命名，帮助扶持、保护等形式，制定

好对传承人的激励机制。解除传统单一保守的传承方式，定期或不定期举办培训班，加强培养民间艺术后备队伍，使文化传承工作做到后继有人，永不失传。

3. 正确处理好开发与保护的关系

在处理民族传统文化保护与开发利用关系上，坚持以习近平新时代中国特色社会主义思想为指导，认真贯彻"保护为主、抢救第一、合理利用、加强管理"和"保护为主、抢救第一、合理利用、传承发展"的方针；做到政府主导、社会参与，明确职责、形成合力；长远规划、分步实施，点面结合、讲求实效的原则，将合理开发利用摆到更加突出位置，把文化遗产的保护更好地与现代经济社会的发展结合起来，使之融入现代经济社会生活，在开发中加强保护，在利用中加快发展，确立可持续发展的思路，合理利用开发。充分发挥文化遗产在构建和谐社会、增进民族团结、维护祖国统一、丰富人民群众精神文化生活、促进经济社会发展中的重要作用。

（二）加大资金投入

要把保护和传承民族传统文化工作作为社会主义现代化建设的重要内容，纳入国民经济和社会发展规划及新农村建设总体规划，将传统文化保护与传承所需经费继续纳入地方财政预算，并逐年加大投入，同时调动社会团体、企业和个人参与文化遗产保护的积极性，多渠道募集资金抢救保护、传承和开发民间文化资源。对其进行整体保护，以保存历史记忆，加以传承和弘扬。

双因素理论视角下我国高校教师激励机制存在的问题及对策
——基于部分高校的调研分析

周术国

双因素理论是西方经典激励理论之一，已经被广泛应用于现代管理科学领域。将双因素理论应用至高校教师队伍的建设与管理中，进而建立起科学合理的激励机制，无论对于促进教师自身的专业发展，还是提升高校教科研管理水平促进其稳步发展，无疑都具有重要的理论意义与实践意义。

一、双因素理论的基本内容及重要意义

（一）双因素理论的提出

20世纪50年代，以二百余名金融从业者与技术类职工作为样本，著名心理学家弗雷德里克·赫茨伯格开展了一项关于工作满意度的调查访问。调查访问运用了对照分析的研究方法，即要求调查对象分别总结其在职业中感到满意与不悦的部分。通过提炼归纳样本的访问结果，赫茨伯格总结出了两类与员工职业满意度直接相关的因素，并将其命名为保健因素与激励因素。不同于其他激励理论，双因素理论不仅肯定了保健因素的基础激励作用，同时也强调了激励因素在调动员工工作积极性方面的效用，其核心观点对于正确处理保健因素与激励因素之间的关系具有示范作用。

（二）双因素理论的内涵

激励因素指的是能激发人们产生积极情绪的因素，其主要包括工作成就、工作责任心、成长机会等与工作内容本身直接相关联的因素，因此也被称为"内部因素"[1]。当员工可以从工作中取得成就感与实现自我价值的提升时，其源自内心的工作动力与积极性则会得到极大程度的激发。工作中存在的挑战、取得的成就或有趣的工作内容等都有助于员工在工作中获得收获感与成就感。然而，员工对工作的热情与其工作的完成度之间并不存在必然的联系。换句话说，即当员工对工作的内在热情无法被充分激发或无法从工作中取得成就感时，其完成必需的工作量并不一定会受到相关影响，其仍然可以通过得到一定的工资薪酬来维持自身的生活。由此，激励因素的缺位并不会导致员工产生较大的不满情绪。

保健因素指的是那些给人们在工作中带来负面情绪的因素，其主要与具体工作环境、工作条件有关，因此也被称为"外部因素"，例如薪资福利待遇、管理规章制度、办公条件与环境等这些不属于工作内容本身的因素。当管理者对这类因素处理不当时，员工的基本物质生活需求无法得到保障并且容易产生不平衡感，从而其工作积极性将会受到严重打击。但是这类因素同时也是预防性的，如果得到满足则能够预防工作中消极不满等负面情绪的出现。然而，在提高员工的热情和积极性来使他们创造出对企业有利的价值方面，保健因素仍存在较大的局限性。

保健因素与激励因素之间不是绝对对立，而是既辩证又统一的关系。保健因素是激励机制的基础，而激励因素则是激励机制发挥作用的关键着力点。首先，激励机制应当保障员工对于工作基本的积极性，因此管理者需要保障或者完善工作中的"保健因素"。其次，为了进一步挖掘并提高员工的工作积极性，管理者同样需要重视"激励因素"的满足。当激励机制中的"激励因素"与"保健因素"各有侧重、相互配合并共同发挥作用时，才能全方位、多层次地激发员工积极性，从而为本企业创造最大的效益。

（三）双因素理论的重要意义

在经典管理学中，报酬是驱动员工最为有效的激励方式。但随着生产力与生产水平的迅猛发展，人们的物质生活越来越丰富，相应金钱的激励作用也随之急剧下降。在这一时代背景下，双因素理论应运而生。双因素理论为激励理论的发展提供了一个新的视角。它表明，仅仅依靠物质奖励不足以充分激发员工的工作积极性，更重要的是要注重结合物质与工作内容本身带给人的激励作用。这一理论很好地适应了新形势对于激励理论的需求，为管理者制定更为科学的激励机制提供了清晰的理论思路与实践指导。

二、双因素理论视角下我国高校教师激励机制存在的主要问题

保健因素与激励因素在激励机制中从两个互补的维度相互配合，共同激发人们的工作动机。因此在分析高校教师的激励现状时也应该从这两个层面出发，以探寻当下激励机制的不足与困境，从而找到更好的解决办法。

（一）在保健因素方面

1. 工资福利待遇有待于进一步提高

近几年一些针对高校教师收入状况的调查研究结果显示，我国不同地域、不同层次、不同专业之间的高校教师收入待遇差别极其明显。我国高校教师尤其是青年教师的待遇水平整体上处于社会中低水平，存在着很大的提升空间。高校教师属于高学历、高智力、高能力的群体，其求学期间付出的时间、金钱成本往往大大高于大多其他职业人员。因此，极大部分高校教师都希望在工作以后能够快速地回收前期投资，享受与其学术价值与工作能力相匹配的高薪酬、高待遇。在此背景下，高校教师群体一般都对薪酬待遇有较高的心理预期。如果薪酬水平低，无法与其个人价值相匹配，一方面会导致教师产生心理落差，另一方面则会影响其工作积极性和投入程度，像比较常见的兼职"走穴"现象与此不无关系。并且就培养人才而言，若高校长期无法为教师提供令其满意的薪酬，即使是名校，也难以吸引优秀人才加入，而且现有的优秀人才也会不断外流。

2. 考核评价制度不够科学合理

目前，科研考核与教学考核是高校考核教师的两个重要方面。然而在实际工作中，高校管理者们却常常重视科研，忽视教学。为了鼓励科研，学校常常把教师的科研成果与其薪酬待遇、职业发展等指标挂钩。各大高校都把科研当作考核教师的主要指标。相应地，教师们为了完成科研任务量，只好压榨教学应该投入的时间和精力来从事科研工作。申报课题、写论文成了高校教师的主要任务，而教学沦为"副业"，处于次要地位，对教学质量、水平与绩效的考核常常简单地量化为工作量。长此以往，不仅学校的教学质量会受到严重影响，科研工作也终将会陷入一种"内卷化"的困境。有的高校虽然制定了教学考核评价制度，但往往是"重处罚轻激励",缺乏较为科学的评定指标体系,教师的教学水平很难得到客观全面的评价。

(二)在激励因素方面

1. 对精神激励的重视程度不够

原复旦大学党委书记秦绍德教授曾经指出:"目前,我国高校教师管理的激励实践中,各高校不同程度地存在着重物质性的激励,轻精神性的激励等一系列弊端。"[①]一方面,近几年高校为了吸引和留住优秀的人才,总把高待遇当作吸引教师的法宝。诚然,高收入高待遇能满足高校教师的物质需求,却忽略了人文精神、奉献精神、职业发展、环境建设等精神层面的激励作用。如若这种模式长期发展,势必会滋生出急功近利的科研风气。一些教师为了追求短期利益,不仅对待教学态度敷衍,还倾向于在科研上选择时间短、出成果快的项目,回避基础性的深度研究。若长期如此,我国学科研究的深度、广度及创新性将陷入不可回避的发展困境。显然,这种重物质、轻精神的激励模式很不利于国家、学校与教师个人专业成长的可持续发展。另一方面,目前教师与管理者在精神情感的交流上常常缺乏平等有效的沟通,导致管理者无法深入了解教师的精神世界、精神诉求,教师也缺乏向管理者表达精神需求的渠道,双方之间存在一定程度的沟通"黑洞"。此类情境将导致教师的内生动力得不到有效激发,工作上也容易产生职业倦怠。

2. 为教师提供的发展空间不足

为员工提供学习和发展的机会是精神激励的一个十分重要的方面。从

[①] 傅晓敏. 高校教师激励实践中存在的问题及对策[J]. 青海师范大学学报(哲学社会科学版),2007(2):152.

整个教师接受培训的情况来看，虽然国家越来越重视高校教师的培养工作，并逐年加大相关经费投入，但是相应的培训机制并未得到完善，实效性并不高。一些高校对教师的培训缺乏科学的总体规划，培训的随意性极大，难以满足教师自身专业发展的多样化、个性化需求。一些培训缺乏实用性与针对性，未能将学习内容与教师的教学实践和科学研究很好地结合起来，使得参加培训的教师无法在培训的过程中真正学到对自身发展有用的知识，这在一定程度上也影响到教师教学学术水平的提高。此外，一些不合理的职称晋升制度，如比例指标限制、论资排辈等现象，是教师提升专业发展空间的"绊脚石"，很容易挫伤教师的工作积极性。

三、双因素理论对完善我国高校教师激励机制的启示

（一）建立科学合理的薪酬福利制度

薪酬福利是高校教师赖以生存与发展的重要保障，也是激励教师努力工作的最重要手段。只有保障好这个物质基础，才能增强教师们的稳定感，充分调动教师积极性，使他们更好地从事教学科研工作。因此，高校应该着力于建立科学合理的薪酬福利制度，充分发挥其激励作用。岗位工资、薪级工资以及绩效工资三部分组成了我国高校教师的薪酬来源。其中，固定基础部分是岗位工资与薪级工资，这两项是由教师的岗位职称与工作年限决定。而绩效工资则主要由工作量与实际贡献来决定，该部分工资比较灵活，故决定教师薪酬差距的主要因素就是绩效工资。[2]因此，管理者应该根据教师对于教学科研的实际贡献程度，坚持讲求效率、兼顾公平的原则有效调节教师的薪酬差距，将薪酬差距控制在一个合理的范围内，使每个岗位上的教师都能拿到其自身感到满意的薪酬。其次，管理者应该建

立与 GDP 增速相匹配的薪酬福利制度。如果教师的薪酬福利增长速度低于 GDP 的增速，教师的生活质量将受到严重的影响，进而会分散教师的注意力，使其无法全身心投入教学科研工作。

（二）制定与完善高校教师发展性评价机制

发展性评价机制是一种借助发展性评价手段，从价值维度综合测评教师的工作量、工作绩效以及综合素质水平，从而促使教师通过相应活动不断发展提升自我的评价机制。建立高校发展性评价机制的首要任务是对教师进行全面评价，包括教师的职业道德、文化水平、教学与科研能力、创新与科研精神等方面，而不是仅仅评判其教学与科研成绩。教师在学生的学习生涯中扮演着极其重要的角色，其不仅仅向学生传授知识，更重要的是培养学生形成良好的道德观与价值观。因此，管理者一定不能仅依靠教学科研成果等指标来单方面评判教师的工作，而是应该结合思想品德等综合要素来全面地评价教师。再者，管理者应该注重教师评价机制的信息反馈工作，帮助教师从中提高并完善自身的教学科研能力。就教学评价机制而言，目前高校对于教师教学的评估工作大多仅仅依赖学生每学期的线上打分。该方式很难客观反映教师的教学水平。基于此，管理者可以采用多种评价手段展开评估工作，例如教师之间的互相评价、教学督导的听课评价等。通过多维、全方位的评价使教师对于自己的教学有一个更为客观的了解。在此基础上，管理者可以帮助教师制定相应的个人改进计划，激励其不断提升教学水平。

（三）建立健全教师常态化培养培训机制

教师的职业特点决定了其需要不断地更新与扩充自己的学识储备以适应现代教育发展的需要。高校应建立教师培养培训常态化机制以保证教师通过不断接受继续教育来提升专业技术能力。首先应制定相关激励政策以促使教师更加积极、主动地参加培养培训活动，如参加国内外的进修、访学、合作科研等。其次，高校要为教师参与培养培训活动提供便利条件，如充足的资金支持、酌情减少工作量等。最后，高校应该注意提高培养培训的效率与质量，保证能够精准地满足教师们的学习需求。依据不同的年龄、不同的职称层次、不同的需求，高校可以设置不同的培训类别，例如全日制或非全日制培训班、校内外进修班等多种形式，以保证教师参加更具针对性以及专业性的培训。

（四）注重发挥好内激励的重要作用

激励又可分内激励和外激励两种形式。"所谓内激励是指由内酬引发的，源自工作人员内心的激励"[①]，"与外激励相比，内激励有其独特的优势。在高校教师管理中强化内激励，能够使激励的效应更加直接、充分、持久、经济"[②]。因此，在高校教师的激励管理中，不仅要运用好工资、奖金、福利待遇等外激励手段，还要注重实施内激励策略，充分发挥好内激励的优势，最大限度地激发教师潜能。比如，在荣誉性激励方式上，可以为贡献突出的教师颁发荣誉称号或举办相应表彰活动等，该激励形式有助于从精神层面勉励教师，帮助其在工作中收获成就感与被认可感。更重要的是，此类激励形式还有助于鞭策其他教师，从而营造一个良性的竞争氛围。还如，在尊重激励方式上，学校在制定涉及教职工切身利益的政策和规定时，一定要采取多种形式广泛听取教职工的意见和建议，尊重每一位教师的发

---

① 覃德玺.论人事管理中的内激励机制［J］.太原科技，1999（6）：16.
② 王学东.论强化内激励与提高高校教师工作积极性［J］.扬州大学学报（高教研究版），2005（5）：26.

言权,这样能让教师真真切切地感受到来自工作本身的被尊重感、责任感与幸福感,深深认识到自身与学校命运共同体的关系,工作热情和积极性自然而然就会被最大限度地调动起来。

参考文献：

[1] 华铮. 双因素理论视角下优化科技人力资源激励路径研究［J］. 财经界(学术版),2020（13）：246-248.

[2] 穆玉清. 我国民办高校人才流动现象研究——基于双因素理论的视角［J］. 中国经贸导刊,2020（8）：153-154.

襄阳市红色教育基地调研报告

金一鑫

习近平总书记《论中国共产党历史》中，收录了多篇他到革命老区和革命圣地考察讲话摘要。无论是在井冈山、古田、延安、西柏坡等革命圣地，还是在大别山、陕甘宁等革命老区，习近平总书记都高频度地讲到了红色基因这个关键词，多次强调要把红色资源利用好、把红色传统发扬好、把红色基因传承好。红色教育基地是传承红色基因、弘扬革命传统、建设精神文明的主要阵地，是弘扬和培养民族精神的"活教材"。加强爱国主义教育基地建设是中共中央国务院《新时代爱国主义教育实施纲要》和中共中央《关于进一步加强和改进学校德育工作的若干意见》提出的一项重要工作。作为中共党员、高校思政课教师，从红色基因中汲取奋进精神，不仅是作为一名党员原生态的"血统"传承，更是思政事业的"传统"赓续。

这个暑假，我通过书面调查、实地考察等方式，对襄阳市爱国主义红色教育基地的建设、管理和使用现状进行了调研。现将情况报告如下：

一、襄阳市爱国主义教育基地基本情况

襄阳市共有各级党委和政府命名的爱国主义教育基地53家，其中国家级1家、省级7家、市级14家、县级31家。主要包括张自忠纪念馆、李宗仁长官司令部旧址、襄阳博物馆、襄阳烈士陵园、襄阳革命烈士纪念馆，等等。襄阳爱国主义教育基地类型多样：有以襄阳市烈士陵园、萧楚女纪念馆为代表的弘扬爱国主义、开展革命传统教育的基地；有以张自忠将军纪念馆、国民党第五战区李宗仁长官司令部旧址为代表的见证国共合作、共御外辱的历史遗迹；还有以薤山革命历史遗址群落、红石岩抗日遗址为代表的大革命时期的遗址等。近年来，襄阳市完善了多处基地参观设施，整理了较为完备的史料，搜集了较多的实物。每年清明节、"七一"建党节、"八一"建军节等重大节日和纪念日，广大学校、机关单位和社会团体都开展缅怀革命先烈、参观革命遗址等爱国主义教育活动。这些基地在推动全市思想道德建设、弘扬和培育民族精神方面发挥了积极作用，取得了较好成效。这个暑假，我主要考察了如下几个基地：

（一）襄阳市革命烈士陵园与革命烈士纪念馆

襄阳市革命烈士陵园是1950年为缅怀在解放襄樊战役中英勇牺牲的先烈们修建的。园内有烈士纪念碑一座，碑后建有革命烈士墓，墓中安葬的是解放襄樊战役中英勇牺牲的103位无名烈士以及大革命时期、土地革命战争时期牺牲的先烈们的遗骨。半山腰安葬有社会主义建设时期因公牺牲的先烈。园内还建有烈士亭等10多处建筑物。

襄阳革命烈士纪念馆是烈士陵园的重要组成部分，位于烈士陵园广场东南侧。纪念馆于2001年启动，投资650万元，建成两层耗资450万元，进行了襄樊战役布展。襄阳革命烈士纪念馆共展出照片120余幅，文字资

料30余万字，文物20余件，全面展示了襄樊战役的历史背景和战役经过。襄樊战役史迹陈列展厅分三个部分，通过大量真实的照片、实物反映了当时的战略背景、战役经过等历史史实，并运用现代高科技的声、光、电等手段模拟再现了当时的历史场景。襄樊战役被朱德总司令赞誉为"小的模范战役"，这场战役于1948年7月2日打响，历时14天，共有719名战士献出了生命，7月16日，襄樊解放。

襄阳市革命烈士陵园于1988年12月被湖北省人民政府公布为湖北省重点烈士纪念建筑物保护单位；1995年3月被湖北省人民政府公布为湖北省爱国主义教育基地。

（二）萧楚女纪念馆

萧楚女纪念馆位于襄阳市襄城区内环路15号昭明小学院内西南角，是一座沿东西轴线布局的庭院式建筑，占地面积228平方米。纪念馆为传统四合院结构，灰墙灰瓦、红门红窗、风格古朴典雅，环境肃穆安静。我党早期的无产阶级革命家、杰出的马克思主义理论家、中国共青团创始人之一萧楚女曾于1920年和1924年两次来昭明小学，即当时的湖北省立第二师范学校执教。

纪念馆设置萧楚女生平简介、革命事迹厅、襄阳活动厅和校史陈列厅等，主要存放萧楚女进行革命活动的相关文物、照片、手稿等200余件物品，真实再现了萧楚女烈士短暂而光辉的一生，形成"景观式的爱国主义教育基地"，让游客在此受到强烈的爱国主义教育。2012年12月，该纪念馆被评为国家2A级旅游景区后，促进该基地进一步弘扬爱国主义教育精神，激发广大人民群众的爱国情怀，营造浓郁的爱国爱城爱人民的积极氛围。

（三）襄阳市博物馆

襄阳市博物馆现馆址为昭明台，位于湖北省襄阳市襄城区北街1号。始建于南北朝，是为纪念编撰了我国最早的诗文总集《昭明文选》的南朝梁昭明太子萧统而修建，一直以来都是襄阳城内的标志性建筑，被誉为"城中第一胜迹"，1973年被毁。现存建筑是1992年在原址复建的，2006年市委市政府将昭明台收回作为过渡性博物馆馆舍。

馆舍占地面积4 202平方米，建筑面积9 739平方米，展厅面积3 200平方米，库房面积1 200平方米，共七层，其中地下室有会议室、学术报告厅，一层为序厅、接待服务中心，二、三层为基本陈列展厅、文物库房和办公室，四、五层为临时展厅，六层为图书室。

博物馆于2008年12月28日起正式对外免费开放，以基本陈列、临时陈列为基础，承担襄阳市对外宣传悠久历史文化的任务。现提供的服务包括：免费接待来馆参观者，为他们进行咨询、导览、寄存、义务讲解；每年利用国际博物馆日和文化遗产日为市民藏品免费进行鉴定，日常时间为文物爱好者或收藏家、拟捐赠文物或标本者提供咨询；依托文物资源开发文化旅游纪念品，销售相关旅游商品等；为相关单位的交流、研究提供资料；根据需要为收藏单位或个人保管藏品；承担对外的各种金属文物修复、复制。

二、襄阳市爱国主义教育基地的特色

（一）旅游景点与爱国主义教育基地结合

1. 体现科学合理性原则

科学合理原则是爱国主义教育基地开发建设的关键，要结合地域自然人文景观和重大工程，科学规划、合理开发建设。结合本地自然人文景观，系统梳理传统文化资源，将文化和旅游融合发展，侧重推动红色旅游内涵式发展。

上述三处教育基地体现了这些原则：烈士陵园、襄阳烈士纪念馆位于羊祜山，羊祜山建有行走绿道、森林公园，是襄阳市民日常选择的休闲健身地点之一，在此地建设红色基地，使红色旅游与日常休闲相互结合，相互促进。

襄阳市博物馆位于襄阳市樊城区北街昭明台，是襄阳"城中第一胜迹"，来此地旅游之人络绎不绝，博物馆这一红色基地与人文历史景观相融合，推动了红色旅游内涵式发展。

并且，这两处红色基地依托自然旅游景观与人文旅游景观，文化内涵和服务水平得到很好的保障，既凸显了教育功能，又使红色旅游的文化内涵和服务水平得到保障。

2. 体现差异性原则

襄阳市红色基地结合参观对象的不同，依年龄和身份的不同，积极发挥基地作用。突出革命传统教育，在陈列内容上根据不同层次人群需求，不断推陈出新，丰富展出内容，增加实物展品，同时引进VR技术进行虚拟现实场景体验。同时，侧重对大学生、少年儿童的爱国主义教育，积极利用传统节日、重要节庆日、特殊节点，与驻军部队、教育部门和大中小学校建立共建合作关系，定期定量组织大中小学生参观博物馆、纪念园等爱国主义教育基地。尤其是萧楚女纪念馆，其位于襄阳市重点小学——昭明小学校园内，十分方便该校以及周边学校师生学习历史传统，继承红色血脉。

三、襄阳市爱国主义教育基地存在的问题及可能的解决策略

（一）相应软件配置不够

襄阳市红色教育基地虽然提供了较多的硬件设施，比如历史文物展览、多媒体展播等，但是相应的人力资源投入较少，缺少工作人员对红色故事、红色历史文物的相关讲解，不能做到有针对性地说明。因此软件内容的选择和建设方面需要注重教育氛围的营造，使软件内容能够在内容的丰富性、指向性和针对性方面达到爱国主义教育要求，并且在特殊内容的选择上与思想政治教育相结合，保证爱国主义教育能够有效地、合理地完成相应教育目标。在具体工作上，可以采取对志愿者的征召和利用，加强对志愿者的培训工作，其中包括专业知识培训和思想政治教育，并为志愿者提供服务证书，等等。通过志愿者的讲解，让中小学生以及市民更深刻地接受红色教育。

（二）宣传力度不够

襄阳市具有丰富的爱国主义教育资源，可以为不同层次的群众提供红色教育，但是受众面并不广泛。受众主要是已经有意识、主动了解红色历史的人群，以及学校师生。在互联网时代，红色基地可以加大网络宣传力度，发挥互联网的独特优势。例如，爱国主义教育地基建设和完善门户网站，将基地内的主要环境、设施及教育主线放到门户网站上，积极传播爱国主义教育，吸引更多市民前来参观；还可以将与教育机构的合作活动图片、视频、成果发布到网站上，吸引其他教育机构开展合作教育。此外，还可以开设"爱国主义教育微信公众号"，定期推送场馆内的活动日期与宣传片，组织学生自主参与爱国主义教育活动，等等，将丰富多彩的内容呈现给大众，吸引更多的人主动了解红色历史，推进红色教育工作。

实践研修报告：鄂西南古村落的历史及现状调查

吴雪梅　黄　晴　黄　艳

（本报告包含调研单位、天数、地点、调研主题与内容、调研成果、心得等）

一、调研概况

2021年7月25日至8月5日，由吴雪梅及研究生黄晴等组成的中南财经政法大学马克思主义学院思想政治课研修小组奔赴湖北省恩施州，针对"鄂西南古村落的历史及现状调查"进行了共12天的考察。主要了解了恩施市二官寨村旧铺和小溪聚落、咸丰县王母洞、宣恩县庆阳坝村等古村落以及咸丰县小村乡的历史和社会现状。通过这次调查，不仅搜集到了有关鄂西南古村落的大量历史文献资料，更是对当前乡村社会现状有了更深的体悟。

二、调研成果

（一）搜集了大量有关鄂西南地区乡村社会的地方史料，有助于进一步的深入研究

本次调查通过走访恩施市史志办、咸丰县民宗局等部门，搜集和整理了大量的地方史料，包括：《宣恩县志》《宣恩县民族志》《咸丰县志》《咸丰县地名志》等地方文献资料，而且搜集了大量的家谱和碑志材料，这些地方文献资料有助于学界对鄂西南乡村社会治理史进行更深入的研究。

（二）对鄂西南的古村落有了更深入的认识和了解

在鄂、湘、渝、黔毗邻的武陵山区，分布着数以千计、风格各异的土家族传统聚落，分布在平坝、河谷、丘陵、盆地及高山地区，有着鲜明的地域文化特色。对这些古村进行调查和研究，对于展开对湖北乡村社会治理以及传统文化的开发与利用、对民族文化的传承与发展有着重要的意义。这里比较有代表性的聚落包括宣恩彭家寨、恩施二官寨小溪村、恩施崔家坝滚龙坝村、龙山洗车河、永顺王村、花垣茶峒等。本次主要选取了鄂西南的恩施市二官寨村旧铺和小溪聚落、咸丰县王母洞、宣恩县庆阳坝村进行了调研。下面以二官寨村为例进行说明。

二官寨村位于今恩施市盛家坝村，距恩施市区约45千米，距盛家坝乡集镇约18千米。相传清代咸丰年间，恩施知县任海宴曾会同昔在新疆为官的康明达一同在此断过唐天成、张文耀争田界纠纷案，"二官界"因此得名，后因兵燹筑寨，更名"二官寨"。下辖的旧铺、小溪两个聚落目前仍保存着完好的土家族民居建筑群。

旧铺位于马鹿河上游，平均海拔700米，保存有完好的100多栋土家吊脚楼群。该聚落90%为康姓人家，另有曹、王、留、陈等姓氏。据《康氏族谱》记载，恩施康氏源于湖南新化，盛家坝康姓属于理华房后裔。乾隆年间，康家第十八世祖康兴守落户于"九龟寻母"之地舍田，修筑旧铺古寨。后家业日渐鼎盛，其长子康光祥生四子，其中康明达后成为朝廷钦差大臣，施南府长官任海晏逢年过节常到旧铺问候，康明逵也是显赫有名的武将。据传旧铺最有名的建筑康家大院即为康明达所修建，大院占地面积约1 000平方米，由五个木质结构的四合天井组成，故称"五进堂"。走进五进堂，四合院天井、朝门、火坑、吊脚楼等部分都保存完好，朝门上有当时恩施知县付海晏的题匾"云程初步"，可见康家当时的显赫地位。

小溪聚落紧邻旧铺，集中分布于小溪河两岸的上坝、中坝、下坝三个山间坝子上，小溪全长约20公里，是乌江源头支流之一。这里的房屋错落有致，立面十分丰富，富有层次感。在这里分布有一百多栋吊脚楼，这些吊脚楼群特色鲜明，有双吊、单吊、"一"字形、撮箕口、亮柱子等多种样式。小溪如今居住有农户150多户，胡姓人家占了绝大多数，另外还有少量周、邹、罗、田等姓人家。小溪聚落的核心建筑是中坝胡家大院"落脚朝门"的建筑，修于乾隆年间，呈"八字形"，曾经是由三个完整的四合天井组成的建筑群，朝门前左右两边为厢房，均为吊脚楼，将地势抬高修建石级梯步，用鱼、凤雕饰大门，与中坝大院子连成整体。它是目前湘鄂西发现的保存最为完整、历史最悠久、规模最大的朝门建筑。在中坝的入口处有一座风雨桥，又叫"凉桥"，是在普通的桥上加盖长廊和亭子，目的是为人们遮风避雨，渡河歇脚，也是村民日常生活中进行社会交往和休闲娱乐的重要场所，是土家族乡村聚落的主要公共空间。

由二官寨古村落可见，与两湖其他地区相比，鄂西南的山水地形特点对土家族、苗族、侗族的聚落分布、规模大小均产生了十分深远的影响。

在面积较大的山间盆地和平坝通常会修建较大规模的聚落，而在一些面积较小的平地平坝等沟槽区域，则分散着较小的村庄聚落。这些村落的形成，既与移民的迁入有关，也与川盐古道的形成有着密切的关联。

当前随着旅游业在鄂西南的发展，很多古村落处于被开发的状态，有的保存较好，但也有一些遭到了破坏。因此，对鄂西南古村落的有效保护尤为重要，应对这些古村落进行整体的完全的保护，防止受到冲击和损毁。在进行修缮和维护时，应尽量保持原样，在保留原有风格的基础上满足现代人的居住和生活方式。

（三）通过对咸丰县小村乡的历史及治理现状调查，为湖北西部乡村治理研究提供了丰富的个案，并深入学习了小村乡悠久的革命历史和红色文化

以湖北省咸丰县小村乡为例。小村乡是咸丰县最北端的一个行政乡，是少数民族聚居区和革命老区，具有丰富的历史和红色文化资源。1933年12月，红三军退出湘鄂边苏区，转移到如今咸丰县小村乡大村一带。任弼时受中央委托，跋涉千里、历经艰辛来到鄂西与贺龙、关向应汇合，并于1933年12月19日在大村集镇水井湾主持召开了湘鄂西中央分局会议，这就是红军史上著名的大村会议。这是一次极为重要的会议，被称为红三军军史上的"遵义会议"。当年的老区人民还以韦广宽、李益孟为代表组建了"韦家父子兵"游击队，随红军打游击，爬雪山、过草地，走完了二万五千里长征。在小村境内留下了大村会议旧址、红军洞、轿顶山等革命遗址和许多可歌可泣的革命事迹。这些遗址都保存完好，成为红色教育基地，也成为当地重要的旅游资源之一。

乡村振兴战略视域下中国土地制度改革的历史、突破与比较

徐春艳

土地是财富之母、农业之本、农民之根。土地制度是一个国家最为重要的生产关系安排，是一切制度中最为基础的制度。2021年是建党100周年，在中国共产党的领导下，中国实现了从封建社会向社会主义社会的飞跃，实现了从一个落后的农业大国向世界第二大经济体的伟大飞跃，无论是昔日的"农村包围城市道路"还是如今的"实施乡村振兴战略"，土地所有制都是国家农业问题的核心，甚至可以说，中国共产党在农村实行土地改革的核心目标就是实现中国农村的振兴。

一、中国土地制度改革的历史

分析当今中国土地制度，需要立足当下，放眼未来，既是了解我们党乡村振兴的决心，实际上也是为乡村振兴提供一种理论的视角和思考，但是首先需要对党的土地改革制度有清晰的认识。

(一) 新中国成立前的土地改革

新中国成立前，半殖民地半封建时期的中国，仍然维持着封建土地制度，占农村人口不到 10% 的地主、富农，占有 70%~80% 的土地。他们凭借占有的土地，压迫农民。而占有人口 90% 的贫农、雇农和中农，却只占有 20%~30% 的土地。

从这一背景中，我们可以看出，当时的中国是急需进行土地制度改革的。新中国成立前的土地改革主要分为三个阶段：土地革命时期、抗日战争时期和解放战争时期。

第一个时期：土地革命时期，这一时期正是二次国内革命战争时期，此时正处于国共对峙时期，依靠贫雇农、联合中农力量成为中国共产党制定政策出发点。

在 1928 年底，湘赣边区政府根据井冈山地区一年来土地革命的实践经验，制定了我党历史上第一个土地法——《井冈山土地法》。这个土地法否定了封建土地所有制，规定"没收一切土地归苏维埃政府所有"，"以人口为标准，男女老幼平均分配"，主要以乡为分配单位。随着工农红军和农村革命根据地的建立和发展，土地革命也日益广泛和深入地开展起来。

1929 年 4 月，在总结赣南土地斗争经验的基础上，毛泽东在江西省兴国县主持制定了《兴国土地法》，将《井冈山土地法》中规定的"没收一切土地"改为"没收一切公共土地及地主阶级的土地"。这是一个原则的改正。

同年 7 月，在毛泽东的指导下，中共在蛟洋文昌阁召开了中共闽西第一次代表大会，通过的《政治决议案》提出："自耕农田地不没收"；富农多余的土地要没收，但在革命初期"不没收其土地"，也"不废除其债务"；"对农村小地主要没收其土地，废除其债务，但不要派款及其他过分打击"；"对大小商店应取一般的保护政策（即不没收）"。①大会通过的《土地问题决议案》还规定，"分田时（在原耕地基础上）以抽多补少为原则，不可重新瓜分妄想平均以烦手续"。

1930年2月，毛泽东在吉安陂头村召开了红四军前委，赣西、赣南特委，红五军、六军两军委联席会议，即著名的二七会议。会议强调平分土地是当务之急。毛泽东做了一要"分"，二要"快"的两个字的结论，批评了当时出现的一种主张按耕地作为分配土地的标准及迟迟不分田的右倾错误。《二七土地法》是在二七会议上，经过充分讨论而形成的，《二七土地法》共四章三十三条，对土地的没收与分配，废除债务、土地税和工资等问题，做了比《井冈山土地法》和《兴国土地法》更为详细的规定。《二七土地法》是继井冈山土地法、兴国土地法后较为完整的一部土地法，是党在三年来领导农民开展土地革命的经验总结。

1930年9月，周恩来在中共六届三中全会上传达了共产国际关于土地问题的精神，指出"土地国有问题，现在是要宣传，但不是现在已经就能实行土地国有"，"禁止土地买卖，目前是不需要的口号，这只是增加了农民的恐慌心理"。

1931年2月，中共苏区中央局发出《土地问题与反富农策略》的通告，明确提出，农民参加土地革命的目的是："不仅要取得土地的使用权，主要的还要取得土地的所有权"，2月27日，毛泽东根据这一精神和自己在调查中发现的问题，以中央军事委员会总政治部的名义，给江西省苏维埃政府写了一封信，指示各级政府发一布告："说明过去分好了的田（实行

---

① 中共闽西第一次代表大会之政治决议案（1929年7月），载《红四军入闽和古田会议文献资料》[M]．福建：福建人民出版社，1979：83，88．

抽多补少，抽肥补瘦了的），即算分定，得田的人，即由他管所分得的田，这田由他私有，别人不得侵犯"，"租借买卖，由他自主；田中出产，除交土地税于政府外，均归农民所有。"[①] 3月底至4月，江西省苏维埃政府和闽西土地委员会扩大会议分别发布文告和作出决议，正式向广大农民宣布了上述"土地归农民所有，任其出租买卖"的政策。

这样，在三年多的土地革命过程中，从井冈山土地法、兴国土地法到二七会议、南阳会议，各根据地在不断总结经验的基础上，逐步形成了一条完整的土地革命路线，即依靠贫雇农，团结中农，限制富农，保护中小工商业者，消灭地主阶级，变封建半封建的土地所有制为农民的土地所有制，给富农以经济出路，给地主以生活的出路。在这条土地革命路线的指导下，各个革命根据地完成了土地制度的深刻变革。土地革命推动了根据地农业生产的发展，也为红军开展斗争奠定了坚实的群众基础。

第二时期：抗日战争时期土改。抗战时期，中国共产党在抗日根据地确立了"双减双交"政策为抗战时期的基本土地政策。

"双减双交"政策是指地主减租减息、农民交租交息。这与第二次国内革命战争时期土改政策有着明显的区别。这是因为该政策是在日本全面侵华的特定历史条件下，以抗日救国纲领的形式提出来的，具有统一战线的性质，有利于团结农民、地主等力量一致抗日。比如晋察冀边区政府于1938年2月颁布的《晋察冀边区减租减息单行条例》第二条规定："地主之地收入不论租佃、半种，一律照原租额减收百分之二十五。"第三条规定："钱主之利息收入，不论新债旧欠，年利率一律不得超过一分（即百分之十）。"晋察冀边区减租减息的土地政策在当时起到了很好的作用。

---

① 毛泽东. 毛泽东文集（第一卷）[M]. 北京：人民出版社，1993：274.

第三个时期：解放战争时期土改。

解放战争时期土地改革的主要做法为实行"耕者有其田"的土地制度，按农村人口平均分配土地。

1946年中共中央发出《关于清算、减租及土地问题的指示》，即著名的"五四指示"。"五四指示"是在复杂的斗争形势下制定的。当时，全面内战尚未爆发，国共关系尚未破裂，在农民群众的强烈要求下，我党必须对土地政策做重要的改变，但"不是全部改变"。同时，原来的减租政策"并没有完全废止"。1947年8月20日，刘少奇在全国土地会议上曾讲到了"五四指示"产生的历史背景。刘少奇说："当时是和平要破坏，内战要爆发，和平似乎还可能争取，我们没有放弃争取暂时和平的企图，但同时用极大的力量，甚至用全力准备战争。所以当时的方针是争取和平，准备战争"，"为了既不脱离全国广大群众，又能满足解放区群众要求，二者都照顾，使和平与土地改革结合起来，结果就产生了'五四指示'。"

1947年9月，中国共产党在河北省石家庄市西柏坡村举行全国土地会议，通过了《中国土地法大纲》，于同年十月十日由中共中央公布。其主要内容是，规定彻底废除封建性及半封建性剥削的土地制度；规定实行耕者有其田的土地制度；规定保护民族工商业的发展；规定设立人民法庭。中国土地法大纲颁布后，各解放区人民政府根据本地区实际情况又颁布了补充条例。

在晋绥干部会议上，毛泽东对土改总的指导思想做了更完整的表述："依靠贫农，团结中农，有步骤地、有分别地消灭封建剥削制度，发展农业生产，这就是中国共产党在新民主主义的革命时期，在土地改革工作中的总路线和总政策。"

在党的正确路线政策指引下，解放区的土改运动蓬勃开展。轰轰烈烈的土地改革运动，猛烈冲击着几千年来的封建土地制度。特别是在拥有一亿人口的老区和半老区，基本消灭了封建土地制度，打碎了几千年来套在农民身上的封建枷锁，改变了农村旧有的生产关系。这一翻天覆地的变化，使亿万农民在政治上、经济上获得了解放，并由此迸发出难以估量的革命热情。他们踊跃参军参战，担负巨大的战争勤务，并以粮草、被服等物资支援自己的子弟兵。土地改革运动为夺取全国胜利，提供了源源不断的人力、物力支持。

（二）新中国成立后的四次土地制度变革

新中国的农村土地制度经历了四次重大变革。

第一次是土地改革（1949.9—1953年春）。土地改革是抗日战争和解放战争时期解放区土地改革的延续、扩展和深化。1949年9月29日通过的《中国人民政治协商会议共同纲领》规定："凡已实行土地改革的地区，必须保护农民已得土地的所有权。凡尚未实行土地改革的地区，必须发动农民群众，建立农民团体，经过清除土匪恶霸、减租减息和分配土地等项步骤，实现耕者有其田。"

1950年6月颁布实施《中华人民共和国土地改革法》，我国土地改革在全国展开。它规定废除地主阶级封建剥削的土地所有制，实行农民的土地所有制。同年起，没收地主的土地，分给无地或少地的农民耕种，同时也分给地主应得的一份，让他们自己耕种，自食其力，借以解放农村生产力，发展农业生产，为新中国的工业化开辟道路。规定了没收、征收和分配土地的原则和办法。

中国共产党在农村做的最重要的一件事就是进行土地制度改革，而这场改革并不是一刀切的，而是有步骤分批进行，究竟什么时候开展，是要根据当地的情况而定的。到 1953 年春，除了党中央决定不进行土地改革的一些少数民族地区（涉及约 700 万人）外，中国大陆的土地改革已宣告完成，3 亿多无地和少地的贫苦农民获得了约 466 667 平方千米土地，免除了 350 亿公斤的粮食地租，实现了几代人"耕者有其田"的夙愿。土地改革产生的深刻影响在随后几年的农业增长中已经表现得淋漓尽致。1952 年与 1949 年相比，粮食总产量由 11 318 万吨增加到 16 392 万吨，年平均递增 13.14%；棉花总产量由 44.4 万吨增加到 130.4 万吨，年平均递增 43.15%；油料总产量由 256.4 万吨增加到 419.3 万吨，年平均递增 21.17%。

第二次是互助合作运动中的土地制度变革（1953—1957）。互助合作运动大致上经历了两个阶段。一是从全国解放到 1955 年夏的互助组和初级社阶段；二是自 1955 年夏至 1957 年的高级社阶段。

第三次是公社体制下的集体所有、统一经营的制度安排（1958—1978）。农村人民公社所有制关系，先后经历了人民公社所有、人民公社三级所有以生产大队所有为基础、人民公社三级所有以生产队所有为基础等三个阶段，逐渐走向成熟和定型。

第四次是"集体土地、家庭承包经营"改革（1979 至今）。1978 年，党的十一届三中全会做出把党和国家工作中心转移到经济建设上来、实行改革开放的历史性决策。我们党全面把握国内外发展大局，支持农民的首创精神，领导广大农民率先发起大包干，开启农村改革新纪元，并以磅礴之势推向全国，谱写了波澜壮阔的历史诗篇。40 多年来，我国确立了以家庭承包经营为基础、统分结合的双层经营体制，这是党在农村政策的基石。从改革历程看，经历了确立、完善、深化三个阶段。

1. 确立阶段（改革开放之初至 20 世纪 80 年代中后期）

这个时期，广大基层干部和农民群众在党的领导下，走出了一条独具中国特色的农村土地制度创新之路。在这一期间的土地政策主要有：一是探索"包产到户""包干到户"，二是确立家庭联产承包责任制，三是废除人民公社体制。

2.完善阶段（20世纪90年代初至21世纪初）

这一阶段，中央强化法律政策保障，土地集体所有、家庭承包经营为主的农村基本经营制度得以巩固和完善，主要有四个特点：一是土地承包关系不断稳定，二是农业税费全面取消，三是土地流转逐步发展，四是土地承包步入依法管理轨道。

3.深化阶段（党的十八大至今）

党的十八大以来，以习近平同志为核心的党中央做出了"四个全面"战略布局，将全面深化改革摆上突出位置，对深化农村土地制度改革做出了一系列重大决策部署。一是建立农村土地"三权分置"制度，二是开展农村土地承包经营权确权登记颁证，三是发展多种形式适度规模经营，四是明确第二轮土地承包到期后再延长三十年，五是统筹推进农村土地征收、集体经营性建设用地入市、宅基地制度改革，六是建立健全农村土地产权流转交易制度。

二、乡村振兴与我国当前土地制度突破

尽管经历了一系列的土地制度改革，但是进入21世纪，农村的土地制度依然还存在很大的问题，这些问题的存在严重影响了中国农村的发展。随着实践的不断发展和改革的不断深入，农村土地制度与社会主义市场经济体制不相适应的问题日益显现，主要有四大问题：

一是土地征收制度不完善，因征地引发的社会矛盾积累较多；

二是农村集体土地权益保障不充分，农村集体经营性建设用地不能与国有建设用地同等入市、同权同价；

三是宅基地取得、使用和退出制度不完整，用益物权难落实；

四是土地增值收益分配机制不健全，兼顾国家、集体、个人之间利益不够。

2019年8月26日，十三届全国人大常委会第十二次会议表决通过《中华人民共和国土地管理法》修正案，自2020年1月1日起施行。新土地管理法坚持土地公有制不动摇，坚持农民利益不受损，坚持最严格的耕地保护制度和最严格的节约集约用地制度，在充分总结农村土地制度改革试点成功经验的基础上，做出了多项重大突破，这一土地管理法至少有七大突破值得关注，而这七大突破直接为乡村振兴提供了有力支持。当前国家的土地政策究竟给乡村振兴提供了哪些支持呢？

突破一：破除集体经营性建设用地进入市场的法律障碍。

集体经营性建设用地入市改革主要任务有三项：一是完善集体经营性建设用地产权制度，二是明确入市范围和途径，三是建立健全市场交易规则和服务监管制度。目标是建立同权同价、流转顺畅、收益共享的入市制度。总体来看，这项试点推进较快，相应的制度安排和规则体系已逐步完善。

1.逐步实现同地同权同价，建设城乡统一的土地市场

把"同权"作为"同价"的前提，赋予集体经营性建设用地使用权与国有建设用地使用权同等权能，在同一市场中运行，市场交易规则、服务监管机制和交易平台也与国有建设用地基本相同，从而形成了城乡一体的土地市场。通过改革，企业、银行、资本市场对集体经营性建设用地接受程度显著提高。江苏武进雷利电机公司在通过出让方式取得集体经营性建设用地后，于2017年6月2日在深交所A股IPO上市，实现了集体建设用地与国有建设用地在资本市场同权同价"零的突破"。

2.加强了企业特别是保障小微企业用地,促进了农村产业融合发展

相对国有建设用地,集体经营性建设用地具有地块小、成本低、取得快的优势,受到小微企业和新产业新业态的普遍青睐。浙江德清洛舍镇东衡村众创园项目,就是通过集体经营性建设用地调整入市,将原先的小码头、小矿山、小化工等用地,拆除复垦后集中起来打造的钢琴小镇。

3.显化了农村土地价值,增加了集体和农民收益

浙江德清通过这项改革试点,集体收益1.8亿元,惠及10万余农民。广西北流农民能获得入市总收益17.15万元/亩(约667平方米),比改革前的征地补偿增长13.2%。

突破二:改革土地征收制度。

新修订的《土地管理法》增加第四十五条,首次对土地征收的公共利益进行界定,采取列举方式明确,因军事和外交、政府组织实施的基础设施、公共事业、扶贫搬迁和保障性安居工程建设需要、成片开发建设以及其他情形等六种情形,确需征收的,可以依法实施征收。这一规定将有利于缩小征地范围,限制政府滥用征地权。二是明确征收补偿的基本原则是保障被征地农民原有生活水平不降低、长远生计有保障。原来的土地管理法按照被征收土地的原用途给予补偿,按照年产值倍数法确定土地补偿费和安置补助费,补偿标准偏低,补偿机制不健全。新修订的《土地管理法》首次将2004年国务院28号文件提出的"保障被征地农民原有生活水平不降低、长远生计有保障"的补偿原则上升为法律规定,并以区片综合地价取代原来的年产值倍数法,在原来的土地补偿费、安置补助费、地上附着物和青苗补偿费的基础上,增加农村村民住宅补偿费用和将被征地农民社会保障费用的规定,从法律上为被征地农民构建更加完善的保障机制。三是改革土地征收程序。将原来的征地批后公告改为征地批前公告,多数被

征地的农村集体经济组织成员对征地补偿安置方案有异议的,应召开听证会修改,进一步落实被征地的农村集体经济组织和农民在整个征地过程的知情权、参与权和监督权。倡导和谐征地,征地报批前,县级以上地方政府必须与拟征收土地的所有权人、使用权人就补偿安置等签订协议。

突破三:完善农村宅基地制度。

宅基地制度改革主要任务有四项:一是改革完善宅基地权益保障和取得方式,二是探索宅基地有偿使用制度,三是探索宅基地自愿有偿退出机制,四是完善宅基地管理制度。目标是建立依法公平取得、节约集约使用、自愿有偿退出的宅基地制度。不少地方以此为抓手,推动农村发展呈现出新气象。

1. 保障了农民"户有所居"用地

江西余江县通过"宅改"试点腾退的宅基地,不仅保障了这两年90%的农民建房,还可以保障未来10~15年农民建房。浙江德清东衡村集中建设中心村,每户占地由原来的140平方米缩减到87.5平方米,节约约6.67万平方米土地统一建设中心村基础设施。

2. 增加了农民财产性收入

各试点地区积极探索农房抵押、出租、合作开发等途径,不断显化宅基地财产权益。浙江德清通过盘活存量宅基地改造民宿530家,每户年均增收5万多元。安徽金寨将退出的宅基地作为增减挂钩节余指标在省域内流转,总收益近53亿元。

3. 推动了乡村治理体系建设

江西余江在全县1040个自然村建立村民事务理事会,赋予其宅基地分配退出、农房抵押贷款、收取有偿使用费等12项权力和15项职责,把村民自治组织的主体作用落到实处,极大增强村党支部、村委会、集体经济组织的凝聚力，有效激发了群众参与宅基地改革的热情。

突破四：为"多规合一"改革预留法律空间。

建立国土空间规划体系并监督实施，实现"多规合一"是党中央、国务院做出的重大战略部署。随着国土空间规划体系的建立和实施，土地利用总体规划和城乡规划将不再单独编制和审批，最终将被国土空间规划所取代。考虑到"多规合一"改革正在推进中，新修订的《土地管理法》为改革预留了法律空间，增加第十八条，规定：国家建立国土空间规划体系。经依法批准的国土空间规划是各类开发、保护和建设活动的基本依据。为了解决改革过渡期的规划衔接问题，新修订的《土地管理法》还明确：已经编制国土空间规划的，不再编制土地利用总体规划和城乡规划。同时在附则中增加规定：编制国土空间规划前，经依法批准的土地利用总体规划和城乡规划继续执行。

突破五：将基本农田提升为永久基本农田。

实行最严格的耕地保护制度，确保国家粮食安全是土地管理法的核心和宗旨。为了提升全社会对基本农田永久保护的意识，新修订的《土地管理法》将基本农田提升为永久基本农田，增加第三十五条明确：永久基本农田经依法划定后，任何单位和个人不得擅自占用或者改变用途。

突破六：合理划分中央和地方土地审批权限。

新修订的《土地管理法》适应"放管服"改革的要求，对中央和地方的土地审批权限进行了调整，按照是否占用永久基本农田来划分国务院和省级政府的审批权限。今后，国务院只审批涉及永久基本农田的农用地转用，其他的由国务院授权省级政府审批。同时，按照谁审批谁负责的原则，取消省级征地批准报国务院备案的规定。

突破七：土地督察制度正式入法。

为了有效解决土地管理中存在的地方政府违法现象高发多发的问题，2006年国务院决定实施国家土地督察制度，对省（自治区、直辖市）及计划单列市人民政府土地管理和土地利用情况进行督察。新修订的《土地管理法》在总则中增加第六条，对土地督察制度做出规定：国务院授权的机构对省、自治区、直辖市人民政府以及国务院确定的城市人民政府土地利用和土地管理情况进行督察。以此为标志，国家土地督察制度正式成为土地管理的法律制度。

以上七大突破，前三项都直接关系到农民的基本利益，后面四项则与农村整体发展直接相关，有效保障了农民的基本权益和农村的根本利益，为乡村振兴提供基础制度支撑、同时助推农村一二三产业融合发展。

三、乡村振兴背景下我国土地制度的比较分析

一开始的时候，我们说到共产党在农村进行土地革命的目的是什么？如果说在新中国成立前，除了共产党的历史使命，还有一部分原因是为了争取更多人的参加革命，那么新中国成立后呢？我们会发现，每进行一次土地改革，都会促进农村发展往前迈进一大步。并不是所有的时代、所有的国家都是如此。所以，我们从乡村振兴的背景下来看我国土地制度，与过去比较，与他国比较，实际上就更加清楚，我们党进行乡村振兴的决心。

（一）中国土地制度演进中的典型形态

从古到今，中国土地制度大致经历了共有制、井田制、私有制、均田制、公有制等多种典型形态。可以说，一部土地制度的变迁史，就是一部朝代更替史，更是一部社会经济发展史。

一是共有制。研究表明，中国有史料可以佐证的土地制度发端于商朝

的村落共有制。这一时期，人类由游牧转为农耕，定居于村落，农业生产主要是刀耕火种，生产力低下。在这样的条件下，土地由组成村落的氏族合村共有，氏族成员共同耕种，作物收获后共同分享。这种制度适应了当时的农业生产方式和氏族社会特点，有利于氏族成员共同生产生存。

二是井田制。这种制度大致出现在西周到春秋战国时期。当时"普天之下，莫非王土"，周王分封土地给贵族，贵族将土地分配给庶民使用。庶民以共耕公田为前提条件而获得私田，且庶民要完成公田的耕作后才能耕作私田。那时的耕地，总体十分规整，成方块状，如同"井"字，故称井田制（一"井"分为9个方块，周围的8块田由8户耕种，中间是公田）。井田制在当时的社会形态下，对于发展农业生产、稳定社会秩序发挥了重要作用。

三是私有制。这是我国历史上持续时间最长的土地制度，始于商鞅"废井田、开阡陌"，从战国末年一直延续到新中国成立。在这种制度下，土地归封建地主阶级所有，农民租用地主的土地并缴纳地租、承担徭役。这种制度废除了奴隶制生产关系，推动了农业生产力发展和市镇经济兴起，促进了封建经济的繁荣；但也不可避免地造成了土地过度兼并，土地愈来愈集中到少数地主手中，造成生产资料分配极度不均。尤其在灾年，农民不得不变卖自己的土地甚至流离失所。土地兼并和大量流民出现往往是一个朝代后期的突出表现之一，"富者田连阡陌，贫者亡（无）立锥之地"，成为封建王朝兴衰更替的重要根源。

四是均田制。这是封建王朝在特定时期采取的一种折中安排，以缓解地主阶级和农民之间的土地矛盾。国家将无主的土地和荒地分给农民使用，以保障稳定的赋役来源。这种制度起始于北魏，北齐、隋、唐等时期都曾实行过，太平天国的天朝田亩制度、辛亥革命的平均地权也都受其影响。

均田制有利于恢复农业生产、巩固封建统治，但并未真正触及地主阶级的核心利益，难以根本改变土地分配极度不均衡的现象。

五是公有制。公有制的思想古已有之。新中国成立后，我们党领导全国人民实行土改，废除了地主阶级封建剥削的土地所有制，实现了耕者有其田。

总的来说，中国历史上出现的土地制度典型形态，适应了特定历史条件下生产力发展要求，反映了中华民族几千年社会运动及其发展变化的客观规律，为我们从历史的视角认识过去的土地制度、理解现有的土地制度、完善未来的土地制度提供了很好的借鉴。而且，我们也发现，过去所有的制度改革只有一个最根本的目的，就是为统治者获得更多的税收。但是一直到新中国成立，延续了几千年的土地政策才发生根本的变化，而直到取消农业税，乡村振兴才得以可能。

（二）国外主要的土地制度及特点

按照历史沿革、政治体制、文化发展、人地关系等因素，国外的土地制度大致可以分为传统欧洲国家、新大陆国家、东亚国家、转型国家四种类型。

一是传统欧洲国家。这些国家人地比例适中，土地制度受封建制度影响较深，表现出较强的历史延续性，主要以土地私有制为主。例如，英国的土地制度是从封建土地分封发展起来的，国王是土地的唯一和最终所有者。1925年以来，英国实行土地保有制，确立了以使用权为核心的土地产权制度，并赋予土地使用权准所有权性质，支持自营农场发展，促进农业规模经营。以使用权为基础的租地农场规模有的达上千英亩（1英亩≈0.040 5平方千米），而大多数是经营规模在十几英亩到几十英亩的家庭自营小农场。目前,英国自营或者以自营为主的农场已占农场总数的84%,成为最基础的农业经营单位。英国在实现农业现代化的过程中,注重土地使用权的实际利用效果,并予以立法保护,这对世界上许多国家的土地制度安排都产生了深远影响。

二是新大陆国家。这些国家建立于地理大发现之后,地广人稀,国民构成往往以移民为主,历史较短,殖民文化影响深,人地矛盾不突出。例如,美国建立了清晰的土地私有产权制度,农场主主要通过垦荒或购买等方式取得土地所有权。政府对土地使用用途、土地交易等都有严格的规定,严格防范土地投机行为,并保留了土地征用权、土地管理规划权、土地征税权等权利。美国在土地方面健全的法律法规、完备的政策措施、规范化的社会管理、发达的中介组织、有效的经济调控工具等都值得借鉴。

作为南美洲大陆国家的巴西,农地经营以完全私有制和大庄园为特征。在市场机制作用下,巴西土地大量向大庄园集中,在一定程度上提高了农业生产效率。但是,由于没有处理好离地农民的就业及社会保障问题,大量无地贫民涌入城市,形成城市贫民窟,造成贫富分化,严重影响社会稳定。这对处在工业化城镇化进程中的国家是一种警示。

三是东亚国家。这些国家人地矛盾突出,土地兼具生产要素和社会保障双重功能,土地制度的选择受历史与体制因素影响较大。例如,日本在二战后,通过强制手段从地主手里买取土地,将其廉价卖给佃农,建立了自耕农制度;自21世纪初开始,逐步放宽农地流转的限制,鼓励其他主体经营农地,发展适度规模经营。目前,全国耕地平均经营规模约0.02平方千米。韩国在二战后,接收了日本官民所占土地,将其分配给本国无地农民,建立了自耕农经营体制;从20世纪70年代开始,通过法律和政策引导,鼓励土地集中和规模经营。受历史、人口和资源禀赋影响,日本和韩国农业生产经营规模细小的问题一直未得到很好解决，但其在小规模经营基础上，发展农业社会化服务，提高组织化程度的做法值得借鉴。

四是转型国家。这些国家由于政治体制经历了重大转型，农地制度也同样经历了深刻变革，至今还处在不断调整和完善的过程中。例如，俄罗斯在20世纪90年代苏联解体之后，曾通过颁布总统令推进土地私有化改革，但大部分土地仍然保留在原集体农场和国营农场；直到21世纪，通过颁布新土地法典和农用土地流转法，俄罗斯的土地私有权制度才最终确立，土地由集体农庄经营转向私有家庭农场经营。俄罗斯的土地私有化改革，从强制推行到依法实行，过程曲折，时间漫长，教训深刻。

（三）乡村振兴背景下农村集体用地如何开发

通过比较，我们发现，当前中国的土地制度实际上是十分灵活的，也是十分有利于乡村振兴的实现的，那么，我们该如何利用农村的土地制度进行开发，这个问题可能是乡村振兴的关键。当然，每个地区的情况不同，采取的方式肯定也不同，下面给大家举几个例子，希望能够对大家有所启发。

1.集体农用土地怎么开发

集体农用土地分为耕地、林地、低丘缓坡地。

首先，对于耕地，严格控制占用，可以从事旅游相关的生产。在旅游开发方面，农田原则上不允许使用，特别是基本农田作为耕地红线，强烈建议不要去碰，但是我们可以利用政策红利获得少量经营用地，例如政策鼓励社会资本投资兴建高标准农田，建设连片面积达到一定规模的，在允许符合土地管理法律法规和土地利用总体规划的前提下，利用一定比例的土地开展观光和休闲度假旅游、加工流通等经营活动。

社会资本可依法通过承包经营流转的方式，使农用地从事与旅游相关的种植业、林业、畜牧业和渔业生产。这意味着可以在不改变土地性质的情况下，建设一些具有游乐性质的农场等休闲农业。

其次，对于林地，采用近林不进林，灵活开发。

闵西的林业资源十分的丰富，那么林业用地突破的路径在哪儿呢？在当下，森林体验和森林养生是最热的两个方向，国家鼓励发挥森林多种功能，建设森林体验基地和森林养生基地试点。中国林业产业联合会每年都会进行"中国森林体验基地、中国森林养生基地、中国慢生活休闲体验区、村（镇）"评审。在用地方面，可以建设森林体验馆、森林养生馆、森林浴场、健身步道等基础设施，但不能在基地范围内建设医院、疗养院、养老院等大型医疗、养老设施。

最后，针对低丘缓坡地，可以采取点状供地，垂直开发。

我国南方地区的广大低山丘陵区拥有大面积的低丘缓坡地，这些土地的利用现状主要是林地、园林、草地及零星耕地，按照利用方式可以把它们分为宜农类、宜林（园）类、宜建类，开发为建设用地是低丘缓坡开发利用的主要方式之一。比如浙江德清莫干山，有一个项目叫裸心堡，这个项目就是采用"点状供应、垂直开放"的方式，将项目用地分为永久性建设用地和生态保留用地，其中永久性建设用地建多少供多少，剩余部分可以只征不转，以租赁、划拨、托管等方式供项目业主使用。裸心堡仅新增建设用地 8 000 平方米，其余八成的建筑是租用当地农房改造而成，园区内的约 0.13 平方公里山林，从村民手中流转，保持原貌，大大节约了用地指标。

2. 集体建设用地怎么开发

在现有政策下，集体建设用地是发展休闲农业和乡村旅游项目的重要用地形式，其中，集体经营性建设用地，在整个集体建设用地当中占比不超过10%，在试点地区可以直接入市；宅基地是农村集体建设用地的大头，也是农村文旅产业发展的新空间。统计显示，中国约有19万平方公里的农村集体建设用地，其中宅基地约占13万平方公里。

首先是集体经营性建设用地：量小可直接入市。这样的例子现在有很多，很多公司都是直接获得一个村子的集体经营性建设用地，按照一定的价格购买，获得十几年，甚至是几十年的使用权，规划打造集美食、农业观光、休闲度假于一体乡村旅游综合体项目。

其次是宅基地。目前，在许多欠发达地区的乡村，因为进城务工人员增多，大量宅基地闲置。如何盘活和利用这些宅基地，在国家层面给出了指引，即探索宅基地所有权、资格权和使用权的"三权分置"。那么这为发展休闲农业和乡村旅游等多种业态，提供了可能，目前主要存在4种宅基地的利用方式：一是建设租赁房屋，助力租购并举。以佛山南海区为例，该区在全市范围内率先颁布操作性政策文件，规定符合规划、权属清晰、用地面积超过0.01平方公里、容积率大于1.5的农村集体建设用地，可以建设租赁房屋，建成后只租不售，这种方式对于一些大城市郊区，或者是一些城中村是具有参考价值的。二是提供一房一院一地，圆城里人的庄园梦。宅基地依然是农民所有，对农村闲置住房进行个性化改造，根据需求改造为供市民田园生活、度假养生、文化创意等多种模式，通过互联网、物联网技术平台，与城市租赁住房需求对接，政府、集体经济组织、农户以及城市消费者实现"四赢"。目前，这样的成功案例也有了不少。三是利用农村闲置房屋，探索养老产业新模式。中国人内心深处都有一种乡土情结，很多人年纪大了愿意回到农村生活，"乡居式养老"就是利用农村闲置房屋，吸引城区老人到乡村养老。老人的亲人、子女时常来探望，还能带动休闲农业的发展。四是打造温暖民宿。因为我国的宅基地是"一户

—237—

一宅",在宅地基使用权放活的背景下,整合部分相邻农户的宅基地,开发为小型的民宿集群。村民将闲置农房、宅基地等集体资产集中在村集体或合作社手中,然后引入资本进行民宿项目的开发。这样的项目也有不少成功的例子。

3. 集体未利用土地怎么开发

我国存在大量的荒山、荒沟、荒丘、荒滩等,这些土地面积广,开发潜力大。对于使用这些荒地发展休闲农业和乡村旅游,相关文件也是多持鼓励和支持态度的。

比如山西左权县营疙道村,这个村子位于山西省和河北省交界处,原本是一个偏僻落后、交通极不便利的山村,2004年整村搬迁后就成了一个"空壳村"。该村在外发展的村民则抓住了机遇,凭借这个村地处黄土高原和华北平原天然界限和分水岭的独特地理优势,利用0.53平方公里荒地开发建设了日月星生态庄园。经过近10年持续投入和精心打造,如今的日月星生态庄园已经成为一个集旅游、林果生产、特色养殖、农产品加工为一体的国家3A景区,平均年接待游客20万人,被评为"山西最佳避暑胜地",实现了由原始农业向一二三产业融合发展的根本转变。

四、结语

无论是过去党在农村实行土地改革还是今天的乡村振兴,其出发点和宗旨都是一点,就是一切为了人民。如今中国人民对于美好生活的向往越来越强烈并且也越来越充满自信,无论是个体还是社会,参与乡村振兴的热情也不断高涨,读懂当前中国土地政策,在法治的范围内发展和建设农村,是我们的基本原则。

国家介入与自我调节：
农民生活治理的改革进路

付佳迪

一、问题的提出

生活治理，涉及社会层面，包括文化、风俗、乡村生活。生活治理与乡村社会治理有明显不同，乡村治理体现在从乡镇到村再到村民小组，自上而下或自下而上各个层级如何一步步治理的，与村民的生活治理大相径庭。由此，可以区分乡村社会的两种治理层级：（1）治理层面：乡村治理；（2）社会层面：生活治理。

本研究所涉及的便属于第二种治理层级，关注农民的生活治理。如何去改善农民的生活治理呢？就这个问题，本研究选择了J市Z镇作为考察对象，看该镇到底是如何从事农民的生活治理的。在农民的生活治理中政府扮演的角色是什么？政府角色的限度与边界到底是什么？农民在与政府的互动中，形成了哪些差异化的行动策略，这些行动策略对生活治理的改革到底产生了哪些影响？这均要到 J 市 Z 镇的具体场域中去回答。

二、生活治理：乡村社会中一个新的治理层级

生活治理与乡村治理中科层化的治理模式不同，其直面农民的生活，尤其是农民的私生活，这是国家政权干预之外的层面。所以说，很有必要明晰其概念，概况其内容，发掘其作用，以期为乡村振兴找寻新的内生动力。

（一）生活治理的概念

生活治理涉及的是对私人生活的治理，这是一种由政治传统和文化传统耦合形成的治理传统。[①] 不同的研究者对于生活治理给予了不同的解释，一言以蔽之，生活治理便是对私人生活的治理。

（二）生活治理的内容

生活治理涉及农民，因与传统文化相连，就有了更加丰富的内容，主要涉及移风易俗、乡风文明等层面。

1. 移风易俗：在婚丧嫁娶中出现的改变机制

要想转变千百年来形成的文化传承，需要一步步改变。这里面涉及的问题是影响婚丧嫁娶抑或红白喜事改变的机制是什么？涉及深层次的文化层面，农民是如何接受的？村庄文化是如何引领生活治理的？政府对待婚丧嫁娶到底是什么样的态度？所以说，要置于新的时代场域下去考察这一问题。

[①] 熊万胜. 社会治理，还是生活治理？——审思当代中国的基层治理［J］. 文化纵横，2018（1）：115-121.

2. 乡风文明：政府主导的主流方向

乡风文明是Z镇的主抓方面，其中就包括移风易俗，红白喜事的简化等层面。

3. 道德讲堂：在政府推动下出现的新事物

在Z镇，当地政府为了推进生活治理，在村庄内部办起了道德讲堂，提出风俗传承。但通过调研发现，道德讲堂缺乏人员配备和具体的运行机制，工作难以保障和逻辑。

（三）生活治理的作用

生活治理作用既涉及个人层面，还涉及政府层面，如何掌握好二者的边界，是深刻理解生活治理的一个重要内容。

1. 生活治理承载了太多的人生意义感

人生的意义感需要有特定的实践活动来支持。在漫长的文化传统中，我国中西部地区的婚丧嫁娶传承了很多传统。比如，在Z镇，白事一般会请道士来念经。这就在无形之中建构了一个意义世界。

再比如，在红白喜事中放鞭炮，也属于一种情感上的寄托。在红白喜事中的一些礼节，包括回家集体祭拜等，也赋予了农民生命的意义。

2. 政府妥善处理了公权力与私生活之间的限度

政府对优秀传统文化是弘扬的态度，但对传统风俗习惯中的陋习或异化现象，持有反对态度。在我国一些原子化的中西部地区，政府对生活治理的涉入程度是远远大于东部地区的。我国中西部地区会从政府角度去采取相应的措施，这些措施在公权力和私生活之间存在一定的限度。

三、国家介入与自我调节：生活治理的两种治理逻辑

国家加入与自我调节是在同一场域下的互动机制，这里面涉及的问题是服务型政府的边界是什么？利益相关是什么？国家可以在农村实行禁烧禁鞭，简化红白喜事的办酒流程，但却无法干预彩礼的多少。Z镇村庄本身有公共规则，但缺乏自我调节能力，缺乏公共规则约束，农民就非常欢迎国家力量的介入。受市场经济影响，农民开始理性地算经济账，过去的习俗受到了挑战。

（一）人情异化为国家介入提供了可能

政府之所以提倡红白喜事少办酒，是因为之前农民办酒出现了人情异化现象。这表现在建房子、买房子、装修房子、乔迁，小孩满月酒，过生日，升学等都要办酒，办酒就要送人情，而人情是衡量血缘关系亲疏远近的指标。受市场机制的冲击，人情变成了理性的利益计算，"你送多少，我送多少"。在异化人情的支配下，Z镇很多人办了很多"无事酒"，随便找个理由就可以办酒，比如，结婚、丧葬、1岁、10岁、上学（包括幼儿园，考好高中、大学等）。这给农民带来了极大的经济负担，使得国家介入比较容易，且国家介入比较有力。

为此，政府提倡"大事减半，小事不办"，这就是移风易俗的重要体现。比如，在夏天，政府会在各村微信群里号召农民禁止办升学宴。政府也会号召除了红白喜事和小孩满月酒以外，不准办酒。办酒也要从简。这项政策要求已经前后执行了三四年，给Z镇带来了可喜的变化，无事酒少多了，农民的负担减轻了。红白喜事的这种简化体现在以下几个方面：（1）时间缩短了，以前结婚办酒要持续三四天，现在缩短到一天半，最关键的是中午的那顿正餐。白事是仪式化的表达，农民有钱就多办，没钱就少办。

政府提倡白事仪式简化，比如，以前停棺4～5天，现在停棺2～3天；以前有请打鼓的、唱戏的，现在不让请。（2）办酒的事少了。只涉及红白喜事和小孩满月这三项。（3）风气转变了。以前争相办酒，尤其是领导干部办得多，恶化了干群关系。

总之，在现代化逻辑下，受现代化冲击，农民内部缺乏自我约束，国家介入很容易。

（二）算经济账：资本逻辑下的生活治理

受市场经济影响，农民开始理性地算经济账。过去的习俗大多已经失去意义，这均源于资本逻辑构架的影响。随着市场经济的快速发展，传统的面向会发生变化，使已有的生活治理不再具有市场化的公共规则，容易出现失序的情况。这源于我国中西部地区原子化的社会结构，人与人之间是相互独立的，生活层面出现了原子化的现象，导致家庭之间缺乏一致行动的能力。这容易出现在生活治理中用资本逻辑去处理问题，用金钱来衡量具体关系的情况。

1. 办酒：农民的理性计算

一是算经济账。很多农民已经想通了。所以，现在除了红白喜事和小孩满月，一般不办酒。在Z镇，以前结婚包括三代以内的亲戚、朋友、邻居都来参加。一般人情要送几十块，现在要送三百块。亲戚则按亲疏远近来随礼，姑舅一般随礼3 000～5 000元，有钱的可以到1万，没钱的几百的也有。这就导致，他随礼，你要还礼，时间长了，还要加钱。

二是办酒成本升高。办酒是消费行为，以前在家里请厨师办，自家兄弟，同一个小组的农民都来帮忙，现在红白喜事都是由饭店全包，不用农民管。办酒要吃两餐，包烟酒（烟是20多一包的烟，每人一包，酒是20

元一瓶的酒）的话两餐的费用达到500～600元一桌。这导致办酒费用过高，经济负担较重。

最近几年来农民思想开始慢慢改变，办酒一年比一年减少。因为：（1）政府提倡不办酒；（2）要靠自己想，麻烦，回礼，加礼导致经济负担。这算的是经济账。

但这里面还涉及办酒的灵活性问题。乡风本身有合理性，有文化传承，政府一刀切禁止，农民就会抵抗。农民一般会：（1）向村里请示；（2）实在不行就偷着办。

在白事上，当地有请道士、放鞭炮的习俗。请道士农民一般都要向村党支部请示，批准了才能请，若不批准或不请示就办，就会受到惩罚。在国家力量介入下，农民开始慢慢接受这些规约，若不听，村里就做工作进行劝说，在这种互动中，农民开始接受新的规则。

2. 彩礼：全国性婚姻市场的形成

在资本逻辑影响下，年轻人就需要家庭给钱，给彩礼。在Z镇，彩礼金额较多，还要有房有车。镇里主张降彩礼，基本上建议是无效的。巨额的结婚费用，是压在农民身上的一座大山。

当然，彩礼有柔性一面，并不是一味压榨男方的。在我国中西部农村，也有内在的互动缓和机制。这就是彩礼送过去，女方会把一部分或全部或超过彩礼的金钱带回男方家。在结婚当天，双方父母都会给钱。

高额彩礼这导致农村出现嫁出去多，嫁进来少的局面。女性想要融入城市，或是嫁到一些富裕的农村地区。Z镇的经济状况导致了女性外流的现象，也与年轻人外出打工所形成的消费观念有关。打工收入本来就低，到年终遇到春节，还要回来赶人情，基本上少有结余，这也导致年轻人不存钱，指望家庭的情况。

人口单向外流，这也导致全国性婚姻市场的形成，农村出现"光棍"现象，甚至出现本地婚姻市场的异化现象。

现实的情况是，彩礼依然是国家力量尚未有效介入的领域，因为政府管人情，不管彩礼。国家力量介入农民的生活领域也是有限度的，并不是覆盖全部农民生活的。政府只能建议或提倡少出彩礼，但这种建议在农民的私生活场域中往往是失效的，具体彩礼给多少，如何给，涉及农民内在的协商，属于私生活的领域，这也涉及乡村的婚姻市场结构。

全国性婚姻市场的建立，源于乡村社会男女结构性失衡。以前是本地婚姻，现在女性外出务工，全国性婚姻市场建立，女性向外流动，男多女少局面的形成。单身女性比较少，造成男性婚娶困难的问题，甚至有房有车也娶不到。本地男性要结婚，就需要看自身条件。在外打工，就找外面的媳妇。这种结构与时代变迁有关，女方市场形成，也与家庭、个人认识有关；更与年轻人的心理、农村离婚率过高有关。这导致未婚者以男性居多。

（三）硬执法与软操作：国家与农民的互动机制

面对异化的传统习俗，政府采取了相应的措施介入农民的日常生活，提倡乡风文明，起到了良好的效果。从政府层面来讲，乡风文明从两禁工作（禁烧禁鞭）开始，再推行新的乡风文明举措。农民对国家力量的介入，一般是接受的，但也存在一些反对的声音，表现出不同的应对策略，这就是农民的自我调节的逻辑。

从2015年开始，因环境污染问题，Z镇就开始推行两禁工作，政府成立两禁工作专班，派人专门24小时巡查。一是源头制止。针对两禁工作，Z镇立场很坚定，因为这涉及环保，属于要坚决治理的范畴。Z镇就不准商户贩卖鞭炮，对已有的鞭炮进行收缴同时禁止在田里烧秸秆。二是做农民工作。一旦遇到贩卖、燃放鞭炮的情况，先做工作，以劝导为主，政府还提倡农民购买环保电子鞭炮。在Z镇A村，因为地理位置离Z镇非常近，一旦有放鞭炮的，镇里就能听见，所以，A村成了两禁的严管区，由A村派村保洁员去做工作，让农民不放鞭炮。一般遇到不理解的农民，村里就主动把农民家的鞭炮买过来。每遇到农民办酒，村干部就采用多种宣传方式宣传两禁工作，比如，利用大喇叭、小纸条、横幅、宣传车等。同时，还要让党员带头，从自身做起，引导农民不放鞭炮不烧秸秆。三是强制措施。工作做不好，就采取强制措施。比如，对放鞭炮的，一般派车没收鞭炮，当众拉走；对烧秸秆的，如果发现，当即制止。情节严重的，让派出所来执法，并处于1 000~2 000元的行政罚款，还让农民写检讨，全镇通报。这在熟人社会，给农民带来了很大的心理压力，对农民有警醒作用。四是实际困难。两禁工作之所以难做，是因为这种做法过于绝对，面对几千年形成的习俗，很难一时改过来。加之，单靠几个村干部，很难做到杜绝。以禁烧秸秆为例，政府不让烧，秸秆就堆放在农民家里，时间一长就会生虫子。Z镇各村大多没有集中的秸秆堆放处，若有也存在安全隐患。Z镇更没有秸秆处理厂，这导致秸秆不焚烧，就没有好的处置方法。农民烧饭，只能烧一小部分，烧不完的，只能堆放在路边或家门口。另外，在于Z镇多为小农户经营结构，人均土地少，土地多被分割成很多小块，难以进行机械化耕作，机械化耕作可以直接把秸秆打碎了深埋在土壤中。总之，Z镇普遍没场地堆放秸秆，没专业公司处理秸秆，农民只能掩埋或堆放秸秆或烧秸秆，这带来了很大的治理难题。

因于政府的"两禁"工作，在红白喜事上，农民觉得不让放鞭炮，不让敲腰鼓，就显得不热闹，难以接受，就会私下偷偷放鞭炮。加之，Z镇还有一个习俗，遇到白事，亲戚要送鞭炮。一般来说，需要提前跟村支部书记打招呼，要表示尽量少放，但也存在一些极端现象。从中也可以看出，村干部在面对一些特殊情况时，多是从村庄层面去考量的，而非从行政层面去考虑，双方之间存在弹性空间，这就是硬执法与软操作之间的艺术。尽管红白喜事不准放鞭炮，但在 A 村，因为村干部也是农民，如果太过认真，农民就有想法，双方就形成了一种新的默契。遇到红事，可以放两挂鞭，到亲的时候，放一挂；送亲的时候，放一挂。其他不允许放。

在政府的强力推行下，农民对于"两禁"是基本认可的。很多农民也开始理解，认为放鞭也是一种浪费，也能做到少放或不放，据 A 村村干部反映，两禁工作开展五年来，听到的鞭炮声越来越少了。总的来说，两禁工作村民表面上都接受，但在现实中就有一小部分人等村干部走了，就偷偷放鞭炮。很多农民表示，现在生活好了，有钱买鞭炮，以前是没钱买鞭炮。随着两禁工作的推行，农民环境保护意识有了提高，基本没人用草垛做饭。农民现在用液化气做饭，因为液化气简单、方便。

（四）村庄的文化供给：农民社会生活的自我建构

村庄文化供给主要涉及的问题是在村农民到底需要什么样的文化，政府如何与农民的文化需求相对接。村庄文化供给除国家介入建立的机构组织以外，更多的是农民自发组织、自我建构的，这就集中表现在乡村文娱活动之上。这是一种自发形成的调节形式，通过农民自娱自乐的形式，建构村庄的公共性，形成村庄共同体意识。

这里所说的农民社会生活包括农民文娱体等各方面的生活。比如，以组织打鼓队、秧歌队、玩龙灯、跳广场舞。以锣鼓队为例，锣鼓队是群众自发组织的，是农民喜闻乐见的文化形式，有时还会去 Z 镇参加商演，产生了重大的影响。但政府没有有效把他们组织起来，给予奖励。这与村庄的老龄化有关，在我国中西部地区，中青年人口单向度外流，村庄老龄化、空心化现象突出。这里所说的文娱活动，多是指老年人的文娱活动。这都是农民自发组织的，且还有一个特色，组织者、参加者多为女性，但这也与具体活动相关，比如，打腰鼓的，因消耗体力，40~50岁居多，60岁以上较少；跳广场舞的，40~60岁，甚至60岁以上的都有。男性多在家打牌、打麻将。文娱活动一般在A村党员群众活动中心门前的广场上举行，A村会提供场地、电源等便利，这属于村里提供的文娱活动的供给。

四、走向融合：生活治理的改革进路

要让村庄文化引领生活治理，村庄文化的建构既需要农民层面的努力，又需要政府层面的规制，是二者走向融合的产物。

（一）政府层面：推进乡风文明

政府主张乡风文明，就需要主导移风易俗，对一些具体的生活治理，提供可量化的指导标准。

一是狠杀人情风。政府规定，农民只能办红白喜事和小孩满月三场酒，其他不允许办，同时规定了酒席的桌数，即10桌以内。不允许搭建舞台。

二是广泛进行政策宣传。宣传移风易俗，提倡改进办酒的程序和简化流程，为农民节省生活治理的成本。在村庄内部张贴标语、横幅、广告，结合政策文件，去做农民工作。这里面还涉及村级组织与乡镇政府之间的互动。比如，张贴狠杀人情风之类的标语。对于放鞭炮还要有惩罚机制。发倡议书，提倡少请客，少办酒。在宣传中要借助现代化的宣传手段，比如设计宣传画。也要注重典型示范，在党员大会上讲一讲先进典型事例。

比如老人不在家，别人帮了忙，就该表扬一下，这样就能在村庄中形成尊老爱幼的文化氛围。

三是突出软硬兼施的工作方法。从调研中发现，在Z镇移风易俗很难推进，政府在仅强调强制，告知不该做什么；未能总结好的经验，告知该做什么，这也是源于人本身意识的发展。现在靠行政约束，事实证明，约束是有效的，什么该干，什么不该干都十分清楚。政策宣传是一方面，政策实施才是另外一个方面。村干部的行为和干涉与绩效考核息息相关，但在实际运作中出现软约束的情况，很多时候乡镇干部和村干部对违反两禁行为的事睁一只眼闭一只眼，不会强行干涉，里面有软约束的规则。另外，对情节特别恶劣的，将采取强制措施。这就是软硬兼施的工作方法。

四是突出乡风文明：建立新时代文明实践站。在Z镇，为了更多介入农民生活治理，建立了新时代乡风文明实践站。其实，各地都在从事这项工作，从下到上，建立了完整的结构：乡风文明实践站（村）—乡风文明实践所（镇）—乡风文明实践中心（县）。其主要发挥志愿者的力量，在Z镇，有200~300名注册志愿者，他们围绕乡风文明从事志愿活动，比如，开展清洁大扫除、疫情防控。新时代文明实践站是一种宣传、互动的组织结构，实行"群众点单—中心派单—志愿者接单—群众评单"的形式。但在广大的农村，因缺乏共同的土壤，就难以组织起来，这也容易出现空转的现象。这类空转现象在村庄治理层面有很多类似的情况，比如，居家养老服务中心、文化站，基本上只有牌子，没有队伍。

（二）农民层面：重构村规民约

生活治理所涉及的内容，与几千年来形成的农耕文化密切相关，比如，结婚给长辈敬酒，长辈要给茶钱；过生日要送鸡蛋；吃酒席要给东西等。

随着生活的变迁，这种习俗也在不断地改变。正是因为我国中西部地区属于原子化社会，缺乏村规民约的规制，导致生活治理中出现一些异化现象。这就需要国家力量的介入，引导农民建立村规民约。

一是成立红白理事会。与东部宗族性村庄普遍存在的红白理事会不同，我国中西部地区普遍缺乏红白理事会，导致办酒随意性较大。这就需要由政府和村集体牵头，成立专门的红白理事会，制定具体流程，及时制止铺张浪费的现象，引导、组织农民自发开展文娱活动，等等。

二是抓住年轻人这一群体。随着老龄化和空心化的加快，以及传统社会结构的解构和经济地位的转变，老年人在家庭中的话语权在逐步丧失，年轻人则逐步获得家庭的话语权。在Z镇，过去红白喜事都是老年人有发言权，现在年轻人来主导，这就导致年轻人怕麻烦，不愿意办。所以，政府这方面的改革要抓住年轻人这一群体，主动引导他们移风易俗。

三是鼓励农民思想上的转变。在Z镇，年轻人不想办酒，怕麻烦。这就是农民思想上的转变。这种转变涉及代际传递，抑或代际更新，其受传统文化的影响越来越少。在传统文化中，老人告诉你不能做什么，但没有从积极层面去引导，现实文化中，告诉你怎么做，还要告诉你解决问题的方法，这就是农民思想上的巨变。这种思想上的转变更能有效契合农民的生活治理。

五、结论与讨论

生活治理涉及乡村治理之外的方方面面，是对乡村治理的查缺补漏，乡村治理涉及不到的地方，生活治理就能够有效覆盖到。显然，生活治理是乡村社会中一个新的治理层级，在公权力之外，还存在着另外一个私生活的场域。所以，就很有必要明晰其概念，概况其内容，发掘其作用，进而建立一个解释性框架。在Z镇，出现了两种生活治理的逻辑：国家介入与自我调节。本是私生活场域，国家为何能够强力介入？这源于我国中西部地区的原子化结构，生活治理靠自我调节难以维持现有秩序，需要外来力量的有效介入。双方之间就产生了互动机制，包括人情异化为国家介入提供了可能，资本逻辑下的生活治理，以及国家与农民之间的硬执法与软操作，农民社会生活的自我建构，等等。所以，生活治理的改革要使二者走向何方，要让村庄文化引领生活治理，村庄文化的建构既需要农民层面的努力，又需要政府层面的规制，是二者走向融合的产物。

另外，移风易俗，不是一个短暂性的问题，而是涉及生活治理的常态化。在我国中西部农村，需要国家力量的有效介入和农民的自我调节，二者共同用力。所以，要把二者放在历史的场域中进行考察，看移风易俗到底该怎样开展。

乡村振兴要以养老为抓手

何西瑞

养老问题是乡村振兴战略要解决的问题之一。2021年暑假期间,针对农村养老问题,我在陕西省眉县常兴镇郭何村四组,对其养老情况进行了调研,调研时间长达一个月(7.18—8.16)。此次调研,包括走访村书记了解养老现状、去村民家庭中看望老人掌握民情、了解县乡村组养老基础设施状况及国家和地方政策规定、采取的措施等。调研的对象包括郭何村书记赵恩强、组长薛军强及其母、何根平夫妇、何平夫妇、何福让(以上5位老人均在80岁以上)和何亚洲(58岁)等数十位村民。

一、郭何村四组概况

郭何村四组位于107°84′E,34°26′N附近。此地属于典型的大陆型温带气候,全年平均温度11~13°C,年降水量500~700毫米。受季风影响,夏季气候干燥炎热,平均温度23~27°C,夏季降水量占全年39%~64%,秋季则占20%~34%;冬季寒冷,平均温度-3~1°C。

从行政关系角度看,郭何村四组由陕西省眉县常兴镇管辖。常兴镇是眉县7镇之一，其下辖13个行政村，郭何村即为其一。从地理方位看，郭何村位于常兴镇北部，陇海铁路郭何村四组则处于郭何村中部，在一、二、三组与五、六、七组之间。陇海铁路线横穿郭何村四组南部平原地带，1936年迄今，在此设有名为常兴的四等火车站。西（安）宝（鸡）高速公路横穿常兴镇南端，距离镇政府所在地数百米。常兴镇镇政府距离常兴火车站有三四百米。常兴镇镇区面积小，自古以来就是周边民众集市贸易之地，也成为郭何村及周边民众经常光顾之处。在郭何村四组属地上，有一处著名的红色旅游景点——扶眉战役烈士陵园。陵园是为纪念在解放战争中西北战场上最大的一次战役——扶眉战役而壮烈牺牲的3 000多名解放军指战员于1953年开始修建的一处安葬烈士的陵园。扶眉战役烈士陵园是陕西省第一批重点烈士纪念建筑物保护单位，是中共陕西省委、宝鸡市委命名的爱国主义教育基地和国防教育基地，共青团陕西省委、陕西省教育厅、陕西省少工委命名的红领巾实践教育基地。每年有大批参观者前来瞻仰和祭拜先烈。

郭何村设置有"两委"（村党支部委员会、村民委员会）、村医务室（只有一名医务人员），还有与村民生产、生活相关联的"两新组织"（"新的经济组织"和"新的社会组织"）等。在郭何村，"两新组织"基本上属于经济组织，很少有新的社会组织。郭何村全村没有养老院或敬老院之类的组织。在常兴镇调研时，笔者也没有发现养老院或敬老院。在全眉县范围内，只有数家养老院（敬老院）组织。在互联网上，经常能够读到各类社会组织进行助养老的报道。从笔者的观察看，这些新鲜事物尚未延伸到眉县农村。可以说，从农村社会的稳健运行方面看，这是一个明显而又巨大的缺口。

郭何村四组位于关中平原西部，距离渭河冲出秦岭山脉形成关中平原最西端不远。地形呈北高南低之势。南部是平原地带，属于关中平原的组成部分，其北部为由渭河常年冲击而遗留的海拔高度大约700米的黄土塬，陡峭的坡地上有少量大小不一的梯田，更多的是生长着各种杂草，无法作为农业生产用地。在以往集体化时代，当地曾经发动中小学生在修建宝鸡峡灌溉总干渠倾倒土壤形成的陡峭长斜坡上栽种了刺槐，极大地改善了当地的植被情况，后来这些刺槐被大量无序砍伐。但由于刺槐的生长特性，现在依然大量生长，保持了当地植被没有严重损害。在塬上与塬下之间有各种道路逶迤蜿蜒交错，连接塬上与塬下，构成人们交通、生产的通道。

  郭何村四组是关中平原上一个普普通通的农业生产组织。全村有约26.67万平方米的土地，人均533平方米左右。其中有约20万平方米的土地在关中平原地带，是村民乃以获取生存资料的重要来源。郭何村四组在塬上有约6.67万平方米的农地，与平原地带一样，地形平坦。宝鸡峡引渭灌溉总干渠西起自宝鸡，东达关中平原渭南地区，是陕西非常重要的农业灌溉工程，自西向东流经郭何村四组靠近塬顶部的田地，按照指令向塬下村社和下游提供抗旱水源。陇海铁路则穿越郭河村四组在塬下的平原南端，常兴火车站兴建时就建立在征用的郭何村土地上。但由于铁路资产的专用性，加之公路交通的扩张，常兴火车站的客货运业务长期处于停止状态，对当地经济社会发展没有发挥应有的作用。经过改革开放以后40多年的发展，与以前相比，郭何村四组拥有相当优越的经济社会发展条件。现在的郭何村四组道路四通八达，全村生产呈稳中向上的态势。郭何村经济由农业和非农产业组成。农业以种植业和经济作物为主。农户种植的有小麦、玉米，经济作物主要是猕猴桃及桃子、李子等。小麦和玉米的种植主要是为农户自己消费，只有少量的玉米在农户之间粜籴或出售给养殖户。十多年前，在眉县政府大力提倡下，郭何村村民开始普遍栽培猕猴桃。从每年初春开始，村民们施肥、浇水、打尖、杀虫、授花粉等，直到8月底、9月初进行猕猴桃采收销售。现在郭何村的猕猴桃已经进入挂果高峰期，村民每年户均纯收入达到15 000元。这成为村民们当前的主要收入来源。郭何村四组的非农产业主要由外来投资者投资的一个化工厂、一个纺织厂和一家由本村人投资的养猪企业组成。少量村民在其中打工，月收入在2 000元左右。郭何村四组村民的就业与其他农村社区居民的就业一致，农忙季节返乡，其他时间有机会则外出打工。由于距离很近，一些年轻人（主要是妇女）在常兴镇街道上打工。郭何村四组村民就业的非固定性、非专业性、非职业性特点鲜明。

郭何村是一个历史悠久的村子。据眉县县志记载，郭何村有600年左右的历史。在历史的变迁中，现在郭何村四组形成了由郭姓、何姓、薛姓、曹姓等组成的杂姓村组。与其他北方村落一样，村民聚居在一起，每家每户独门独院毗邻而住。在20世纪第2个10年，在中国社会政治体制发生巨变之时，天主教进入常兴镇，现在的郭何村四组大约有50%以上的村民信仰天主教，一部分村民信仰佛教。宗教状况对郭何村四组的养老有一定的影响。在社会变迁中，现在的郭何村不存在大家庭了，核心家庭占据主导地位，数户核心家庭居住于一个院子里的情况也消失了。

二、郭何村四组养老现状

郭何村四组现有农户126户，村民556人。其中1961年以前出生的男性61人，女性73人，共计134人。据此计算，60岁以上的人口占全组人口的24%，占全村人口的四分之一。按照国际上通常的指标衡量，郭何村四组不仅已经是一个老龄化社区，而且是一个深度老龄化社区。对照2021年5月初第七次全国人口普查数据（18%）可知，郭何村四组的人口老龄化远超全国平均水平。在对郭何村全村 7 个组进行的粗略调研中发现，其他组与四组的情况相差无几。中国农村人口因为老龄化、少子化、人口转移多元等因素，正在发生前所未有的变化。那么，郭何村四组的养老又是怎样进行的呢？

依照现代化标准，可以把郭何村的养老分为传统养老与现代养老。所谓传统养老就是由子女赡养老人。郭何村四组养老遵循这一模式。现在 60 岁以上的老人，由子女赡养已经成为一个积习。即使还没有到 60 岁的农村人口也大都倾向采用这一方式；所谓现代养老就是按照现代方式所进行的养老，它不局限在家庭范围内，可以去养老院（敬老院）等养老。从调研所收集的数据看，郭何村四组除了少数几例雇佣（在当地农村，人们往往用"请"字表述，以示尊重）护工在家护理外，还没有一例现代养老案例，全部是传统养老。

依照老人在养老活动中的作用为标准分类，可以把郭何村四组养老分为老龄者的自我养老、子女养老和二者的混合三种类型。三种类型的并存是指参照笔者调研时的时点上的养老状况，即人们惯常所说的静态归类。一般而言，从比较年轻、身体好的老人到身体状况不好、年纪或小或大的老龄者，赡养要求不一，从而形成上述三种分类。大体而言，自我养老跨越了不同高龄者阶段，在郭何村四组占比达 73%；子女养老往往是老人身体状况到离开了子女的伺候就出问题的时期，此类比例达到 20%；混合性养老则占比 7%。

依照子女参加到父母养老中的程度为标准分类，可以将郭何村四组养老分为探访型养老、分工型养老和其他。所谓探访型养老即子女在父母有事时回家服侍，无事时以探访为主的养老。这种养老以老龄者的年龄还不很大，身体尚可，能够自理且分家或在外地工作为条件。常言道，见微知著。

由子女与父母相互探视可知一些未来的走向。分工型养老即由于赡养时间长、负担重、子女具体情况各异而进行的养老。在郭何村四组，只要老龄者中有一人因重病不能自理的情况发生，分工性养老会立即启动。在郭何村四组的养老中，分工型养老占绝对主体，社会风气也被这种养老状况所左右；所谓其他类型是指除了上述两种以外的养老。比如只有一个儿子，或只有女儿没有儿子，或诸子均在外诸女离娘家不远这些情况下的养老。在只有一个儿子的情况下，按习俗，他要承担起全部的养老；只有女儿的情况并非罕见，承担养老也被视为理所当然。比较特殊的是诸子都在外地工作生活，由于许多限制性因素持久阻碍老龄者向城市的迁徙，他们只能购买养老方面的服务。

依照养老所居位置为标准进行分类，可以将郭何村四组养老分为常年在家养老和非常年在家养老。非常年在家养老是指由在外工作、生活的子女将老人接到自己在工作地的家里，短时期养老的现象。在郭何村四组，这种养老大约占比10%，一般是接老人短时期去外地居住、游玩、散心等。这是以有子女在外工作、生活为前提。由于陕西人比较保守，嫁出去的女性大都离娘家不远，在家有儿子的情况下，一般都不会长时间去女儿家久住。所以，郭何村四组是以常年居家养老为主。

依照性别在养老中的作用，可以将郭何村四组养老分女儿养老和儿子养老。这种分类既有自然客观原因，也有社会关系的因素。与子女参加到养老中的程度为标准的分类相近。

依照老龄者身体变化而形成的养老状况为标准，可以把郭何村四组养老分为重大疾病前养老与重大疾病至亡故间养老。在郭何村四组，重大疾病前养老一般不为人们所看重，对老龄者及其子女在此时行为的风评抽象笼统，比如×××身体不好了，或××不常回家看望老人，并未引入其他指标。乡民从经验中,看重重大疾病至亡故间养老,因为其不可逆。判断标准大约是老龄者受的痛苦得到的舒缓程度,尤其是从得病到亡故的时间长短。

依照支付养老费用为标准,可以将郭何村四组养老分为子女分担型、老龄者承担型和二者混合型。子女分担不难理解,主要问题是分担的计算和实施。在调研中发现,父母均健在,子女的花费没有确定的数字,在数百元到数千元之间。数百元是笔者亲眼观察到子女给老人钱,数千元的数字可能是2 000元,也有可能更高。在郭何村四组,子女分担养老费用占比40%;老龄者承担费用的比例也不低,约占40%。一般退休回乡的老人自己支付养老费用,这是通过购买日常用品所体现的;二者混合型是老人和子女都出养老费用的情况。具体数值和比例也不尽相同。在乡村大众话语中,大家很少谈及这一方面,要进一步详细调查才可获得数据。

依照血缘关系在养老中的作用为标准分类,可以将养老分为紧密型养老和非紧密型养老。所谓紧密型养老就是子女与父母之间因为血缘围绕养老形成了紧密的关系。在这种关系中,子女赡养老龄者的缺漏少,矛盾都能够得到化解,大方向不变。这种养老占比高达70%以上;在郭何村四组存在鳏寡老人,由于与子女以往产生过纠纷,或分家另居,导致子女的赡养与乡亲们经常性接济交织在一起,经常可以看到一些老人被请去参加红白喜事的宴席吃饭,还在宴会后将剩余的食品打包送往。血缘关系是一个长长的链条,连接在祖孙之间。笔者发现,在一些高龄老龄者养老家庭,现在30岁左右的孙子辈即使生活在农村,除了不经常性的探视外,也没有介入养老活动中。

依照服务质量和水平为标准分类,可以将郭何村四组的养老分为基本生活保障型养老、老有所用型养老及其他。所谓基本生活保障型养老是指给老龄者提供吃穿住的必要保障。在郭何村四组，基本生活保障是由乡土习俗规范的，即有吃有穿有住，勤洗澡，多换衣，让老人体体面面等。完成基本生活保障型养老在内容上要求做饭、洗衣、洒扫等。在郭何村四组，老人的基本生活一般都能够得到保障；老有所用型养老即老人在力所能及的情况下，参加轻短性质生产活动，种菜、养花，甚至帮助子女带小孩、做家务等。在基本生活保障型养老中也可以干活，让老人在活动中发挥一定的作用。此之用也，依然是围绕着家庭，而且绝大多数老人都是如此；其他类型的养老，比如像城市老人一样的尚未见之。

通过上述细分，可以简略地将郭何村四组的养老概括如下：血缘担纲，宅家为居，经济为基，支付靠子，差异众多，有待提高。在郭何村四组的养老实践中，家庭养老的变动还不足以改变经济支持主要来源于家庭之内、老龄者的生活照料离开家庭而不能、老龄者的情感慰藉依然单一化等客观实际。

由上述分类和现象的描述，不难对郭何村四组的养老持续分析。

首先，60岁不是进入养老节奏的分水岭。一般而言，养老进程随着老龄者年纪大、身体状况日益虚弱、疾病导致的行为能力丧失加速而加快。因而，不一定是60岁以后才进入养老节奏。近年来，郭何村四组薛军福（男，55岁左右）、×××（女，60多岁）等因为疾病缠身，照顾不周而不幸亡故，对年纪不大尤其是身体状况不佳的人是一个警示。笔者还听说，邻村有位老龄者60岁以后就躺在炕上直至去世。尽管如此，年纪越大，养老节奏加快的趋势越明显。仅仅从老龄者本身需要的角度而言，刻画出了一幅多变复杂的养老图画。

其次，养老范围有很强的限定性。郭何村四组村民的养老限定在家庭范围内，没有超出家庭的。即使在特殊情况下，比如子女短时间不在身边，也要很快返回。村民们大都认为养老是私事，受血缘关系、婚姻关系约束。婚姻关系在老龄者夫妻双方健在，且身体、精神状况能够支持小家庭正常运行的情况下，发挥着巨大作用。这也被年纪不太大的人认为是养老的"黄金"阶段。一旦老龄者夫妻双方一方去世，或者其中一人身体机能急剧衰退，客观上就要过渡到他养阶段。这就是老龄者与其子女之间围绕养老形成的线性关系。从目前来看，打破这一线性关系的尝试并不多，范围也不广。

再次，超越年龄因素，或者说养老节奏加快，与老人在不同年纪的疾病状况关系密切。在农村，不论是老龄者还是年纪不大的青壮年心中，大家不约而同地认为，一个老人丧失行走能力，是最难服侍、伺候的。其次是失去了行为能力，不能处理自己吃、喝、拉、撒等个人事务。至于说得了病，又能够控制并得以恢复的，即使是难以根治的慢性病，一般人认为只要调养即可。在此存在的深层次意识是，村民很少了解关注发生疾病及预防疾病的科学知识。郭何村四组村民没有公认的养老标准，大都是由约定俗成的规范发挥作用。

从次，家庭养老参差不齐。在乡村社会，由村民遵循中华人民共和国养老规定，借鉴遵循国际社会养老做法，尚待持续。在家庭中进行养老，物质保障和精神需求缺一不可。观察老龄者的吃、穿、住、行、用诸项，一言难尽。从吃的方面看，与城镇居民相比，村民吃的菜蔬、粮食、水果大都自产，安全性有保障。由于农村多种经济发展和国家畜牧业政策，包括牛奶、羊奶的需要基本在本地就可以满足，每天定时定地点去付费购买就可以了，其他需要只能去镇街道上的超市购买。郭何村四组和其他组的村民一样，自来水管入户入厨房。在村属泉水枯竭后，打井抽水吃。无疑，农村老龄化持续与日常每天饮用牛奶、羊奶，吃得绿色安全，吃得不愁关系密切。所以，年纪越大的人，越是对自己能够不愁吃不愁喝感慨良多，越是感激新中国。有吃的还需要会吃，特别是针对老龄者而言。郭何村四组还没有克扣老人吃的传闻。但由于烹饪水平、营养知识的差异，适合老龄者的饮食供应水平有待提高。笔者对此进行的调研涉及很多跨学科的领域，不再赘述；从穿的方面看，郭何村四组老龄者的衣着及其洁净既不是问题又有问题。每日的洗晒、热冷加减、被褥鞋帽袜子手套、带老人出门散步所需诸事项繁杂，与老龄者的各种偏好形成不同结合。比如，陕西老龄妇女大都喜欢穿深色带花的衣服，戴地方特色的头巾（不论季节，春冬秋季尤其如此。在民俗中，陕西或曰关中有"十大怪"之俗，其中之一就是妇女们"手帕头上戴"）。在习俗和收入的作用下，农村村民没有对衣物进行分类，准备专用衣物以应付不同工作、不同身体状况的意识，也没有做这一方面的准备。他们在衣物的消费上随意性比较强。从住的方面看，郭何村四组多年前完成了从土坯房向楼房、砖瓦房的转变，现今即使是砖瓦房也不多见了。在这种情况下，远观郭何村四组乃至于其他村组，耸立在大片农田之间，掩映在各种树木中间的村舍构成一幅安静祥和的景象。多年来，农村空心化趋势也席卷郭何村，扩展的亲属关系纽带弱化速度快，传统的家庭形式更为松散，老龄者可以支配的居住面积一般都超过30平方米，这就为老龄者安度晚年提供了可靠的挡风遮雨之处。从房屋功能结构上看，卧室、客厅、洗澡间、卫生间都基本齐备，但从满足老龄者需求的角度看，需要进行大量调整。因为，家庭房间布局、建造时的观念、设施等都没有考虑到养老因素。在现有条件下，围绕养老进行的改造，比如取暖、预防水电气故障、家居卫生安全等方面的需求紧迫而又重大。从行的方面看，郭何村四组的老龄者拥有以前的老人们难以比拟的优势。由于整个村庄的路面全部硬化，混凝土铺设到了田边家门口，农户与各主要交通要道、大小社会机构无阻隔地联系起来了。从这个角度看，中国农业农民农村发生了亘古未有之大变化。另外，价格低廉、易于操作、方便又快捷的电动车也在农村得到了广泛普及，使得老龄者的活动范围扩大。从用的方面看，郭何村四组的老龄者其所需林林总总，不一而足。许多老龄者拥有手机，这是他们把座机升级的结果。与年轻人不同，年纪大的人主要利用手机的通话功能。老龄者对药品的需求五花八门，而且容易受广告、推销活动的诱惑，药品消费无限制。买的"药"堆成了"山"，这是笔者在许多老龄者家中看到的。农村家庭生活要用到的锅碗瓢盆、柴米油盐酱醋茶不仅齐全，且更新换代频率高，因而被弃置的器物也多。在调研中发现，每一个农户家庭都有电视机，主要由老人使用。许多老龄者随着年龄增长，对电视的依赖呈现出扩大之势，每天长时间看电视。除了这些耐用消费品，老龄者的可用之物是一个长长的清单，包括老人外出看戏、在村头聚集闲聊使用的拐棍、小座凳，还包括行动不便者使用的尿不湿、湿纸巾等。简而言之，老龄者的物质保障呈现出"物之不齐，物之情也"之状，其精神需求也呈现差异化。大体而言，情感慰藉排在老龄者精神需求的首位。慰藉的意思是安慰，越是老龄、身体状况不良、年轻时不善与人交往者，对慰藉的需求越大。在郭何村，时常可以看到不同数量各年龄段的女性聚集在一起，忙完家务后在家门口乘凉、聊天、谈话，要么是简陋的凳子，要么席地而坐，手执蒲扇，兼顾照顾小孩子。与女性老龄者不同，男性则大都集中在相对固定的地点下棋、打牌、聊天及玩地方特色的游戏。上述这些方面，与看电视、偶尔看看戏、走访亲戚朋友左邻右舍、参加社区婚丧嫁娶、上街购物游逛、子孙探望这些他慰活动相加总，可以发现农村社会人与人交往的真谛。必须而且一定要活在他人的心中，必须而且一定不要在村子里缺位。这些他慰活动的文化色彩不浓，笔者在老龄者家庭中调研时发现，所有家庭都没有购置有关老年相关的书籍，没有书写工具，也没有订阅报纸杂志，老年人不会使用现代通信工具。笔者发现，不论鳏寡，还是夫妻双方健在，均没有认字、学拼音、读报、读书之举，被动之举主动之为皆无。迄今为止，乡村老人均不知在城市中普及的老年大学为何物。在调研中发现，越是年龄大的人，即使他（她）丧失了行动行为、语言表达能力，却对参加社会交往越有根深蒂固的需求，需要日常性安排，而且还往往忽视身体的状况，借助于电动车、轮椅等工具外出。这在郭何村四组老龄者中屡见不鲜。笔者在对郭何村四组年纪大的老人进行访谈中，身体状况是最佳切入点，老人们大都身体状况不佳，不是有这一方面就是有那一方面的问题。这是老龄者愁苦之情的核心。让老人述说自己的身体具体状况，对这些文化程度不高、社会阅历不丰富的人们来说，有多重意义。这可以达到暂时性解除老人的孤独、寂寞之苦的效果，可以通过追踪病情变化并提醒老人注意关键之处，可以向他们请教养生而转移其注意力，可以与老人一起回顾年轻时期与同伴的战天斗地、为家庭的含辛茹苦，等等。许多老年人有向人倾诉及参加到这种倾诉中的愿望。经历了诸多社会变迁的人，要让他（她）服老认命，可能吗？既然答案是否定的，那么引导其自力于满足精神需要方面，就大有可为。这篇大文章值得写，也要写好。旁观乡村老年女性、男性聚会活动，发现他（她）们的聊天集中在生产、生活、婚丧嫁娶、身体状况及其他乡土话题上，老年人的话题也是一大热点。从中没有听到过社会服务机构、政府相关部门举办各类符合农村农业农民需要的培训的信息。乡村社会缺乏老年舞台，更无老人"明星"，给这些有想法而没有机会说话的老人提供表达的机会，与年轻人一起回顾，也许是一个办法。因而，创造条件提供舞台满足老龄者的倾诉排在精神需求的第二位。第三，社会的精神慰藉亟待发展。不论是郭何村老龄者的精神慰藉的自慰形式，还是他慰形式，从内容、方法、途径等方面看，缺陷都非常明显，不具备可持续性，尤其是在城镇化发展的情况下。

最后，养老活动面临挑战。郭何村四组的老人养老主要是由子女承担，没有其他可以分担分流的方法。也即是说，老人与子女存在着线性的养老关系。这种关系的内涵包括货币投入、日常生活关照、病痛住院期间的陪护、家庭社会关系再维护、生产等因素，它们的复杂多变决定了养老曲线的变化。不容忽视的是，作为这种关系基础的生态状况也是一个重要变量。养老关系的生态状况是指参与养老的各个主体的生理、性别、身体状况的总称。具体而言，是指存在于养老中的生理特性和生活习性，它们对养老活动的影响。郭何村四组的老人养老模式都属于直系子女养老人。从目前来看，其子女与老龄者在年龄上呈同向递增趋势，也即越是高龄的老人，赡养老人的子女年龄越大。老人（年轻的老人）养老（更老的老人），这是郭何村四组最具有代表性的养老，不具备可持续性。郭何村四组凡是70多岁、80岁以上的老人均由50多岁或60岁以上年龄的子女赡养。这也为现在50多岁、60岁以上的人们所羡慕。之所以如此，潜在因素是大家对自己的未来不乐观的预测。在郭何村四组，存在于养老活动中的规范老人与子女养老关系的是以对古老传统的遵循，以及正在发生的时代变化的冲击。郭何村四组老人养老开始时间没有明确规定，遵循的是乡土社会的随意原则。当一个人说出自己老了的时候，可能就包括了需要养老的含义。除了退休回村的老人能够准确说出养老的时间外，其他类型的乡村老人对此的观点是模糊的、不确定的。一些80多岁的老人说只要自己手脚能动，头脑清楚，就能够养活自己，不需要别人养老。这一般是农民老人说的。由此可知，农村养老从起始点上看就是无序的。现代汉语词典关于"养老"有两个基本解释：奉养老人、指年老闲居休养。在郭何村四组的养老中，按上述词义理解的各种养老表象都有，难以精确进行归类。个别四五十岁因身体状况而不能自给者也自称老了，由子女承担养老事务。至于因年老而完全不能自给者，在郭何村四组有10人左右，这些老人因为摔伤、极度脑萎缩等，以及年龄大而需要养老。介于二者之间，年龄渐大又能够自给者也属于养老范围。那么，养老的决定由谁来做出呢？乡村社会信奉"多子多福"，当最后一个儿子结婚后，一般由家长召集子女决定养老事项。同样在习俗中，年长的儿子随着结婚都会分家另过，女儿会嫁出去，由最小的儿子继承老人的财产并承担养老的责任。也就是说，以往养老的决策是古老的家产制遗留。郭何村四组的养老传统保留了家长召集儿子们决定养老的传统，嫁出去的女儿大都不参加这个会议，除非特殊情况（比如家中多女独子，或只有女儿没有儿子）。在调研中发现，许多家庭的养老决定是不固定的，发生过多次变动。其原因是由家长主导逐渐过渡到子女主导。那么，养老又是如何进行的呢？用农民的话说，管吃管喝管住管穿管治病。一个"管"字，诠释了养老的本质。乡村社会流行"老小老小，越老越小"的话语，即把老人与婴幼儿的养育等同起来。"管"也就意味着像养育小孩一样养老人。所以，由子女把老人的一切管起来的保姆型养老是养老的真实要求。这是无限责任养老。但是，其可行性却不高，现状不容乐观。在对郭何村四组调研中发现，在老人的养老需求和子女提供的养老产品与服务之间，如果以满意度为指标来衡量，一言难尽。从现实情况看，郭何村四组农户的家庭养老活动可分为早期阶段、晚期阶段。在养老的早期阶段，老人有行为能力并能够参加一些家庭生产、生活，自己支付了部分养老费用，没有与子女发生经常性接触，也不用担心自己受委屈。这时，老龄者为家庭创造的财产依然存在余值。当老龄者行为能力下降导致不能参加家庭生产、生活，养老需求扩大，自我担负的养老费用减少，顾虑开始增多时，养老难度急剧上升。从养老开始到老人去世，在经济社会发展和老龄化的背景下，时间有不断延伸的趋势。有些是老人拿出自己的积蓄进行养老活动，有些是子女分摊时间和费用养老的，有些是老人与子女共同分担养老支出。在具体支出项目上，有些日常支出采用老人自支、子女分摊支出、共同分担支出，老人的大病、重病也分别采用上述三种形式。乡村社会传统习俗发挥的作用很大，到目前为止，尚未听说因为老人治病，家庭到处借贷以至于负债累累，难以为继的案例。由此可知，养老不仅仅是单纯的老人的经济问题，还是通过血缘延伸的子女的经济问题，这是一条延伸开来的链条，但又不可持续。老人日常生活关照同样呈现出上述三种形式，自我进行、子女担当和二者混合。这里的内容同样复杂。日常生活关照需要仔细注意老人的摄取能力、口味偏好、卫生与整洁的要求、安全防护、闲暇需求，等等。

自从改革开放以来，中国经济社会条件的变化天然地包括了养老方面的变化，而货币投入、日常生活所需、病痛住院的关照陪护等，无不呈现出新的趋势，这也在郭何村四组的养老关系中表现出来。与以前时代相比，这也是社会变迁的结果，可谓养老前所未有之大变局之一。但这种变化难以预料其结局。养老不是空口白牙的事，需要货币投入，这是非常浅显的道理。由于乡风村俗，调查清楚老人的收入、摸清乡村老人的家底很难，他们对银行存款数额讳莫如深。笔者采取了入户生活资料消费问询法。郭何村四组养老关系是围绕着老人的直系亲属展开的，属于向下方向的，没有向上的，也没有延展至旁系亲属的。之所以形成如此状况，是因为老人本身就是人类社会单向代际传承在某一时点的顶点。简而言之，把人民群众对美好生活的需要与发展不平衡不充分的矛盾的解决全面施行于老人阶段。在一定意义上说，老人的日常生活关照是一个化解原则性与灵活性、科学性与实用性、传统性与变革性、体能付出与缓解体能诸矛盾的过程，也是一个融管理、说服、参与、获得的过程。

三、郭何村四组养老问题分析

准确把握养老问题的实质。养老是人在老年时获得吃穿住行用需要的满足，在力所能及的范围得到精神慰藉的活动。养老问题就是在上述方面发生的问题的集成。这是养老问题的实质。细化之，其内涵丰富庞大。理想的养老是老人获得吃穿住行用的需要，满足其消弭由于身体机能的衰退产生的心理困扰的精神需要，安度晚年。实际上，养老是在既定资源和技术条件下所能够提供给老人的各种产品和服务最大数量的组合。不同的个体有不同的组合，不同的组合决定了这个个体的生命长度。推而广之，不同家庭、村落、社区、乡镇、县域、省份，乃至于整个国家都有一个群体的生命长度。这是生命，同时也是养老客观实在性的表现。从历史演进的角度观察，这个组合不是固定不变的，这也是传统经济和社会条件下的养老不同于现代养老，未来养老不同于现在养老的原因。不同时代的养老可能性边界不同，并不是指所有人的寿命都在边界上，有人活得长，有人活得短，这也是人类历史不同阶段的共性。当一个社会中的部分人寿命没有在边界上时，说明养老存在不足之处和需要改进之处，而当很多人的寿命在边界上时，说明人们的生命在充足的时间里得到了绽放。在人类寿命包括养老的变化中，最大的挑战是在一个国家许多人接近寿命边界或超出以前的边界，向更远的边界递进时发生的。它们是物质生产条件变化的冲击、民众生活条件的巨大改善、社会开放性的急剧提升、家庭结构的巨大分化、老龄者生存发展状况的迅速改变、公众对养老的观念改变等因素，在它们的单一递进或错综交织中发生的。集中到养老方面，这些变化产生的问题是：要不要进行农村养老的变革？如果需要进行变革，又要向何处变以及怎么进行变革？要解答这些问题，又需要回答：（1）传统养老方式提供的养老产品和服务问题。具体来说，是指处于急剧变革时代的老龄者通过家庭养老能否满足需要。从郭何村四组的实证调查可知，单个农户家庭养老范围的局限性、方式方法的滞后性、内容的单一性、养老活动的不规范、缺乏老人参与等，与整个村庄养老的无组织、分散、效益低下，以及对全村发展的桎梏相为因果。这就折射出了郭何村四组家庭养老必须变革的前奏。在更高层次上看，养老的不平衡不充分反映了农村发展的方向；（2）找准养老的突破口。这是郭何村四组未来发展中要探索之点，本文仅仅抛砖引玉。

郭何村四组老龄化趋势将持续并固化。在对乡村老龄问题进行调研时，当问及是否奉养过自己的老人这一问题时，绝大多数老人的答案是否定的，没有养过。有老人说，以前的人很少有活过50岁的；现在四五十岁的中年人回忆说，自己的爷爷、奶奶很早去世，没有长久的养老过程。即使某一老人活了90多岁，也不具备普遍性。因为这个老人去世不久，仍然属于现代养老。人活得长了，年龄大的人多了，就形成了老龄化。这是乡村社会亘古未有的大变局之一。不容忽视的是郭何村四组的老龄化还将持续下去。目前，郭何村四组新中国成立后，20世纪50、60年代高峰期出生的人口占郭何村四组全部村民最大比例，随着农村社会保障的健全，经济社会的持续发展，村民的生产、生活水平提高，这类准老龄化人口将正常步入老龄阶段。这势必强化老龄化趋势。正视这一特点，方能把握乡村社会变迁的趋势。

从现在发展状况看，郭何村四组将会在相当长的时间里保持以农业为主，经济活动还将围绕农业开展资源配置。由于农业生产活动季节性、集中性，以及现代化程度大幅度提高，降低了劳动强度，给农村劳动力提供了可靠的、更高质量的生存条件。考虑到现在40、50、60岁的人口绝大多数依然以从事农业劳动为主，并不从事复杂、分工严密、对人的脑力挑战高的现代经济工作，在国家对农业的补贴制度化和农村转移支付制度运行下，村民都能够获得数量不菲的固定收入和农业生产收入，支持其养老的物质基础日益坚实。加之农村社会有储蓄物资以应对灾难的习俗，在中国社会未来发展蓝图已经明确的大背景下，可以说，村民养老的走向很难因为其他变化被改变。这也是研究农村养老时必须了然于胸的。

把养老作为城市反哺农村的头等大事。如同农村哺育城市需要制度的规范与引导，城市养老也包括在其中一样，农村养老同样需要政策引导、制度支撑、资本投入等，而且缺一不可。还需要养老的科学技术、管理、知识、组织等依托，以及形成养老的正确意识形态。从农村社会发展基础设施及倾向来看，重幼轻老已成风气：从以往6、7、8岁儿童上学，再补充上幼儿园，以及其他围绕婴幼儿的巨大发展，到平常三四个老人呵护一个儿童，接送其上学放学回家的现象来看，这是社会的巨大进步，但没有看到向老人延伸的切实举措，又令人扼腕叹息。简而言之，在农村养老中，要充分体现现代中国文明的发展成果，这是习近平新时代中国特色社会主义思想重要目标之一。在这一战略指导下，正视乡村养老与城市养老的差距，分析乡村养老客观现象，研究其中存在的问题，从实际出发探索解决农村养老问题是唯一的出路。

在郭何村四组解决老龄化活动中，地方政府不能缺位、失位。现代化是一个转变过程，是改变以农业为主和依靠农村维持生计的过程。也就是说，在此变化中，人类全部的生存、繁衍都必须发生转变，生老病死都包括在其中。在中国，从历史发展看，传统经济和社会形态只是把老龄问题弱化、淡化、隐藏于社会问题之中，并没有解决养老问题。曾经的计划经济搭起了框架，但没有把解决老龄化问题作为主要抓手。在市场经济体制运行前中期（1992—2012），体制转轨、社会转型的渐进性和突变性给中国特色社会主义事业发展提出了严峻的挑战，富起来的起始阶段难以兼顾老起来的担子。可以说，现阶段的老龄化问题既是历史遗留下来的问题，也是时代变化中产生的新问题。在新时期新阶段，中国特色社会主义的主要矛盾是人民日益增长美好生活需要和不平衡不充分的发展之间的矛盾。老龄化问题解决不好，主要矛盾就不能说解决了。所以，解决养老问题是一个需要严肃正视的紧迫问题。

养老问题不能推给家庭，一推并不能了之。其一，推给家庭，极大地降低了社会发展现代化程度。赡养一两位老人，需要数个劳动力长时期服侍与劳作。人不能一身二用，参加了某一社会分工而又要花费大量时间、精力兼顾其他，势必拖累整体的效率。这个账不难算，因为要赡养134个老龄者，尤其是其中70岁以上者，郭何村其他非高龄者所提供的劳动数量不菲，其活动范围非常狭小，所从事的职业大都以农业为主，离不开农村。笔者在调研中发现，郭何村四组除了前述养殖、种植外，没有其他产业。离不开农村，实际上是养老不能没有人，两者关联如此。无数村庄反复复制郭何村四组的状况，代价不可谓不大！为养老而在无形之中导致发展滞后，不可不深思。其二，推给家庭，并不能提高社会服务水平，满足增长、扩大、强化的养老需求。在郭何村四组，所有赡养老人的子女都没有接受过专业训练、严格的培训，依靠经验和口口相传的习俗中的相关内容操作，缺乏科学技术成分。乡村社会有把复杂问题简单化的习惯，但养老并不是简单问题。当被问及急救知识时，没有人知道相关内容；当问及如何劝告老人不要随意购买大量药品等物时，大家都摇头表示无能为力。在某一位老人故去之后，其家属所拥有的养老经验、知识也随之废弃了，而其他人又要重新开始。这又无形中浪费了宝贵的资源。其三，推给家庭，将会引发新的社会问题。现在 60 岁以上的老龄者都是新中国成立前后出生的，尽管有年龄的差异，但不能忽视这些老人在新中国成立后的苦干奋战，不能否认他们在艰难岁月所做出的无法计量的奉献。在他们年老之际由一个个家庭负责承担养老，事实上形成了更大范围无人注意，有人负责他人不干，责任分担就会无人过问的状况。无社会介入养老，实际上形成了子女负责，结果无人负责的状况，并不能体现进步。如果说要让人民群众共享发展成果，这些人是必不可少的，也是社会公平的重要体现。对他们的尊重、敬重、呵护，在他们年老时给予有力的扶持，不论是从近期还是从长期来看，从老龄者的直系亲属到普罗大众，都可以获得巨大的收益。谁人没有父母呢？谁人又不老呢？一个（或几个）子女由于精心赡养老人而获得很高社会声望，一个社会把老人照顾好，又将获得什么？这是一笔巨大的资产，岂能无视乎！郭何村党支部书记赵恩强对笔者说："郭何村养老一直沿用传统家庭方法，各种问题层出不穷，严重影响了农村的发展，再不妥善地解决，将不可预料未来的状况。"他还说，如果养老问题能够得到妥善解决，农村问题就解决了一大半。他和其他支部成员每年都要参加许多次葬礼，还要为死者家庭随礼，都是自掏腰包。除此以外，还要协调处理各种纠纷与矛盾，其中就包括养老方面。其四，推给家庭不是解决和处理社会主要矛盾之道。农户家庭承担不起养老之重。按照习俗分家、独立生活生产，又参加了各种社会分工，从事着固定或非固定工作，与居家老人的距离远近不一，子女的养老素养、能力、时间、精力不同。这些因素交错于养老活动中，又扩散到社会的各个环节、各个领域、不同角落。在经济和社会运行一体化背景下，养老问题具有外部性：当子女的养老促进了社会效益提高时，是外部正效益，与此同时，社会获得收益却不支付子女的养老费用，是社会的外部负效应。这种关联不是社会发展的良性状况，因为单个家庭不可能长期承担全社会的养老之重，缓解作为社会问题的养老，家庭不可持续。其五，把养老推给家庭，忽略、忽视了社会发展条件的集成，延缓了农村社会发展提档升级的步伐。在现代化过程中，农村社会的养老问题并不是不可解的。的确，在多地农村盛行的对养老院的偏见，与老龄人口经济上的窘迫、拮据，以及丧失社会贡献的失落感交相混织在一起。这些流言根本经不起验证，也不值得辩解。只是因为没有人从家庭以外的角度进行尝试、创新，没有在近距离让老龄人口感受非家庭养老的安全、便利和由此产生的放心感。基于国情，中国社会保障在养老方面倾向于居家养老，这也是学界和政府均力推的方式。陕西农村人口众多，基础设施日益健全，社会风气更加昌明，各种社会创业服务平台延伸，大量劳动力经常参加养老活动但缺少组织，因为空心化而导致部分农家房屋闲置等因素，如果以养老作为切入点，引资引智，集中有限的乡村资源，利用好现有条件，把医、养、住、教、宣诸功能体现出来，按照现代企业管理方式经营运行，培养和训练新时代新村民，由组织起来的村民养村民，让老龄者老有所养、所居、所食、所医、所靠、所讲、所授。所以，农村养老不全部是问题，更是一个难得的机遇。把养老这个短板补上了，农业现代化也就更进一步了。

解决养老问题需解放思想、实事求是、与时俱进。从郭何村四组养老实践来看，可以做出以下三点判断：第一，乡村老人都得到了比较妥善的赡养。在郭何村四组乃至其他村组，没有发现流离失所、不得赡养、以乞讨为生的老人，在常兴镇同样如此。还没有听说过老人因赡养要去上访的事。这不是现在才有的，多年来一直如此。与历史上老龄者不多、老龄化不显时期的现象形成了鲜明对比。就此而言，中国人民就足以自豪了！许多郭何村的老人们和即将步入老龄的老人都对未来抱有美好的预期。第二，乡村社会的发展是可以持续的。在新中国成立后生育高峰期出生的人口即将跨入老龄关口之前，20世纪30、40年代生育的人口就已经形成了老龄化。无疑，前期的探索和实践为以后的发展铺了路，架了桥，打好了基础。简而言之，只要符合村情、镇情、县情、省情、国情，适应民众需要的社会生产条件没有变，发展就是可靠的，可以预期的，更是可以持续的。第三，补上乡村发展的短板，如养老等。农村有土地、劳动力，农民有资金，社会有支持，政府有政策和引导，农村养老问题不解决好，说不过去。进一步说，农村养老问题并不难解决。笔者上述分析就包含了此一含义。笔者还未指出精准扶贫、二不愁三保障、农业税减免、粮食补贴、老年人权益保障法等的作用。老人安，则国安；老人幸福，则国幸福。把乡村社会在改革开放中积累的资源分流到养老上，补上短板，此其时也。

四、若干建议

（1）由村党支部、村居民委员会对本村老龄者情况进行统计，掌握第一手翔实资料。具体到40岁以上所有人口的性别、居住状况、身体状况、子女及其相关状况，以及其他与老龄者相关的情况。还需调查和统计在外居住的老龄者、打算随在外工作的子女养老的老人数据、村里公共设施公用土地使用状况、闲置的宅基地及房屋状况。解决农村的任何一个问题，都非实事求是不可。

（2）由村党支部、村委会召开老龄者大会，或通过专项会议，经过程序严格、内容详尽而又气氛宽松的形式，征集高龄者及准高龄者的养老建议。要做的先期工作包括：①武装头脑。认真学习习近平新时代中国特色社会主义思想关于"三农"问题、社会保障、农村养老、精准扶贫等思想，学习陕西省委省政府关于养老的相关政策规定，用先进的思想和理论以及政策武装干部党员的头脑，在群众中宣讲，形成正确思想引导的大势，抓住舆论引导这个"牛鼻子"；②民意调查。进行大量的民意调查工作，摸清楚老龄者和本村百姓对养老的希望、要求及这些方面的数量、所占比例，对养老的形式的看法，如居家养老、集中性养老、短暂性集中养老或以提供医食居为主的特色养老；③摸清家底。在这里所说的摸清家底是指摸清村里的财务状况，掌握村民的家庭收入来源、收入水平、基本数量、养老支出、医药支出等，摸清市场上的养老服务价格、单项养老服务价格、一般的养老成本等，初步摸清在现有收入和价格水平之上，郭何村村民能够接受的养老单项价格水平，摸清把现有闲置宅基地及附属建筑转为养老所用的费用，以及可能需要的集中性养老项目。解决农村养老问题，非眼明心亮不可。

（3）发布养老招商引资信息。与其他农村社区一样，改革开放以后，郭何村有许多外出谋生求职者，他们分别在许多领域、行业有一技之长，开拓了郭何村外向型发展。这是在农村人才人力资源对城市哺育的背景下发生的。在常兴镇辖属之地，改革开放后也兴建了数量众多的企业、工厂、商店等，培养了郭何村村民的现代生产方式、生活方式。向社会发布养老招商引资信息，其中就包括了这些人和企业。可以使其有机会参加到反哺农村的活动，报效桑梓。

（4）制定郭何村四组社区居家养老服务工作方案。此方案应该包括指导思想、工作目标、服务对象和内容、各种具体工作措施及要求、管理组织组成及分工、职工聘用、物流支撑等。

2021年赤壁市乡村振兴调研报告

柳红霞

党的十九大报告首次提出"乡村振兴战略",要求坚持农业农村优先发展,按照"产业兴旺、生态宜居、乡风文明、治理有效、生活富裕"的总要求,加快推进农业农村现代化。习近平总书记指出,要坚持乡村全面振兴,抓重点、补短板、强弱项,实现乡村产业振兴、人才振兴、文化振兴、生态振兴、组织振兴,推动农业全面升级、农村全面进步、农民全面发展。要尊重广大农民意愿,激发广大农民积极性、主动性、创造性,激活乡村振兴内生动力,让广大农民在乡村振兴中有更多获得感、幸福感、安全感。要坚持以实干促振兴,遵循乡村发展规律,规划先行,分类推进,加大投入,扎实苦干,推动乡村振兴不断取得新成效。

赤壁市,湖北省县级市,由咸宁市代管。三国东吴黄武二年(223)建立蒲圻县;1986年5月,撤县设立蒲圻市;1998年6月,蒲圻市更名为赤壁市。赤壁是著名的古战场,东汉建安十三年(208年),刘备与孙权联合,大破曹操于此,是历史上有名的赤壁之战遗址。赤壁乡村振兴有如下优势。

（1）赤壁是湖北省的南大门，具有省内其他县级市没有的独特交通优势。在整个湖北省内，作为一个县级市，赤壁现有的交通地位是非常优越的，中国第一大铁路，也是中国铁路网的脊梁——京广铁路穿越赤壁市区，中国交通第一要道——107国道经过赤壁，中国最繁忙的高速公路——京珠高速也经过赤壁，世界上线路最长，时速350公里武广高速公路贯穿赤壁。湖北省内有如此大交通优势的城市只有孝感、武汉、咸宁、赤壁这四个城市，且这几个城市只有赤壁是县级市。

（2）赤壁气候、地形适合培育农业发展。赤壁市位于湖北省东南部。地理位置为东经113°32′~114°13′，北纬29°28′~29°59′。全市占地面积1 723平方公里。赤壁市属亚热带湿润性季风气候，有雨量充沛、光照充足、气候温和、四季分明、严寒期短、无霜期长的气候特点。赤壁境内山地、丘陵、平原、湖泊依次排列，构成"六山二水二分田"的格局，赤壁各地靠山吃山、靠水吃水，生存资源充裕。

（3）赤壁发展定位明确。赤壁现在准备形成全域空间"一张图"，把好山好水、历史文化融入城市建设，着力打造华中地区独具特色、充满活力的宜居宜业宜游城市。

通过本人2021年对赤壁乡村振兴调研来看，赤壁响应中央决策指导是比较积极的，具体情况如下。

1. 以产业振兴为根基，不断提高农村经济发展水平

一是进一步优化农业产业结构。继续巩固土地流转成果，大力推行"农旅"发展新模式。积极引进现代高效农业项目，大力发展观光采摘、垂钓餐饮、休闲体验等乡村旅游新业态。二是全面推广"1+1+N"产业发展模式。在全镇范围内推广"一个中心村党支部领办的一个合作社，与一个或N个企业对接合作"的发展模式，形成政府主导、村集体参与、村民收益的产

业发展格局，在增加村集体增收的同时，带领村民致富。三是加快发展农业新业态。抓住智慧农业田园综合体项目，搭建"互联网+"、大数据管理平台，全面推广水肥一体、环境智能监控等先进技术，打造生产科技化、产销一体化的智慧农业"新模式"。车埠镇依托小罗湖美丽风光，建设现代农业融合示范点，打造高科技现代农业设施，生产有机无公害蔬菜，把观光农业作为重点，发展乡村旅游，推动乡村振兴；沧湖生态农业开发区依托湘莲种植、水产养殖，建设"荷色新村"，全村形成了集观景、采摘、垂钓、赏荷于一体的休闲旅游格局；柳山湖镇立足"农"字，建成虾稻共作、水生蔬菜、葡萄采摘观光、优质稻、特色养殖五大产业基地，坚定不移走以农促旅、以旅强农的融合发展道路，打造集农业休闲观光、农事活动体验、农耕文化感受于一体的移民小镇——田园柳山。

2. 以生态振兴为依托，不断改善农村人居环境

一是加强环境综合整治。继续深入开展生态环境综合整治行动，全面落实"河长制"，扎实开展清河行动，突出抓好农业面源污染，扩大测土配方施肥和有机肥施用面积，加快循环农业的发展速度。二是狠抓村容村貌提升。坚持"抓点成线、连片推进、突出特色、打造精品"的工作思路，注重发挥先进典型的示范引领作用，继续加大农村人居环境投入力度，以"三大堆"清理、路域环境整治为重点，加快人居环境整治工作提标扩面、上精上细，巩固好、维护好治理成果。三是实施"生态田园、绿满乡村"工程。按照美观、实用、因地制宜的原则，加大"四旁"（村旁、路旁、水旁、宅旁）绿化、庭院绿化和村庄公共绿地建设，分期施种，打造"四季有景、三季有花、林果搭配、品类丰富"的绿美村庄。赤壁市农村生活垃圾治理领导小组办公室负责人沈波坦率地说，要让人民群众住得舒心，就要从他们最关心、反映最迫切、感觉最直观的问题上进行改善。对此，

赤壁市持续开展农村广告标语专项清理、废旧房屋专项清理、村湾道路出入口专项整治、房屋立面改造专项整治、生活污水治理及农村存量垃圾专项清理六大专项行动，治脏、治污、治乱整体推进。赤壁市农村生活垃圾治理领导小组办公室负责人沈波坦率地说，要让人民群众住得舒心，就要从他们最关心、反映最迫切、感觉最直观的问题上进行改善。

对此，赤壁市持续开展农村广告标语专项清理、废旧房屋专项清理、村湾道路出入口专项整治、房屋立面改造专项整治、生活污水治理及农村存量垃圾专项清理六大专项行动，治脏、治污、治乱整体推进。

3. 以文化振兴为抓手，不断提升基层文明程度

一是突出抓好农村思想道德建设。扎实开展农村新时代文明创建活动，加强"四德工程"建设。柳山镇开展"孝满柳山"活动，以"孝文化"为统领，开展好媳妇、好婆婆评选、义工活动等，树立群众身边的学习榜样，提升农民精神风貌。二是继续开展丰富多彩的文化活动。依托镇文联、老年大学等载体，开展书画展、诗词汇、象棋比赛、广场舞大赛等活动，筹备举办第六届流苏文化艺术节，满足群众对美好生活的精神文化需求。中伙镇理事会议定村民公约，建立管理制度，专门负责组织协调红白喜事。理事会成员中的老党员起着带头作用，深得百姓信赖。在赤壁，许多村里组建了志愿服务队，帮扶贫困户科技致富；成立五点半学校，帮扶留守儿童。赤壁市委宣传部负责人介绍，新时代文明实践中心不仅将丰富多彩的文艺节目送到田间地头，还帮助村民成立腰鼓队、舞蹈队、旗袍协会等为老百姓所喜闻乐见的活动组织。目前全市14个乡镇综合文化站均实现文化和旅游部标准化建设，建成百姓大舞台、农村文化广场40个，送戏下乡、戏曲进农村，开展党的十九大精神文艺宣讲是常态。为激活乡村新风，赤壁市新时代文明实践中心还以乡村文化礼堂为依托，打造村民的议事厅、

休闲娱乐中心。并引导各村建立健全村规民约、村民议事会、道德评议会及红白理事会，培育良好乡风，真正让村民守住乡土、传承乡风、留住乡愁。

4. 以人才振兴为支撑，不断注入强农兴农新动能

一是加大本土人才的培养力度。实施"领头雁"工程，加大村"两委"干部的业务培训力度，大力开展精准培训、精准辅导，对各村不同的发展需求，"量身定制"培训内容，不断提升带领群众致富的本领。二是充分发挥当地人才的带动作用。"双招双引"工作不能依靠政府单条腿走路，要走社会化、多元化的路子，依托乡村人才回归工程的实施，注重利用好亲情纽带、乡土观念，多渠道助力"双招双引"。利用好各村人才视野宽、致富能力强等的优势，聘任回村人才为本村乡村振兴荣誉大使，积极参与本村的发展、治理等工作。三是吸引更多年轻人回乡创业。为有回乡创业想法的年轻人提供政策、资金等方面的支持，鼓励年轻人投身于乡村振兴中，实现"回乡淘金"、乡村发展的"共赢"。

5. 以生活富裕为目的，不断提高群众生活水平

一是巩固提升脱贫攻坚成果。扎实开展脱贫攻坚"回头看"活动，认真落实各项惠民政策，加大对扶贫项目的后续服务，不断巩固脱贫攻坚成果，引领群众在稳定脱贫的基础上增收致富奔小康。二是狠抓村集体经济增收。坚持党委统领，继续推广"党支部+土地流转+合作社+项目"村集体增收模式，持续加大扶持村集体增收项目的服务包靠力度，持续壮大集体经济。三是不断拓宽增收渠道。继续巩固土地流转工作成果，大力发展订单农业、农场经济，引导农民将土地使用权承包给龙头企业、专业合作社等，获取财产性收入。鼓励农民创新创业，加大对农民的技能培训力度和政策扶持力度，吸引农民到农场、园区打工，不断提高群众自主致富能力。在推进乡村振兴战略实施过程中，东柳村党支部当好"领头羊"，

率先进行西瓜种植试验,将西瓜变"金"瓜。不仅获得了群众信任,吸引了能人、企业下乡,一些在外务工的青年纷纷回到东柳加入果蔬基地建设的队伍中,并由此揭开了东柳村产业发展的序幕。

实施乡村振兴战略,不能千篇一律,更不能搞"面子工程"。具体要怎么干?习近平总书记要求从乡村产业、人才、文化、生态、组织这五个方面着手。"五个振兴"的科学论断对实施乡村振兴战略目标和路径的明确指示,必将极大推进乡村振兴工作。值得一提的是,在乡村振兴、美丽乡村建设中,赤壁市科学把握各村差异和特点,注重地域特色,体现乡土风情,避免千村一面,乡村振兴特色鲜明,步伐明显加快,前景可观。

湖北省部分县市"人居环境整治"情况

肖 雨 李文治

一、人居环境整治现状

持续改善农村人居环境是《乡村振兴战略规划（2018—2022年）》中建设生态宜居的美丽乡村的重要内容之一，本次调研发现，人居环境整治是目前清明河乡政府层面以及整个沿河大队美丽乡村建设的主要中心工作，各部门都对此做了详细的工作部署。

乡政府对全镇人居环境工作进行了督办检查，与各村负责人座谈了解了基本情况、保洁长效运行情况、环境整治以及经费投入情况，并对存在的问题进行了总结，提出了相应的工作要求。在2021年3月到6月分别以"扫干净、码整齐、拆通透、清沟渠"为主题内容，组织开展"一月一主题、一月一评比、一月一结账"的农村人居环境整治主题月活动，要求村支书全面亲自抓，村两委干部发动群众，以包组到户的形式，在每月15日、30日会进行"全民清洁大扫除"活动。乡政府成立专班督查组，深入村社小组，对活动实行顶点曝光，并每月通报、汇总、评比。截至本次调研，全镇共组织专项督查12次，开展比武拉练2次。据统计，全镇19个村社清理生活垃圾5 118吨，清理水塘126口，清理畜禽粪污农业废弃物2 785吨，拆除旱厕、空心房、违章乱搭1 652处，发动群众投工投劳16 320人次，累计投入238万元。在道路沿线植树补绿1 200余棵，维修安装新路灯252盏，通道刷黑2.3万平方米，拆除沿线广告牌280处，迁移强弱电杆线7.1公里，"蜘蛛网"现象得到明显改善；坚持垃圾日产日清，引入市场主体，进行常态化管护。

最后活动的评比结果会与村干部的绩效挂钩，对评比前三名给予5 000、3 000、2 000元的奖励，对后三名则会要求上台检讨。农村人居环境综合治理工作也被列为村级（社区）绩效考核八个方面之一，其权重位居第二，其考核内容有：环境保洁、河长制、禁烧、厕所革命、拆违、危房改造、自然资源和规划管理，每一项内容后面设有详细的扣分准则。

在乡政府全面开展人居环境整治的大环境下，沿河大队杨林村和李家村分别在本村依据自己的实际情况开展了人居环境整治工作。

（1）房前屋后环境保洁。

依据2020年发布的《清明河乡村社人居环境整治工作情况统计表》和本次实地调研情况，我们了解到杨林村以"五户联包，十户联制"为机制，以"扫干净、码整齐、拆通透、除杂草、植满绿、清河道"十八字方针为目标，不断深入推进村人居环境整治工作，全面提升本村的村容村貌和环境水平，具体开展以下几个方面的工作。

第一，由村委出资统一购买垃圾箱，在街道上密集放置，同时给每户居民发放一个免费的垃圾桶，损坏后居民自费购买。

第二，每月两次大扫除。村委每次会选定不同区域，通过微信宣传、电话联系、入户上门的方式组织村干部+志愿者+退伍军人+主动参与村民对主道路进行卫生打扫，在打扫过程中会拍摄视频发送到村组微信群众进行宣传，以求带动作用。

第三，制定"五户联包，十户联制"环境卫生监督管理机制。每五户结为一个单位，包卫生、包绿化、包美化、包看护、包秩序。十户设立一个中心户长，中心户长每周检查包户头门前五保情况落实，对农户进行监督。每季度进行一次文明卫生户评选，对评比优秀的中心户长和联保户集体发放小礼品，增加村民参与感，对评比结果不好的进行口头批评和说服教育。

第四，成立村环境整治专班，以书记为组长两委成员包组并在各小组抽选公益事业心强的居民为骨干。与此同时，通过横幅、标语、入户上门等方式进行广泛宣传，大力宣讲人居环境整治方案。

第五，聘请专门保洁人员和环境维护人员清理垃圾和维护环境。该村以每月650元出资雇佣四名保洁公司保洁人员负责打扫新桥村10个村民小组的主干道以及村民门前垃圾桶垃圾的清理，相应的村委会收取每户100元保洁费，用于支付保洁人员工资和购买清洁工具等，资金不够的，村委自己寻求外援。同时，村里聘用了村贫困户和责任心强的居民担任河长制包保员，对村里的生产主干沟渠进行管护。目前，公厕保洁管理、辖区沟渠管护、湾子林管护方面，村里都聘请了专门人员进行维护工作。村环境治理专班每月也会对相关工作进行不定期检查。

第六，由村支书主导引资在路边种植桂花树400棵、疏通沟渠超5000米、硬化路面4000米。与杨林村一样，李家村也实施了"十户联制"的人居环境整治方案，围绕"扫干净、码整齐、拆通透、除杂草、植满绿、清河道"十八字方针开展工作，成立专班，进行宣传，十户设立中心长，进行文明评比。有所不同的是，李家村一户一桶原则是首个垃圾桶农户自已购买，损坏后由村里和村民各出资一半进行二次购买。村里出资聘用三名村民担任保洁员清运农户门前垃圾桶中的垃圾（三名保洁员工资依据工作量发放不等额工资，大约在1 000～1 500元）。除开保洁员对生活垃圾进行清除外，村里还专门出资安排人员捡路边的白色垃圾。围绕十八字方针，李家村对村内河道、排水进行了疏通和维修，对所有的贫困户危房进行了改造，在主干道修建路灯。此外，为响应摘满绿的政策，经村里上报，上级拨款，村民在主干道路留出了1.5米的道路，用于在主干道栽树，村里还主动出资购买种子、栅栏在路边种植花草。

（2）厕所革命。

清明河乡的厕所革命已经开展三到四年，主要是由县财政出资，乡政府宣传推进具体工作，每个农户只需出资300元。改厕主要是通过深层掩埋三格式化粪池对污水进行处理，使其自然发酵成农肥，既可以防止溢出污染环境，又可以通过农户自己浇肥农田形成生态循环。目前清明河乡厕所革命主要通过村干部带头改厕形成示范与带动，建立信息平台系统对改厕数据录入形成信息化管理。2020年全乡改厕600户，全乡露天旱厕虽已基本消失，但整体来讲全乡改厕进度缓慢。

杨林村在2019年成为孝感市厕所革命试点区，先由村委对村民做工作，在两个村组改建50个起示范作用。目前杨林村改厕第一期完成60户，第二期意愿改厕已登记30多户。由于改厕打孔会对房屋设施、美观有所破坏，以及村里老年人已经习惯原有的厕所，村民对改厕意愿不大，针对这种情况，村委往往会通过与农户家里年轻人沟通，通过在外务工的年轻人与家里长辈沟通来进行改厕。但由于改厕时需要的化粪池和排户管道由上级统一发放，时常会因材料短缺拖慢工程进展，因此，现在已改造的60户中的多数是靠近水田和河道。

李家村的厕所革命推进效果不佳，2020年改厕推进后，已经完成的只有六七十户。主要以下几个方面的原因：一是对于改建厕所，村民虽只用出资300元，但由于改建造成的地皮破坏，需要村民自己出钱整修；二是李家村的土地面积相对较少，房屋建设面积也小，导致化粪池和管道没有地方进行掩埋，不方便排污；三是大多数村民都外出务工，影响了全面推进厕所革命的进度。

通过与村民的座谈了解到，随着物质生活水平的不断提高，以及年轻人对居住环境要求的提高，绝大多数村民还是愿意进行厕所改造的，目前影响厕所革命进展的主要原因硬件配套设施的不完善。

二、问题与反思

"中国要美，农村必须美；中国要富，农民必须富。"[①] 坚持以人民为中心建设美丽乡村，就是要在农村经济得到有效发展的基础上，"建设生态宜居的美丽乡村，让广大农民有更多的获得感幸福感"，过上富裕和美的幸福生活。2021年《中共中央国务院关于全面推进乡村振兴加快农业农村现代化的意见》指明将继续重点建设农村公共基础设施，在保证农村水、电、气、网通的同时，加快实施数字乡村建设发展工程。同时，美丽乡村建设不仅要大力推进"厕所革命""垃圾革命""污水革命"等环境整治，亦要"遵循乡村自身发展规律，补农村短板，扬农村长处，注意乡土味道，保留乡村风貌，留住田园乡愁"，因地制宜，建设美丽田园生态农村，加快城乡融合发展，让农民进得了城，也回得去村。人居环境整治和厕所革命是飞虎队村和周老社区美丽乡村建设的中心工作，这两方面的

---

① 习近平总书记系列重要讲话读本［M］. 北京：人民出版社、学习出版社，2014：68.

工作都取得了极大进展，但仍存在诸多问题。

（1）美丽乡村建设只注重地面工作，对地下工程，包括生活垃圾、污水设施等关注不够。据调查和走访观察，目前周老社区和飞虎队村的地面基础设施，包括道路、路灯、网络、自来水等都基本完善，但是生活污水、生产污水等问题都没能及时得到关注和解决，以"厕所革命"为例，目前改厕农户主要是居住于农田或者河道两边，其生活污水很多是直接排进河道或者农田中，很多养殖户的生产污水也是直接排进池塘沟壑中。

（2）人居环境整治的资金匮乏。周老社区内虽然有集体资金，由于历史原因而无法真正到位使用，村民亦很难甚至不愿意缴纳环保费，环保资金缺口很大，需村干部对外引资或是自己垫资。飞虎队村的环保所出费用也主要靠村书记垫资。

（3）环境保洁的主力依旧是社区和村委，村民参与人居环境整治的主体性意识差，人居环境整治的主体错位。在周老社区虽然形成"村干部＋志愿者"的环境打扫模式，但实际上村民参与感不高，实际参与人数极少，其人员结构除了村干部和保洁员外，主要是跟村干部关系较好的熟人村民，周老社区的村干部＋志愿者的环境打扫模式在实际中是一种依托熟人社会维持的机制，未能形成可持续的现代发展模式，还存在一定的不足。而飞虎队村村干部反映，在环境整治环境下，村民的环保意识有所提高，生活水平的提高，让村民对于出资购买垃圾桶愿意接受。但对于类似于"拆通透"，村民对自己的宅基地会流失有所担忧，对农村改造工作有一定程度的阻碍。

（4）政策制定未能较全面考虑实际情况，导致在执行过程中矛盾问题突出。上级政府对村一级别的人居环境整治工作有着很严格的考核标准，但并未给予相关的政策扶持和资金帮助，这就会导致地方政府负债、影响村干部的工作积极性。飞虎队村厕所革命的进展受限的很重要一个原因是村民住宅建地少，无法掩埋粪池和管道，即使进行了厕所革命，大部分村民也不会使用，仍会使用家里原已安装的厕所，实际是指标不治本，还未实现真正的"厕所革命"。

三、对策与建议

鉴于以上实际情况，全面推进农村的人居环境整治工作，需要进一步采取以下措施：其一，科学规划和匡算，提供资金保障。目前各村的人居环境整治主要还是由村政府发挥着主导作用，这就需要上级科学规划整治进程和考核标准，并对所需资金进行匡算，纳入财政预算范围，保证村级工作的正常进展。其二，完善机制，切实发挥农民的主体作用。人居环境整治工作需要政府的引导，调动农民参与，但是美丽环境的长效维护，需要切实发挥农民的主体意识，这就需要采取有效措施并配以相应机制，在宣传环境整治的重要性和有利因素等具体活动等进程中，逐渐改变村民的生活方式，让农民成为真正的主体。其三，依据各区域的具体情况，确定整治的技术与模式。农村的人居环境的整治内容可以相同，但是不同区域。

参考文献：

习近平总书记系列重要讲话读本[M].北京:人民出版社、学习出版社，2014.

高校与互联网企业党建联建共建机制研究

张文剑　李丽珏　付佳迪

新时代以来,党建联建共建作为基层党建创新模式不断发展。高校与企业党组织通过党员互动、组织互建互联等措施,共同创造产教融合新高度。高校具备知识和人才优势,而企业的优势在于可提供广阔的实践平台,通过校企合作共建,企业党建规范化水平将会得到进一步提高,高校也可以将教研成果和学术知识转化为现实生产力。本研究以中南财经政法大学马克思主义学院党委(以下简称马院党委)与斗鱼公司党委(以下简称斗鱼党委)结对共建为例,探讨这套联建共建机制。

一、校企党建联建共建引领互联网企业发展

当前,互联网已经成为意识形态斗争的主阵地和最前线。因此,要探索加强新兴业态和互联网党建工作,扩大党在新兴领域的号召力和凝聚力。[1]在互联网企业开展党建工作,有助于党组织在互联网企业内发挥政治引领和政治核心作用，有助于引导互联网行业朝着正确的方向发展，有助于团结凝聚互联网先进分子，促进网络空间良性发展。

（一）现状

当前，互联网已经全面深入我国现代化建设事业的各个领域，成为经济社会发展的强大驱动力。我国95%以上的互联网企业都是非公有制企业，以小微企业为主体，具有文化背景多元、人员流动复杂、更新迭代快速、社会交往广泛的鲜明特点。互联网企业党建作为非公党建的一种新形态，其特殊性在于多重维度的交互和影响，党建工作与所属企业的产品及其经营并无紧密联系，更多的是通过党员党组织政治动能的聚合发力，实现对互联网企业产品影响力的渗透和引领。[2] 互联网企业党建工作的高效有序开展，切合了企业自身发展的政治、组织和经营需要，也是确保企业长远健康发展的重要基石。在新时代，互联网企业要积极探索适应实际情况的党建新路径，最大限度发挥党建政治引领功能，团结全体员工，实践企业核心价值观，提升企业社会责任感，扩充企业优质人才储备，提升高水平人才队伍素质，以企业文化力提升企业创造力和凝聚力。

（二）意义

随着互联网企业党建意识的不断增强，更多的互联网企业越发重视党建的红色赋能作用，将党建作为铸牢核心价值观、完善内部治理结构、促进企业可持续发展的重要引擎。

近年来，武汉互联网产业发展迅速。据不完全统计，武汉市现有互联网企业2 000多家，其中成立党组织的有1 800多家，占互联网企业总数的90%左右。武汉市约有互联网从业人员20.3万人，其中党员1.8万人。从事互联网行业的党员呈现年轻化、高学历、思想多元化趋势。[3]

党建工作强化政治引领，提升企业和从业人员的责任意识，确保互联网企业始终坚持正确的政治方向、舆论导向和价值取向，把握网络阵地意识形态工作的主动权和话语权，为互联网企业可持续发展提供政治保障。党建工作能完善互联网企业内部治理结构，有效提升企业的组织力、执行力、凝聚力和向心力，是企业抵御各种风险和困难的重要基石，为互联网企业行稳致远提供了组织保障。党建工作赋能产品链，产品链延伸到哪里，党建工作就跟进到哪里，将政治功能分解为宣传贯彻党的政策方针、落实党的产业政策等职责，党建与企业经营决策相融合，推动党建的政治引领优势转化为产品发展优势。

二、案例分析：校企党建联建共建，共同打造产教融合新高地

马院党委和斗鱼党委结成共建单位一年来，双方以校企合作的形式，组织交流各项资源，在研究基地、人才培养、党建活动合作等多个方面开展深入合作。一方面有效促进了马院学科科学的发展，推动了学科建设与专业建设，另一方面也给斗鱼党委提供了丰富的理论和人才支撑，实现了校企双赢的良好格局。

（一）联建共建优势明显

1.高校党建优势

中南财经政法大学马克思主义学院有着悠久的历史和优良的传统。马院党委自建立以来，形成了独特鲜明的高校党建优势，探索了高校党建的"六个坚持"模式：一是坚持党的领导，坚持管理与教育相结合，不断增强高校党建与思想政治教育的实效性；二是坚持以学生为本，注重增强教育的针对性、实效性，集中力量解决思想政治领域的突出问题；三是在战

略意义上坚持社会主义办学方向，做好高校党建和思想政治教育工作；四是坚持坚定正确的政治导向，弘扬主旋律；五是坚持不懈、旗帜鲜明地加强和改进高校党建与思想政治教育工作；六是坚持用习近平新时代中国特色社会主义思想统领新时代高校党建和思想政治教育工作全局，切实提高马院党委组织能力和办学治院能力。

2. 互联网企业党建优势

斗鱼公司成立于2014年1月，是目前国内最大的网络直播视频平台。针对公司年轻人多的特点，斗鱼党委积极创新党内政治生活，让公司年轻党员学有所获、学有所乐。创作"党建周边"，在年轻人喜欢的布偶、手绘等上加入红色元素，利用线上平台，更新发布"每日一学微党课"1300多期，使党建工作与业务发展形成良性循环。

（二）校企联建共建机制创新

1. 建立党建联络小组机制

马院党委与斗鱼党委建立了党建联络小组机制，帮助企业加强党组织规范化建设。明确企业党建指导员指导企业加强党建工作顶层设计，积极推进将党建工作要求写入企业章程；开展企业党支部标准化建设，学院党建联络小组成员每年赴企业实地指导一次"三会一课"、支部主题党日、组织生活会、谈心谈话、民主评议党员等活动；注重在管理层、技术骨干中培养发展党员，加强企业党务工作者和党员教育培训；院方每年组织具有较大影响力的专家参与企业员工培训、理论指导等活动。

2. 建立党建联合活动机制

马院党委与斗鱼党委建立了党建联合活动机制，指导企业开展党建活动。马院党委每年为企业全体党员上一次党课；定期联合开展党建活动，每年组织党员与企业党组织班子成员（或全体党员）举办一次联合支部主题党日，指导参加一次企业党组织民主生活会（组织生活会）；邀请企业党委班子成员或党员代表到马院开展考察和参加学习交流活动；邀请斗鱼党组织班子成员到马院开展两次考察学习；积极参与企业组织的"建党百年——重走长征路"活动，组织专家、学生共同参与，为活动提供智力支持。

3. 建立"党建+互联网"机制

马院党委与斗鱼党委建立了"党建+互联网"机制，合作共建"互联网+党建研究基地"。成立"互联网+党建研究基地"，坚持经济效益和社会效益相结合，探索利益长效机制，支持科研成果优先惠企转化。共同探索互联网微党课、党课直播等新兴党课形式，探索"校区+园区""院系进企业"的联动创新创业模式，探索企业创新模式，组织校企专家联合申报一项相关互联网党建课题研究。

4. 建立党建人才共育机制

马院党委与斗鱼党委建立了党建人才共育机制，合作共建"思想政治理论课教师实践研修基地""教学实习与社会实践基地"。每年邀请马院思政课专家或"青年学习社"成员参与党建理论学习，宣讲最新政策文件和时事热点，具体时间根据当年政策文件的出台时间和时事热点而定。成立"思想政治理论课教师实践研修基地"，聘请企业高管为思政课兼职教师，为院方师生讲一次思政课。组织专业师资队伍开展在线讲课、导师直播、答疑互动、现场教学、顾问辅导，共同开展思政金课"同上一门思政课"等活动，频率为每年一次。成立"教学实习与社会实践基地"，依托企业建设高校现场教学实践基地，选派学生到企业接受实践锻炼。根据企业需求，助力企业开展科技创新和人才选拔，每年选拔1~3名在校生赴企业参与交流学习。每学年秋季招聘，院方为企业提供协助与支持。

（三）联建共建的成效

2021年，在建党百年之际，马院与斗鱼公司共同开展党史教育学习活动，并启动乡村振兴系列活动，依托湖北省重点马克思主义学院的学科优势、"理论热点面对面"党建品牌、校级"院企党建联建"课题立项等，共同合作推进"理论下乡"新样态，服务"乡村振兴"大战略。

1. 资源整合，校企组织力进一步提升

马院党委与斗鱼党委重点围绕组织互建、党员互动、活动互联，更好地将党员组织起来、将人才凝聚起来、将职工动员起来。党组织通过贯彻党的路线方针政策，不断发挥政治引领作用，在职工群众中发挥政治核心作用，使双方的组织力均得到明显提升。

党建工作结对共建的宗旨是资源共享、优势互补、互帮互助、双向受益、共同提高。马院与斗鱼公司各具特点和优势，开展结对共建活动有利于挖掘资源、拓展空间，实现资源的有效衔接和利益共享。2021年，经过精心筹备，马院与斗鱼公司联合组织的"助力乡村振兴，绘就壮美画卷"年度直播活动正式开展，斗鱼公司以委托研究课题的形式，在"乡村振兴"全年活动中，选取乡村基层组织进行理论宣讲，并调研其在组织建设、产业建设、人才建设等方面的成效，形成课题输出成果。2021年7月，选取了四个红色乡村进行理论宣讲，由知名主播进行直播，探访乡村丰富的红色资源、红色印记和红色文化。马院马克思主义基本原理党支部书记和斗鱼公司共赴湖南省汝城县文明乡沙洲村、马院思想道德修养党支部书记和斗鱼公司共赴福建三明建宁县客坊乡水尾村，开展理论宣讲。

2. 产学研合作进一步深化

校企党建共建创新了基层党建的载体，通过构建"大党建"格局和基层组织覆盖，实现育人工作全覆盖，实现高校学生思想政治教育工作的"无缝对接"；通过"资源清单"构建资源共享平台，实现优质资源再分配；通过校企党建共建联盟实现校企常态互动，进而促进校企在"产学研"上的深度合作。

党员青年在马克思主义学院深入学习了党建知识和党的基本理论，他们思维活跃，容易接受新事物，富有朝气，但缺乏实践经验，理想信念不坚定，需要在社会实践中积累知识，深化对社会的认知，找到理想和现实的契合点。企业的人才主要来自高校，高校作为大学生实训的重要平台，可以与企业签订对口合作协议，培养符合企业所需的各类人才。在活动中，高校应发挥专业人才集中、理论素养高的特点，组织学生积极参与社会实践活动，在实践中培养学生与人沟通交流的能力，帮助学生掌握互联网企业一线运营知识，增加学生接触企业、了解社会的机会。双方要充分发挥产教优势，服务地方经济，围绕党建工作的热点和关键问题，共同开展科研项目和技术攻关，培养学生的专业素质。这不仅加强了学生参与企业实际研发的能力，而且进一步提高了人才培养质量，实现了人才培养与企业需求的无缝衔接，有利于解决大学生就业难等社会难题。

以转化科技成果、联合培养人才、合力攻关技术为重点，健全产学研合作机制。把论文写在"大地上"，把实验室搬到企业车间。企业要准确识变、科学应变、主动求变，加强科技创新，在危机中育新机、于变局中开新局。

3. 党建与发展进一步融合

通过结对共建，高校党组织建设与服务地方经济发展紧密结合，企业党组织将作用延伸到企业经营管理的各个环节、各个方面，实现党建工作与经济工作目标同向、工作同力、发展同步。

与传统校企合作相比,校企党建联建共建可以促进党建与企业发展的进一步融合:首先,推动校企合作通过专业共建、引企入校、基地互建等形式,向党的组织建设、队伍建设、党员活动、党员发展领域拓展,发挥党建凝心聚力的政治功能,引领企业发展。其次,改变以往校企合作仅从专业技能培养角度出发的单一育人导向,向党建育人、思政育人、企业精神与人格教育、社会同化等全面育人、立德树人导向转变,构建良好的企业文化氛围,为企业可持续发展提供强大的精神动力。最后,校企党建联建共建具有鲜明的集成化和集团化理念,旨在推进高校全面从严治党的实践创新,切实强化基层党组织的政治功能和服务功能,充分发挥党组织、党员在推动发展、服务群众、凝聚人心和促进和谐等方面的重要作用,实现资源共通、优势互补、平台共建、发展共享。

高校基层党组织建设有着悠久的历史、成熟的理论和规范的实践。与高校基层党组织建设相比,企业党组织建设时间较短,经验相对较少。结对建设可以为企业党组织建设提供理论指导,也可以提供模式借鉴,完善非公企业党组织工作模式,为企业营造良好的文化氛围,充分发挥非公企业党组织政治核心和党员先锋队的模范作用。

三、结语

马院党委与斗鱼党委通过合作共建实现了共赢。校企党建联建共建是一个双方信任度逐步加深的过程,在合作初期,企业应该选择自身资源较为丰富的领域与高校进行交流与合作,在合作过程中进一步实现对高校资源的利用。高校党组织不是以营利为目的的组织,而是培养党的优秀人才的组织,因此,对于高校而言,校企共建应该以服务高校党组织构建为首要目的。

本研究发现了两个问题，需要在未来研究中继续探讨：第一，企业党组织与高校党组织在合作过程中会面临目标不一致的情况，如何通过机制设计有效解决双方冲突，现有研究尚缺乏深入探讨。第二，校企党支部共建需要利用各方面资源，在初期主要依靠高校支持，在后期则需要社会力量的支持，这种资源利用的转换是否可以通过更加便捷有效的方式实现，仍需探索。

参考文献：

［1］习近平在全国组织工作会议上的讲话［EB/OL］.［2018-09-17］. http：//www.12371.cn/ 2018/09/17/ ARTI1537150840597467.shtml.

［2］薛小荣. 互联网企业党建工作路径探索［J］. 党政论坛，2020（7）：24-26.

［3］武汉互联网行业成立党委［N］. 工人日报，2018-07-06（7）.

庄子人生观研究的近代转型——基于二十世纪上半叶的考察

康 庆

近代以来，随着西方学术的传入，中国传统学术发生近代转型；庄子思想是传统中国思想主要的构成部分，也发生了近代转型。二十世纪上半叶围绕着庄子人生观的探讨与争论，成为近代庄学转型的重要组成部分。既有部分学者猛烈批判庄子的人生观，也有一些学者从同情的角度，认识到庄子人生观对于当下社会和人生的积极意义，强调其知行合一的实践价值。

一

近代以来的知识分子对于"中国向何处去"时代主题的探索，历经从器物到制度再到思想层面的过程；在思想层面中落实到民族心理方面的主要表现为对于国民性的反思。对于国民性的反思，始自梁启超。戊戌变法失败后，梁启超痛切地认识到，器物和制度层面的变革无济时艰，只有思想观念层面的检讨，改造民族文化、心理的深层结构，才能最终改变国家被动挨打的局面。他在19世纪末20世纪初大声疾呼改造国民性,铸造国民新灵魂。五四新文化运动倡导人的自由与解放,要求"吾人最后觉悟之最后觉悟"[1]。因此,反思和改造国民性,唤起国民独立人格,成为五四新文化运动的主题之一。以陈独秀、胡适、鲁迅等为代表的思想家们,反思传统儒、道、释人生哲学思想,他们批评庄子虚无、退隐、乐天安命以至颓废的人生观所造成的消极、懈怠的国民性。

陈独秀受到西方近代以来进化论的强烈影响,猛烈地抨击道家崇俭雌退的宿命论思想。他认为,中国衰弱落后的病根在于抵抗力薄弱,退缩苟安,学术上的根源则是传统儒、释、道消极、退让的思想,"老尚雌退,儒崇礼让,佛说空无"[2]。老庄"雌退"的宿命论思想成为陈独秀攻击的首要目标。他说:

象那老、庄的意见,以为万事万物都应当顺应自然;人生知足,便可常乐,万万不可强求。

人生一世,安命知足,事事听其自然,不去强求,自然是快活的很,但是这种快活的幸福,高等动物反不如下等动物,文明社会反不如野蛮社会;我们中国人受了老庄的教训,所以退化到这等地步。[3]

陈独秀进一步将老庄学说与西方近代文化进行对比。老庄学说的本质是无为而治,无知无欲,离形去知,由此必然养成柔弱不争,安贫知足,谦卑退守,消极忍让,不求进取的国民性。西方文化的本质则是"兽性主义",其民族性表现为好战健斗,崇尚竞争,在竞争中求生存发展。"欧洲以横厉无前为上德,亚洲以闲逸恬淡为美风。"[4]由此,重塑国民性,必须批判在青年人中盛行的虚无、颓废思想,消除"昏乱"的老庄哲学的消极影响。在老庄虚无思想的影响下,青年们"更进而虚无主义而出家而发狂而自杀;意志薄弱不能自杀的,恐怕还要一转而顺世堕落,所以我深

庄子人生观研究的近代转型——基于二十世纪上半叶的考察

恶痛绝老、庄的虚无思想放任主义，以为是青年的大毒"[6]。他一针见血地指出："虚无思想，是中国多年的病根，是现时思想界的危机"[7]，"我们现在的至急需要，是在建立一个比较最适于救济现社会弊病的主义来努力改造社会；虚无主义及任自然主义，都是叫我们空想，颓唐，紊乱，堕落，反古。"[8]

如果说陈独秀以传统文化批评者的态度"恨其不幸，怒其不争"，对于老庄思想的痛斥带有一定的"主观"色彩；胡适则以西方进化论为依据，将庄子置于中国哲学、思想史的框架中，以"客观"的姿态，批判庄子的命定论与出世思想。

胡适在其《古代中国哲学史》中指出，国民性的形成来自思想的塑造。哲学史研究的目的之一，就是"要看一家学说的结果可造出什么样的人格来"。

例如古代的"命定主义"，说得最痛切的，莫如庄子。庄子把天道看作无所不在无所不包，故说"庸讵知吾所谓天之非人乎？所谓人之非天乎？"因此他有"乘化以待尽"的学说。……但是后来庄子这种学说的影响，养成一种乐天安命的思想，牢不可破。在社会上，好的效果，便是一种达观主义；不好的效果，便是懒惰不肯进取的心理。造成的人才，好的便是陶渊明、苏东坡；不好的便是刘伶一类达观的废物。[9]

庄子哲学的本质是在"达观主义"外表下的"出世主义"。"庄子的学说，只是一个'出世主义'。……中国古代的出世派哲学至庄子始完全成立"[9]；"庄子的人生哲学，只是一个达观主义"[9]。"达观主义"的本体论依据"在他的天道观念"[9]。庄子的"天道"观念尽管承认人类社会是进化的，是一个由简单到复杂的发展过程，但是"终不能跳出老子的自然无为的学说"，"把进化当作无神的天命，因此生出一种靠天、安命、守旧、厌世

—299—

的思想"[10]；老子、列子、庄子"都把'天行'一方面看得太重了，把'人力'一方面却看得太轻了，所以有许多不好的结果。处世便靠天安命或悲观厌世；遇事便不肯去做，随波逐流，与世浮沉；政治上又主张极端的个人放任主义。要挽救这种种弊病，须注重'人择'、'人事'、'人力'一方面。"[10]以这种消极的天道思想为介质，庄子要"依乎天理，因其固然"，表面的"达观主义"转换成了实质上的"出世主义"。胡适毫不留情地批判了这种表面达观、乐天，实则阻碍人们进取、发展的人生观：

这种话初看去好像是高超得很。其实这种人生哲学的流弊，重的可以养成一种阿谀依违，苟且媚世的无耻小人；轻的也会造成一种不关社会痛痒，不问民生痛苦，乐天安命，听其自然的废物。

这种思想、见地固是"高超"，其实可使社会国家世界的制度习惯思想永远没有进步，永远没有革新改良的希望。庄子是知道进化的道理，但他不幸把进化看作天道的自然，以为人力全无助进的效能，因此他虽说天道进化，却实在是守旧党的祖师。[9]

鲁迅对人生的虚妄感有着深切体验，尽管他一生尤其是晚年对庄子的出世主义思想有着清醒的认识，但仍然自觉不自觉的沾染了这古老的"积习"和"毒气"，形成了鲁迅精神世界的"黑暗面"。他在精神深处及人生行动中确实有意无意地流露出悲观绝望、虚无厌世的人生态度，鲁迅一生，都在以强大的理性力量和顽强的生命意志，与这种"虚妄感"做艰苦卓绝的反抗，这种矛盾冲突着的内心世界，构成了鲁迅贯彻一生的"反抗绝望"的人生哲学。正因为与庄子有着深刻的精神联系，鲁迅才对庄子人生观有着超乎寻常人的深刻认识，对其在中国历史和社会中的深远影响展开了毫不留情的揭露和批判，并且时时检讨、解剖自己。

鲁迅认为《庄子》一书的主旨是"无为而无不为"的出世思想。在《汉文学史纲要》中,他说,老子"言清净之治,迨庄周生于宋,则且以'天下为沉浊不可与庄语',自无为而入于虚无";"然老子尚欲言有无,别修短,知白黑,而措意于天下;周则欲并有无修短白黑而一之,以大归于'混沌',其'不谴是非','外死生','无始终',胥此意也。中国出世之说,至此乃始圆备。"[11]这种出世思想的基础是"不谴是非"而大归于"混沌"的相对主义认识论。庄子从相对主义出发,不仅抹杀了事物质的规定性,而且也把认识客观真理的标准取消了,宣扬起"无是非观"。是非都是"以是其所是而非其所非","因是因非,因非因是。……是亦彼也,彼亦是也。彼亦一是非,此亦一是非……是亦一无穷,非亦一无穷也"(《庄子·齐物论》)。庄子相对主义认识论把人们引向了主观随意性和虚无主义,对任何事物都采取无可无不可的态度。

鲁迅对庄子"无是非"观极尽讽刺和批判。他认为,庄子宣扬无是非观,要人们是非双谴、物我两忘,这其实是做不到的。《大宗师》篇有一则寓言"鱼相忘于江湖",鲁迅指出:"可悲的是我们不能互相忘却。"因为人是无法超越现实的,"超然的心,是得像贝类一样,外面非有壳不可的。"[12]鲁迅揭穿了庄子唯无是非观的骗局:

我们如果到《庄子》里去找词汇,大概又可以遇着两句宝贝的教训:"彼亦一是非,此亦一是非",记住了来作危急之际的护身符,似乎也不失为漂亮。然而这是只可暂时口说,难以永远实行的。喜欢引用这种格言的人,那精神的相距之远,更甚于叭儿之与老聃,这里不必说它了。就是庄生自己,不也在《天下篇》里,列举了别人的缺失,以他的"无是非"轻了一切"有所是非"的言行吗?要不然,一部《庄子》,只要"今天天气哈哈哈……"七个字就写完了。[13]

在《起死》这篇小说中,鲁迅又一次戳穿了庄子无是非观的虚伪性和荒谬性。鲁迅选取《庄子》中的一个寓言故事，描写庄周乞求神灵复活了一个骷髅，骷髅却认为是庄周抢了他的衣服，硬要归还，庄周就宣扬什么"也许有衣服对，也许是没有衣服对"，"鸟有羽，兽有毛，然而王瓜茄子赤条条"。但这一类的话并没有产生什么效果，反被污为强盗，急欲分辨是非而不得，最后借助巡警的庇护才得以脱身。[14]这里通过庄周自身言行的矛盾，使人们看到无是非观是不存在的。

鲁迅明晰地认识到庄子"不谴是非"的"随便"的思想方法和人生态度在现实社会中的消极影响，并将其上升为国民性的通病加以批判。他曾说过："我们虽挂孔子的门徒招牌，却是庄生的私淑弟子。'彼亦一是非，此亦一是非'，是与非不想辨：'不知周之梦为蝴蝶欤，蝴蝶之梦为周欤'？梦与觉也分不清。生活要混沌。如果凿起七窍来呢？庄子曰：'七日而混沌死。'"[15]庄子哲学在中华民族文化心理结构上占有重要地位，带来了不少消极影响，诸如无是非、随便、糊涂，等等。鲁迅一针见血地指出："糊涂主义，唯无是非观等等——本来是中国的高尚道德。你说他是解脱，达观吧，也未必。他其实在固执着，坚持着什么，例如道德上的正统，文学的正宗之类。"[16]20世纪30年代，中国文坛上无产阶级与资产阶级的斗争非常激烈，看去似乎很"混乱"，有人便用"此亦一是非，彼亦一是非"的论调，将一切作者诋为"一丘之貉"。鲁迅指出，只要有个"坛"，便免不了斗争，甚而至于漫骂、诬陷的，从来不会太平无事。这种斗争，看去十分"混乱"，似乎搅扰得永远不会收场，"然而世间却并不都这样，一定会有明明白白的是非之别"[17]。任何人都有是非、爱憎，文人的是非愈分明，爱憎也愈热烈。他坚决反对当时"文人相轻"的说法，认为现在文坛上的纠纷，其实并不是为了文笔的短长，而是由不同是非爱憎的对立造成的。因此，革命文学家"遇见所是和所爱的，他就拥抱，遇见所非和所憎的,他就反拨";他不应该"随和","却又并非回避","他得像热烈地主张着所是一样,热烈地攻击着所非。像热烈地拥抱着所爱一样,更热烈地拥抱着所憎。"[18]鲁迅鄙夷那种毫无是非爱憎的"和事老",认为作为一个文人,到了逢人便打躬作揖,让座献茶,连称"久仰久仰"才是的地步,就很有些近乎无耻了。

二

熊十力是现代新儒学的创建者,对于庄子人生观的批判,因循新唯识学哲学体系的逻辑架构,从"体用不二"的本体论出发,落脚于"翕闢(辟)成变"的宇宙观和人生论。

"体用不二"之论依据本体流行,自然演进至"翕辟成变"的宇宙论。熊十力认为,实体具有物质、心灵等复杂性,流行不已而显现功用,功用包含了心与物两个方面,心为辟,物为翕。翕辟是本体流行、恒转不已的显现与趋势,于世间相中假名为心物;心即本体之辟势形成,具有自主、昭明、精进、刚健、进取多性,是一切万有都共同具有的;物即本体之翕势凝固,具有质碍、退堕、固闭、保守等性。一切事物,从外形看为翕势所笼罩,但此翕势,只是流行本体所用于造化的迹象,是不真实的,它受到心之辟势的指导,心之辟势恒运转于翕势之中而为之主宰。依此,"翕辟成变"乃转换成本体论意义上心的势用与表现。熊十力进而区分出本心和习心,本心是人与万物所共有的本性,虚彻灵通,卓然而独存,是人、万物得以存在的本体论依据,习心虽然依照本心而有、而发,但它毕竟是本心所借以显发的工具,具有物的退堕、固化等性,而不即是心,自身不可避免假其权能而自逞迷逐于物,遂顺物欲。

个体的活动表现为两种形式,一种是以本心为基础的精神活动,一种是以习心为基础的物质活动。这两种活动交织起来,相互联系、相互影响。以本心为主导,克服习心的退堕性,则人生日新月异;反之,习心占据主动,闭塞、禁锢本心之发用,则人生日趋守旧、黑暗、沦落、趋向于动物本能而自甘废弃。由此,熊十力提倡刚健、进取、生生不已的人生观,强烈批判了道家以庄子为代表的颓废、落寞的人生观。熊十力认为,造成庄学颓废、落寞的人生观有三个根本性的原因。

其一,熊十力指出,老子哲学虽然识"道",但重点落在了"无为",较为忽视道的功用,庄子哲学承其绪,其用亦只能落在毫无实质内容的精神自由层面而虚莽旷荡,难免走向颓废、落寞。熊十力说:"老氏谈体遗却人能而言,故庄周言用亦只形容个虚莽旷荡,全没有理会得天行健的意义。……老子清净,及其流,则以机用世;庄周逍遥,及其流,则入颓放一路。二氏影响又自不同。学老子之清净而无真知实践,其深沉可以趋机智;学庄周之逍遥而无其真知实践,其不敬,必归于颓放。"[19]

其二,熊十力认为,庄子追求"独与天地精神往来"的自由,只具有理论的意义。在实践中,可能会沉溺其中,精神层面的积极自由反而转化为行动层面的消极自由。熊十力说:"独与天地精神往来。云与造物者游,盖实到此境,非意度之词。若乃不遣是非,以与世俗处。不傲睨于万物,所以异于浮屠出世之教。然语化虽妙,而不悟真体流行,其德本健,此是老、庄与吾《大易》根本异处,又复耽于观化。遂以委心顺化为悬解。《大宗师》云:'浸假而化予之左臂以为鸡,予因以求时夜。浸假而化予之右臂以为弹,予因以求鸮炙。浸假而化予之尻以为轮,以神为马,予因以乘之,岂更驾哉?'此等人生观,便苶然无自在力。"[20]

其三,熊十力多次指出,庄子过度演绎"道"的流行不已,使得非实体化的"道"反而趋向于实体化,转化为外在的主宰力,削弱人的自主、进取的信心和力量而委心任运于"变化""天化"。熊十力说:"庄子似以变化为外在的大力,而人或物皆变化之所为。方其为是人是物也,则偶然已耳。《大宗师篇》曰:'伟哉造物,又将奚以汝为?将奚以汝适?以汝为鼠肝乎?以汝为虫臂乎?'《至乐篇》种有几一段文字,明物种变迁,皆由有变化无常的大力主之。"[20]"庄子悟到变化的大力,便从此处着眼。即把万物看作为变化无常中偶然变生的物事,虽复物种因环境而变迁,毕竟以变化的大力,为之阴驱潜率。故克就物言,其变迁仍是被动,而非自动。"[20]

委心任运于"变化""天化",则一切诉之于偶然性,人的心理、行为意志消解于偶然性之中,价值的追求失去意义,消极、颓废自不可免。熊十力指出:"《庄子》之言天,则视天化为无上之威力。吾人之生,只是天化中偶然之化耳。……则剋就人言,只是天之化迹。且甚偶然,不得曰人即天也,吾谓其以变化之大力为外在者,此也。故《大宗师篇》曰:'以生为附赘县疣,以死为决疣溃癰(痈)。'据此则人生毫无根柢,亦无甚意义与价值可言。唯委心任运,以度其附赘县疣之生,而待诸溃决已耳。庄子虽自云与天地精神往来,而其言化,毕竟自相矛盾。彼根本不悟人即天,而又欲以人同天。则其所谓同天者,亦只是委心顺化而已。人能不修,人极不立,是何足为道哉?"[20]

熊十力进一步指出,庄子颓废、落寞的人生观经由魏晋玄学,影响了两千年中国历史。"庄生之人生观,余已略述如前,由其道,将使人安于颓废,而蔑可自振。其流之弊,视老氏而愈烈矣。……自余谈玄者流,利口而抱禽心。煽污风,召胡祸,族类自是始衰。学庄而适取其弊,害乃至此。夫庄生之说,足使人颓废,是其弊也。而学庄者安于颓废,则其恶可以无所不至。……近二千年来,所谓文人与名士,始终不脱魏、晋之习。"[20]

熊十力依据"翕闢（辟）成变"的宇宙观和人生论批判庄子颓废、落寞的人生观，从社会的、民族的、文化的、心理的层面提升至哲学的层面，突破了自新文化运动以来从国民性的视域对庄子的批判，可以说，这一批判是深入的，在一定程度上揭示了庄学乃至于传统文化的根本弊端。

三

20世纪上半叶，针对庄子人生观来自各方面的激烈批判，部分学者起而为之辩护，甚至于热烈的阐扬。

一是对于庄子"命"的观念从积极角度进行解读。

苏甲荣认为，道家乐天安命之说，为世诟病已久，诸如社会缺乏进步，政治衰乱，都归罪于此种学说。但是，庄子只是大讲天道之自然，并不是教人自暴自弃，诿重于天命。苏氏着重对"命"做出了自己的解释和辩护。庄子所谓"命"，"不过谓人力之无可奈何者，求其为之者而不得，乃姑字之曰命以自慰耳"；"故命者，乃智力穷尽之时，事后假设以为自慰之道"。作者进一步认为，"命"之于人，不仅仅是事情失败之后的安慰，"且可鼓励于事前"；"命所以破死生之执，非教人以偷生畏死也"，可以破除人们贪生畏死之心，舍生取义，杀身成仁这才是真正的"知命者"，"知命者退可以乐生，进足以有为"。[21]

叶国庆将庄子人生观分为待事物、待人我两个方面。待事物方面，主张不逐物，不强求；待人我方面，反对重生，反对为我，但也不为人，"这仍是一种随所来而应，顺其自然的态度"。他认为，庄子是主张安命说的，对于存亡富贵的事要人安命。但是，"他一方面也叫人顺天"。叶氏辩护说："其所谓安命实在即是顺天的意，乃叫人顺自然之理，与一般宿命论不同。"寻常一般认为庄子有厌世的、颓废的思想，作者以为不然。庄子既然没有美丑、大小、贵贱的观念，那么他厌恶什么呢？既然他说"得者时也，失者顺也"，何来颓丧之感？他不是懒洋洋地不动，毫无作为，只是看事物"有所不得与"，所以不要人做不量力的当车的螳螂。叶氏指出，庄子的动的方式，"是顺物性，应物而动"，与那矫揉造作的不同罢了。而"应物而动"，"实在没有甚（什）么消极的意味"。[22]

二是盛赞庄子淡泊的人生观念，认为其对于纷扰的混乱政局不啻是一剂良药，于净化人心、安定社会有着巨大的作用和社会意义。

王治心认为，庄子的人生观，立足于一"忘"字之上，可称之为"忘的人生观"。就"忘"的字面上看，似乎可论定为出世思想，历来对庄子思想的研究，莫不肯定其为出世主义思想。王氏认为，仔细研读《庄子》全书，庄子所提倡的忘字诀，"无非欲养成一因任自然之真人，然后内可以圣，外可以王，故其所谓忘者，非目的，乃手段也"[23]。庄子所谓"忘"的人生观，具体内容为忘功、忘名、忘己，是"淡泊自甘，不以功名利禄是非得丧一切世变问题萦其心，惟注意于精神之修养"；庄子学说，有一个"一气贯串"的根本观念，即"提倡精神生活是也"[23]。王氏指出，庄子提倡精神生活，虽然近乎出世而未必即是出世思想，以庄子学说为出世主义的人，是知其一而不知其二。《人间世》《应帝王》诸篇，所开示出来的应世治世原则，在人欲横流的世界中，提倡精神生活，"不可谓非应时之药石也"[23]。

胡哲敷的《老庄哲学》一书，对老、庄人生哲学给予了高度颂扬。在"自序"中，作者宣称：

东方文化，精神文化也；老庄哲学，精神文化之中坚也。

庄子人生观表现有四。其一，保守天真。这是庄子人生观的根本见地。有些人误认老庄是讲个人主义的，大概就是未能理解保真的意义。所谓保真，就是要保持人类原有的天真，勿虚伪、矫揉、凿丧和机巧变诈，即是勿以人灭天，胸中不要存着机心，所谓"鱼相忘于江湖"的境界。其二，淡泊。对外来事物淡泊些，不要以人灭天，以身殉物。胡氏以为，淡泊不是糊涂，也不是取马虎的态度敷衍应付万事；更不是见他人富贵荣华，而我不能有，遂唱此高调。庄子是用哲学眼光，估定富贵荣华的最后价值。这种淡泊的人生观，实在是因为参透了一切事物的最后价值，消解物质欲望而提升至精神层面。如果整个社会氛围是无止境地追逐物质欲求，社会就无宁息之望了。中国之所以天下大乱，"莫非就是几个野心家在那里'欲得'与'不知足'所造成的吧！"如果军阀官僚或者像袁世凯这样的野心家，多一点淡薄、知足的心境，中国也不至于扰乱不堪。其三，戒矜与无用。世俗中人往往自矜其德，自伐其功，而老子主张戒矜。庄子继承、发挥了这一思想，在《人间世篇》中更推演至"无用之用"。"庄子之所谓无用，乃是不矜之极境。"这种无用的人生观，外表上是要养成人类的惰性与不负责任的倾向，本质上是弃智去欲。其四，为而不有。为而不有，就是要尽自己力量，为社会服务，而不责望社会的酬报。这种人生，是艺术化的人生，是庄子最有益于世道人心的方面。总之，庄子的人生观，对个人则以淡泊保真勿矜勿伐自律，对社会则以积极服务，为而不有，功成不居为最后目标。作者盛赞道：

他们人生观的功效，在推进人类的进步，消弭人类的私心，自蝇营狗苟急功近利者观之，他们将不免被咒为消极厌世；但自人类进步的正当途径看来，他们确是人类的救星。无论这种思想，是否真能实现，或若干年后才能实现，其价值却是常存天地之间，不容磨灭。[24]

三是纯粹从个人内心体验出发，强调庄子人生哲学对个人心灵的慰藉、灵魂的安顿所起到的重要的精神抚慰作用，对庄子思想有着深切的同情与体认。

庄子哲学对宗白华的人生观有着直接的影响。在1919年发表的《说人生观》一文中，宗氏将庄子与释迦牟尼佛等量齐观，以为"诚古之真能超然观者矣"。所谓"超然观者"，他解释说：

对于世界人生，双离悲乐者也。或言诸法毕竟空，既无有法，亦无有我；既无有我，何有苦乐？此诚大乘了义之谈。或言万物平等，死生不二，若能情离彼此，智舍是非，则苦乐二情，并无异致。是乃庄周旷达之说。

世界众生，毕竟平等，"释迦平等之谈，庄周齐物之论，阐之详矣"，人与人、物与物、人与宇宙万物是平等的，万物与我并生，天地与我同一，心境超然而宁静。[25]然而，传统盛行的老庄哲学，在普通人那里则倾向为悲观命定主义，宗白华分析道：

这是大半由老庄哲学深入中国人心，认定凡事都有定数，人工不能为力，所以放任自然，不加动作。没有创造的意志，没有积极的精神，没有主动的决心。高尚的，趋于达观厌世。低等的，流于纵欲享乐。[26]

青年时代的宗白华，已经清醒地意识到：在现实生活中，世俗众生，昏蒙愚暗，心为形役，识为情牵，茫昧以生，朦胧以死，"不审生之所从来，死之所自往"，过分沉湎于物质的、机械的欲望生活之中，缺少对精神生活、理想生活和超现实生活的追求。所以，确立一种新的、正确的人生观，明了人生的行为和方向，便成了一件非常重要的事情。"新的正确的人生观"，理应是"科学的人生观"与"艺术的人生观"，宗白华内心更加瞩目的，是"艺术的人生观"。人生的审美化、艺术化，始终是他不灭的理想追求，在人生的每一段行程中，践履着自己的生命目标。这一践行历程，始终烙印着老庄式超然人格的深深印痕，他怀抱着淡泊宁静的人生态度，以"拈花微笑的态度同情一切"，学术界因此盛赞他"出淤泥而不染"，有晋人风度、陶渊明风格、哲学家风范。

青年时代的郭沫若在留学日本期间,因为课业繁重、耳重不适于学医、不如意的婚姻等缘故,一度患上了严重的神经衰弱症,头痛、健忘,几至于自杀,是庄子、王阳明和中国式的静坐修养方法挽救了他。郭沫若"素来喜欢读《庄子》",在那段时间,更是完全沉迷于庄子的精神世界中,"以彻底的同情去求身心的受用","我从此更被导引到老子,导引到孔门哲学,导引到印度哲学,导引到近世初期欧洲大陆唯心派诸哲学家,尤其是斯皮诺若(Spinoza)。我就这样发现了一个八面玲珑的形而上的庄严世界"[27]。1936年郭沫若在《我的作诗的经过》一文中,回忆起年轻时的那一段精神历程时说:

在那个时期我在思想上是倾向着泛神论(Pantheism)的,在少年时所爱读的《庄子》里面发现出了洞辟一切的光辉,更进而开始了对于王阳明的礼赞,学习静坐。有一次自己用古语来集过一副对联,叫着"内圣外王一体,上天下地同流",自己非常得意。那时候的倾向,差一步便可以跨过疯狂的门阈。[28]

40年代后,郭沫若对庄子有所批判。他批判庄子的滑头主义和"观念论"。但是,对于自己年轻时曾经喜欢庄子,倾向于泛神论,郭沫若在继鲁迅成为革命文化的旗帜之后,也没有加以丝毫的隐讳。他多次讲过:

我在年青的时候,也曾经爱读过《庄子》。[29]

我自己在年青的时候也就是极端崇拜庄子的一个人。[30]

我和周、秦诸子接近是在十三四岁的时候,最先接近的是《庄子》,起初是喜欢他那汪洋恣肆的文章,后来也渐渐为他那形而上的思想所陶醉。这嗜好支配了我一个相当长远的时期,我在二十年前曾经讴歌过泛神论,事实上是从这儿滥觞出来的。[31]

在最初的转向时期，郭沫若曾经主张：在思想文化和个人的道德修养上，应该继承孔子、颜回、庄子、王阳明等人的心性修养方法，"在个人的修养上可以体验儒家精神努力于自我的扩充以求全面发展，而在社会的兴革上则当依社会主义的指导努力吸受科学文明的恩惠，使物质的生产力增加，使物质的分配平等，使各个人的精神都得以遂其全面发展。"[27]显示了郭沫若对儒学、庄学的尊崇和对庄学的诗性解读。终其一生，在郭沫若的内心深处，对庄子和儒学的尊崇与早年并无二致。

四

近代以来，中国被动性地卷入西方全球殖民化而促成的近代化运动之中，社会历史形态发生巨变，中西方文化不断地交流与碰撞，中国传统文化随之转换，由传统形态转为近代形态。一是传统思想中的某些基本范畴要么不再成为学术研究的对象，要么发生了历史的中断，或者其内涵被赋予西方文化新的部分而发生了改变；二是传统思想研究方法和思维方式发生了改变，形成新的思维方式和话语系统，集中表现为思想的问题和提问方式的改变，实现了学术研究从概念到体系的研究范式的近代化。20世纪上半叶庄子人生观研究是近代庄学转型的重要构成部分，也集中体现为上述两方面。

一是传统庄学人生观主要表现为士大夫个人的修身养性，人生追求和人格境界的昭示，但在一定程度上没有反映他们所处的社会、历史、民族的当下及其时代主题。20世纪上半叶庄子人生观已经不再是读书人的个人呓语，而是和社会、时代和民族历史命运息息相关，紧密相连。陈独秀、胡适从进化论的视域或是从社会批判的角度，或是从思想史反思的角度，熊十力依据"翕辟（辟）成变"的宇宙观和人生论批判庄子颓废、落寞的人生观,均是在"中国向何处去"时代主题框架下的重新思考,并在积极的意义上在思想层面回应"中国向何处去"这一时代主题,结合了时代新的内容而赋予了传统庄学人生观新的内涵和特质。这一新的内涵在中西文化碰撞与融会的历史运会中,因西学的刺激、思想家的重新阐发和变法实践的磨砺,被赋予新的时代意义,诚如严复所言:"即吾圣人之精意微言,亦必既通西学之后,以归求反观,而后有以窥其精微,而服其为不可易也"[32],四子五经"须改用新式机器发掘淘炼"[33]。

二是庄子人生观研究范式的近代化。传统的学术研究无论是"我注六经"还是"六经注我",其根本前提是"合",即研究的文本作为一个整体,没有经过近代学科体系的划分,笼统以经史子集的面目呈现出来,无法实现术业有专攻的科学研究的目的。近代学术研究的方法与传统根本不同。近代的学术特点在"分",分门别类地将研究文本按照近代学科体系的划类而区分开来,另立一套叙述的体例,采取以研究者为主的方式,对古籍原文进行全新的叙述与解释,实现术业有专攻的科学研究的目的。从表现方式来看,一是庄学研究被分割成人生观和本体论、宇宙论、政治观等,庄子人生观在整个学科体系规范下被单独拿出来作为独立的对象进行研究;其次表现为研究的基本范畴和概念悄然发生了改变,传统的"天""命""人性"等范畴转换为"进化论""文明""国民性"等近代的范畴和概念,从而使得研究方法和思维方式发生了改变,形成新的思维方式和话语系统,思想的问题和提问方式也发生了改变,极大地促进了庄学研究的深入和社会思潮的变迁。

不可否认的是,庄子人生观研究的近代转型所具有的"近代"特征,也有值得我们注意的地方。近代以来中国学术研究是在"西方—东方""先进—后进"的思维框架下展开的,带有强烈的进化论的色彩。在欧洲一元论的规制下，非欧洲文明的特殊性湮没在欧洲文明的特殊性之中，欧洲文明的特殊性上升为普遍性，成为造就世界现有文明的唯一动力和未来发展的唯一趋势。这种"近代"一元主义的价值观将中国特殊的社会历史情景纳入一个整齐划一的欧洲文明进程模式中，使得传统学术的近代研究呈现出机械化、绝对化的二元对峙局面，突出了强烈反传统的倾向性。无论是陈独秀、胡适、鲁迅和熊十力对于庄子人生观的批判，还是部分学者对于庄子人生观的辩护，或是从进化论的角度，或是置于哲学、思想史的框架内，均采用西方哲学思想范畴、框架安置庄子思想，庄学研究呈现出"西方式"的"近代化"，无法做到沿着庄学概念范畴自发运动的逻辑来推动庄学实质的转型，凸显庄学自身的文化特质，实现庄子人生观研究"中国化"的"近代化"，或"近代化"的"本土化"。因此，对于今天的庄子研究，如何避免陷入西方"近代"陷阱，彰扬庄学自身主体性，应是我们需要十分注意的问题。

参考文献：

[1] 陈独秀. 吾人最后之觉悟[M]//任建树，等. 陈独秀著作选：第1卷. 上海：上海人民出版社，1993.

[2] 陈独秀. 抵抗力[M]//任建树，等. 陈独秀著作选：第1卷. 上海：上海人民出版社，1993.

[3] 陈独秀. 人生真义[M]//任建树，等. 陈独秀著作选：第1卷. 上海：上海人民出版社，1993.

[4] 陈独秀. 敬告青年[M]//任建树，等. 陈独秀著作选：第1卷. 上海：上海人民出版社，1993.

[5] 陈独秀. 今日之教育方针[M]//任建树，等. 陈独秀著作选：第1

卷.上海：上海人民出版社，1993.

［6］陈独秀.中国式的无政府主义［M］//任建树，等.陈独秀著作选：第2卷.上海：上海人民出版社，1993.

［7］陈独秀.虚无主义［M］//任建树，等.陈独秀著作选：第2卷.上海：上海人民出版社，1993.

［8］陈独秀.虚无的个人主义及任自然主义［M］//独秀文存.合肥：安徽人民出版社，1987.

［9］胡适.中国古代哲学史［M］//欧阳哲生.胡适文集：第6册.北京：北京大学出版社，1998.

［10］胡适.先秦诸子之进化论［M］//欧阳哲生.胡适文集：第9册.北京：北京大学出版社，1998.

［11］鲁迅.汉文学史纲要［M］//鲁迅全集：第9卷.北京：人民文学出版社，1981.

［12］鲁迅.且介亭杂文末编·我要骗人［M］//鲁迅全集：第6卷.北京：人民文学出版社，1981.

［13］鲁迅.且介亭杂文二集·"文人相轻"［M］//鲁迅全集：第6卷.北京：人民文学出版社，1981.

［14］鲁迅.故事新编·起死［M］//鲁迅全集：第2卷.北京：人民文学出版社，1981.

［15］鲁迅.南腔北调集·"论语一年"［M］//鲁迅全集：第4卷.北京：人民文学出版社，1981.

［16］鲁迅.准风月谈·难得糊涂［M］//鲁迅全集：第5卷.北京：人民文学出版社，1981.

[17] 鲁迅. 准风月谈·"中国文坛的悲观"[M]//鲁迅全集：第5卷. 北京：人民文学出版社，1981.

[18] 鲁迅. 且介亭杂文二集·再论"文人相轻"[M]//鲁迅全集：第6卷. 北京：人民文学出版社，1981.

[19] 熊十力. 十力语要：卷一[M]//萧萐父. 熊十力全集：第四卷. 武汉：湖北教育出版社，2001.

[20] 熊十力. 读经示要[M]//萧萐父. 熊十力全集：第三卷. 武汉：湖北教育出版社，2001.

[21] 苏甲荣. 庄子哲学[A]. 少年中国：第2卷第2期.

[22] 叶国庆. 庄子研究[M]. 上海：商务印书馆，1936.

[23] 王治心. 庄子：新式考证注解[M]. 上海：群学书社，1929.

[24] 胡哲敷. 老庄哲学[M]. 北京：中华书局，1935.

[25] 宗白华. 说人生观[M]//宗白华全集：第1卷. 合肥：安徽教育出版社，1994.

[26] 宗白华. 新人生观问题的我见[M]//宗白华全集：第1卷. 合肥：安徽教育出版社，1994.

[27] 郭沫若. 王阳明礼赞[M]//郭沫若全集历史编：第三卷. 北京：人民出版社，1984.

[28] 郭沫若. 我的作诗的经过[M]//张澄寰. 郭沫若论创作. 上海：上海文艺出版社，1983.

[29] 郭沫若. 庄子与鲁迅[M]//郭沫若全集文学编：第十九卷. 北京：人民文学出版社，1992.

[30] 郭沫若. 论闻一多做学问的态度[M]//郭沫若全集文学编：第二十卷. 北京：人民文学出版社，1992.

[31] 郭沫若. 十批判书·后记——我怎样写《青铜时代》和《十批判书》[M]//郭沫若全集历史编：第二卷. 北京：人民出版社，1982.

[32] 严复. 救亡决论[M]//王栻. 严复集：第一册. 北京：中华书局，1986.

[33] 严复. 与熊纯如书[M]//王栻. 严复集：第七册. 北京：中华书局，1986.